当代儒师培养书系·教师教育系列
主　编　舒志定　李　勇

Teachers' Emotional Map and Supportive
Approaches in the Context of Curriculum Change

课程变革下教师的情绪地图与支持路径

孙彩霞 著

Zhejiang University Press
浙江大学出版社

当代儒师培养书系

总　序

　　把优秀传统文化融入教师教育全过程,培育有鲜明中国烙印的优秀教师,这是当前中国教师教育需要重视和解决的课题。湖州师范学院教师教育学院对此进行了探索与实践,以君子文化为引领,挖掘江南文化资源,提出培养当代儒师的教师教育目标,实践"育教师之四有素养、效圣贤之教育人生、展儒师之时代风范"的教师教育理念,体现教师培养中对传统文化的尊重,昭示教师教育中对文化立场的坚守。

　　能否坚持教师培养的中国立场,这应是评价教师教育工作是否合理的重要依据,我们把它称作教师教育的"文化依据"(文化合理性)。事实上,中国师范教育在发轫之际就强调教师教育的文化立场,确认传承传统文化是决定师范教育正当性的基本依据。

　　19世纪末20世纪初,清政府决定兴办师范教育,一项重要工作是选派学生留学日本和派遣教育考察团考察日本师范教育。1902年,清政府讨论学务政策,张之洞就对张百熙说:"师范生宜赴东学习。师范生者不惟能晓普通学,必能晓为师范之法,训课方有进益。非派人赴日本考究观看学习不可。"[①]以1903年为例,该年4月至10月间,游日学生毕业生共有175人,其中读师范者71人,占40.6%[②]。但关键问题是要明确清政府决定向日本师范教育学习的目的是什么。无论是选派学生到日本学习师范教育,还是派遣教育考察团访日,目标都是为清政府拟定教育方针、教育宗旨。事实也如此,派到日本的教育考察团就向清政府建议要推行"忠君、尊孔、尚公、尚武、尚实"的教育宗旨。这10个字的教育宗旨,有着鲜明的中国文化特征。尤其是把"忠君"与"尊孔"立于重要位置,这不仅要求把"修身伦理"作为教育工作的首要事务,而且要求教育坚守中国立场,使

[①][②]　转引自田正平:《传统教育的现代转型》,浙江科学技术出版社,2013,第376页。

传统中国道统、政统、学统在现代学校教育得以传承与延续。

当然，这一时期坚持师范教育的中国立场，目的是发挥教育的政治功能，为清政府巩固统治地位服务。只是，这些"学西方、开风气"的"现代性"工作的开展，并没有改变国家进一步衰落的现实。清政府的"新学政策"，引起了一批有识之士的反思、否定与批判，他们把"新学"问题归结为重视科技知识教育、轻视社会义理教育。早在1896年梁启超在《学校总论》中就批评同文馆、水师学堂、武备学堂、自强学堂等新式教育的问题是"言艺之事多，言政与教之事少"，为此，他提出"改科举之制"、"办师范学堂"及"区分专门之业"等三点建议，尤其是强调举办师范学堂的意义，否则"教习非人也"①。梁启超的观点得到军机大臣、总理衙门的认同与采纳，1898年颁布的《筹议京师大学堂章程》就明确要求各省所设学堂不能缺少义理之教。"夫中学体也，西学用也，两者相需，缺一不可，体用不备，安能成才。且既不讲义理，绝无根底，则浮慕西学，必无心得，只增习气。前者各学堂之不能成就人才，其弊皆由于此。"②很明显，这里要求学校处理中学与西学、义理之学与技艺之学之间的关系，如果只重视其中一个方面，就难以实现使人成才的教育目标。

其实，要求学校处理中学与西学、义理之学与技艺之学之间的关系，实质是对学校性质与教育功能的一种新认识，它突出学校传承社会文明的使命，把维护公共利益、实现公共价值确立为学校的价值取向。这里简要举两位教育家的观点以说明之。曾任中华民国教育部第一社会教育工作团团长的董渭川认为，国民学校是"文化中心"，"在大多数民众是文盲的社会里，文化水准既如此其低，而文化事业又如此贫乏，如果不赶紧在全国每一城乡都建立起大大小小的文化中心来，我们理想中的新国家到哪里去培植基础？"而这样的文化中心不可能凭空产生，"其数量最多、比较最普遍且最具教育功能者，舍国民学校当然找不出第二种设施。这便是非以国民学校为文化中心不可的理由"③。类似的认识，也是陶行知推行乡村教育思想与实践的出发点。他希望乡村教育对个人和乡村产生深刻的变革，使村民自食其力和村政工作自有、自治、自享④，实现乡村学校是"中国改造乡村生活之唯一可能的中心"⑤的目标。

可见，坚守学校的文化立场，是中国教师教育的一项传统。要推进当前教师教育改革，依然需要坚持和传承这一教育传统。就如习近平总书记所说："办好

① 梁启超：《饮冰室合集·文集之一》，中华书局，1989，第19-20页。
② 朱有瓛：《中国近代学制史料》，第一辑（上册），华东师范大学出版社，1983，第602页。
③ 董渭川：《董渭川教育文存》，人民教育出版社，2007，第127页。
④⑤ 顾明远、边守正：《陶行知选集（第一卷）》，教育科学出版社，2011，第230页。

中国的世界一流大学，必须有中国特色……世界上不会有第二个哈佛、牛津、斯坦福、麻省理工、剑桥，但会有第一个北大、清华、浙大、复旦、南大等中国著名学府。我们要认真吸收世界上先进的办学治学经验，更要遵循教育规律，扎根中国大地办大学。"①扎根中国大地办大学，才能在人才培养中融入中国传统文化资源，培育具有家国情怀的优秀人才。

基于这样的考虑，我们提出把师范生培养成当代儒师，这符合中国国情与社会历史文化的发展要求。因为在中国百姓看来，"鸿儒""儒师"是对有文化、有德行的知识分子的尊称。当然，我们提出把师范生培养成当代"儒师"，不是要求师范生做一名类似孔乙己那样的"学究"（当然孔乙己可否称得上"儒师"也是一个问题，我们在此只是做一个不怎么恰当的比喻），而是着力挖掘历代鸿儒大师的优秀品质，将其作为师范生的学习资源与成长动力。

的确，传统中国社会"鸿儒""儒师"身上蕴含的可贵品质，依然闪耀着光芒，对当前教师品质的塑造具有指导价值。正如董渭川对民国初年广大乡村区域学校不能替代私塾原因的分析，私塾的"教师"不仅要教育进私塾学习的儿童，更应成为"社会的"教师，教师地位特别高，"在大家心目中是一个应该极端崇敬的了不起的人物。家中遇有解决不了的问题，凡需要以学问、以文字、以道德人望解决的问题，一概请教于老师，于是乎这位老师真正成了全家的老师"②。这就是说，"教师"的作用不只是影响受教育的学生，更是影响一县一城的风气。所以，我们对师范生提出学习儒师的要求，目标就是使师范生成长为师德高尚、人格健全、学养深厚的优秀教师，由此也明确了培育儒师的教育要求。

一是塑造师范生的师德和师品。要把师范生培养成为合格教师，面向师范生开展师德教育、学科知识教育、教育教学技能教育、实习实践教育等教育活动。这其中，提高师范生的师德修养是第一要务。正如陶行知所说，教育真谛是"千教万教教人求真，千学万学学做真人"，因此他要求自己是"捧着一颗心来，不带半根草去"。

当然，对师范生开展师德教育，关键是使师范生能够自觉地把高尚的师德目标内化成自己的思想意识和观念，内化成个体的素养，变成自身的自觉行为。一旦教师把师德要求在日常生活的为人处世中体现出来，就反映了教师的品质与品位，这就是我们要倡导的师范生的人品要求。追求高尚的人格、涵养优秀的人品，是优秀教育人才的共同特征。不论是古代的圣哲孔子、朱熹、王阳明等一代鸿儒，还是后来的陶行知、晏阳初、陈鹤琴等现当代教育名人，他们在一生的教育

① 习近平：《青年要自觉践行社会主义核心价值观》，《中国青年报》2014年5月5日第1版。
② 董渭川：《董渭川教育文存》，人民教育出版社，2007，第132页。

实践中,始终保持崇高的人生信仰,恪守职责,爱生爱教,展示为师者的人格力量,是师范生学习与效仿的榜样。倡导师范生向着儒师目标努力,旨在要求师范生学习历代教育前辈的教育精神,培育其从事教育事业的职业志向,提升其投身于教育事业的职业境界。

二是实现师范生的中国文化认同。历代教育圣贤,高度认同中国文化,坚守中国立场。在学校教育处于全球化、文化多元化的背景下,更要强调师范生的中国文化认同问题。强调这一点,不是反对吸收多元文化资源,而是强调教师要自觉成为优秀传统文化的传播者,这就要求把优秀传统文化融入教师培养过程中。这种融入,一方面是从中国优秀传统文化宝库中寻求教育资源,用中国优秀传统文化资源教育师范生,使师范生接触和了解中国优秀传统文化,领会中国社会倡导与坚守的核心价值观,增强文化自信;另一方面是使师范生掌握中国传统文化、社会发展历史的知识,具备和学生沟通、交流的意识和能力。

三是塑造师范生的实践情怀。从孔子到活跃在当代基础教育界的优秀教师,他们成为优秀教师的最基本特点,便是一生没有离开过三尺讲台、没有离开过学生,换言之,他们是在"教育实践"中获得成长的。这既是优秀教师成长规律的体现,又是优秀教师关怀实践、关怀学生的教育情怀的体现。而且优秀教师的这种教育情怀,出发点不是"精致利己"的,而是和教育报国、家国情怀密切联系在一起的。特别是国家处于兴亡关键时期,一批有识之士,虽手无寸铁,但是他们投身教育,或捐资办学,或开门授徒,以思想、观念、知识引领社会进步和国家强盛。比如浙江朴学大师孙诒让,作为清末参加科举考试的一介书生,看到中日甲午战争中清政府的无能,怀着"自强之原,莫于兴学"的信念,回家乡捐资办学,他首先办的是瑞安算学书院,希望用现代科学拯救中国。

四是塑造师范生的教育性向。教育性向是师范生喜教、乐教、善教的个人特性的具体体现,是成为一名合格教师的最基本要求。教育工作是一项专业工作,这对教师的专业素养提出了严格要求。教师需要的专业素养,可以概括为很多条,说到底最基本的一条是教师能够和学生进行互动交流。因为教师的课堂教学工作,实质上就是和学生互动的实践过程。这既要求培养教师研究学生、认识学生、理解学生的能力,又要求培养教师对学生保持宽容的态度和人道的立场,成为纯净的、高尚的人,成为精神生活丰富的人,照亮学生心灵,促进学生的健康发展。

依据这四方面的要求,我们主张面向师范生开展培养"儒师"的教育实践,不是为了培养儒家意义上的"儒"师,而是要求师范生学习儒师的优秀品质,学习儒师的做人之德、育人之道、教人之方、成人之学,造就崇德、宽容、儒雅、端正、理智、进取的现代优秀教师。

做人之德。对德的认识、肯定与追求，在中国历代教育家身上体现得淋漓尽致。舍生取义，追求立德、立言、立功三不朽，这是传统知识分子的基本信念和人生价值取向。对当前教师来说，最值得学习的德之要素，是以仁义之心待人，以仁义之爱弘扬生命之价值。所以，要求师范生学习儒师、成为儒师，既要求师范生具有高尚的政治觉悟、思想修养、道德立场，又要求师范生具有宽厚的人道情怀，爱生如子，公道正派，实事求是，扬善惩恶。正如艾思奇为人，"天性淳厚，从来不见他刻薄过人，也从来不见他用坏心眼考虑过人，他总是拿好心对人，以厚道待人"①。

育人之道。历代教育贤哲都看重教育是一种"人文之道""教化之道"，也就是强调教育要重视塑造人的德行、品格，提升人的自我修养。孔子就告诫学生学习是"为己之学"，意思是强调学习与个体自我完善的关系，并且强调个体的完善，不仅是要培育德行，而且是要丰富和完善人的精神世界。所以，孔子相信礼、乐、射、御、书、数等六艺课程是必要的，因为不论是乐，还是射、御，其目标都不是让学生成为唱歌的人、射击的人、驾车的人，就乐而言是要从音乐节奏、韵律中领悟人的生存秘密，这就是追求人的和谐，包括人与周围世界的和谐、人自身的身心和谐，成为"自觉的人"。这个观点类似于康德所言教育的目的是使人成为人。但是，康德认为理性是教育基础，教育目标是培养人的实践理性。尼采说得更加清楚，他认为优秀教师是一位兼具艺术家、哲学家、救世圣贤等身份的文化建树者②。

教人之方。优秀教师不仅学有所长、学有所专，而且教人有方。这是说，优秀教师既懂得教育教学的科学，又懂得教育教学的艺术，做到教育的科学性和艺术性的统一。中国古代圣贤推崇悟与体验，正如孔子所说，"三人行必有吾师"，成为"我师"的前提，是"行"（"三人行"），也就是说，只有在人与人的相互交往中，才能有值得学习的资源。可见，这里强调人的"学"，依赖于参与、感悟与体验。这样的观点在后儒那里，变成格物致良知的功夫，以此达成转识成智的教育目标。不论怎样理解与阐释先贤圣哲的观点，都必须肯定这些思想家的教人之方的人文立场是清晰的，这对破解当下科技理性主导教育的思路是有启示的，也能为互联网时代教师存在的意义找到理由。

成人之学。学习是促进人成长的基本因素。互联网为学习者提供寻找、发现、传播信息的技术手段，但是，要指导学生成为一名成功的学习者，教师更需要

---

① 董标：《杜国庠：左翼文化运动的一位导师——以艾思奇为中心的考察》，载刘正伟《规训与书写：开放的教育史学》，浙江大学出版社，2013，第209页。

② 李克寰：《尼采的教育哲学——论作为艺术的教育》，桂冠图书股份有限公司，2011，第50页。

保持强劲的学习动力、提升持续学习的能力。而学习价值观是影响和支配教师持续学习、努力学习的深层次因素。对此，联合国教科文组织在《反思教育：向"全球共同利益"的理念转变？》报告中明确指出教师对待"学习"应坚持的价值取向：教师需要接受培训，学会促进学习、理解多样性，做到包容，培养与他人共存的能力以及保护和改善环境的能力；教师必须营造尊重他人和安全的课堂环境，鼓励自尊和自主，并且运用多种多样的教学和辅导策略；教师必须与家长和社区进行有效的沟通；教师应与其他教师开展团队合作，维护学校的整体利益；教师应了解自己的学生及其家庭，并能够根据学生的具体情况施教；教师应能够选择适当的教学内容，并有效地利用这些内容来培养学生的能力；教师应运用技术和其他材料，以此作为促进学习的工具。联合国教科文组织的报告强调教师要促进学习，加强与家长和社区、团队的沟通及合作。其实，称得上是中国儒师的学者，都十分重视学习以及学习的意义。《礼记·学记》中说"玉不琢，不成器；人不学，不知道"；孔子也说自己是"十有五而志于学"，要求"学以载道"；孟子更说得明白，"得天下英才而教育之"是值得快乐的事。可见，对古代贤者来说，"学习"不仅仅是为掌握一些知识，获得某种职业，而是为了"寻道""传道""解惑"，为了明确人生方向。所以，倡导师范生学习儒师、成为儒师，目的是使师范生认真思考优秀学者关于学习与人生关系的态度和立场，唤醒心中的学习动机。

基于上述思考，我们把做人之德、育人之道、教人之方、成人之学确定为儒师教育的重点领域，为师范生成为合格乃至优秀教师标明方向。为此，我们积极推动优秀传统文化融入教师教育的实践，取得了阶段性成果。一是开展"君子之风"教育和文明修身活动，提出了"育教师之四有素养、效圣贤之教育人生、展儒师之时代风范"的教师教育理念，为师范文化注入新的内涵。二是立足湖州文脉精华，挖掘区域文化资源，推进校本课程开发，例如"君子礼仪和大学生形象塑造""跟孔子学做教师"等课程已建成校、院两级核心课程，成为优秀传统文化融入教师教育的有效载体。三是把社区教育作为传统文化融入教师教育的重要渠道，建立"青柚空间""三点半学堂"等师范生服务社区平台，这些平台成为师范生传播优秀传统文化和收获丰富、多样的社区教育资源的重要渠道。四是重视推动有助于优秀传统文化融入教师教育的社团建设工作，比如建立胡瑗教育思想研究社团，聘任教育史专业教师担任社团指导教师，使师范生在参加专业的社团活动中获得成长。这些工作的深入开展，对师范生开展优秀传统文化教育产生了积极作用，成为师范生认识国情、认识历史、认识社会的重要举措。而此次组织出版"当代儒师培养书系"，正是学院教师对优秀教师培养实践理论探索的汇集，也是浙江省卓越教师培养协同创新中心浙北分中心、浙江省重点建设教师培养基地、浙江省高校"十三五"优势专业（小学教育）、湖州市重点学科（教育学)、湖州市人文社科研究基地（农村教育）、湖州师范学院重点学科（教育学）的研究成果。我们相信,该书系的出版,将有助于促进学院全面深化教师教育改革,进一步提升教师教育质量。我们更相信,把优秀传统文化融入教师培养全过程,构建先进的、富有中国烙印的教师教育文化,这是历史和时代赋予教师教育机构的艰巨任务和光荣使命,值得教师教育机构持续探索、创新有为。

舒志定

2018 年 1 月 30 日于湖州师范学院

前　言

　　教师之于教育的重要性不言而喻,尤其是课程改革以来,伴随着"教师即课程"的提出,教师的改变与教师专业发展问题成为课程研究中的重要领域。已有的教师研究,较多关注教师的专业理性、专业知识、专业技能,将教师视为理智人、专业人,而缺乏对以教师情绪与情感为表征形式的非理性因素的关注。教师工作是一项情绪性的实践,教师情绪直接影响着教师身心健康,支配着教师对学生、课程、教学等教育问题的理解与投入,亦决定着教师改变与专业发展的方向。随着课程改革的推进与深入,课程变革再次加剧了教师应对变革情景的张力,进而加剧了教师们的情绪表达。因此,探究教师情绪是理解教师应对课程变革,促进教师改变的重要维度。

　　本书从教师个体、社会环境以及教师个体与社会交互的三个维度,以师生互动为载体,探寻课程变革下一线教师在教学实践中存有的情绪状态、原因以及教师情绪对教学实践、专业发展乃至课程变革的影响。通过教师的情绪自述,探寻教师们存在的情绪困境与情绪需求,勾勒教师的情绪地图,并在此基础上提出建构支持教师发展的路径,进而推动教师更有效能、更加幸福地教与学。本书采用了文献分析法、问卷调查法、叙事探究法、话语分析法等研究方法,对课程变革下中小学教师的情绪进行了系统的分析,对于丰富我国教师情绪理论、课程变革理论以及教师专业发展实践有一定的价值。

　　本书共分九章。第一章主要描述了本书研究的缘起、问题、目的和研究的意义,论证了课程变革下以师生互动为载体探究教师情绪地图这项研究的可能性。第二章围绕课程变革下教师情绪地图这一问题域,结合本研究的需要对课程变革下教师情绪的研究进行述评,对师生互动中教师情绪的研究进行述评,对已有教师情绪地图这一概念及相关研究进行探析与评述。第三章介绍了本书的研究设计。第四章是课程变革下教师情绪状态的群体性表征。其结果分两部分呈现,一是采用问卷调查法得出课程变革下教师队伍的整体情绪状态,二是针对问卷调查的结论选取个案,运用质的方法深描课程变革下教师的情绪状态,得出教师队伍的群体性表征。第五章、第六章、第七章分别从变革下新手教师、经验型教师、专家型教师三类教师群体的情绪状态、情绪成因、影响因素、脉络关系展开深描与分析,揭示课程变革下三类教师群体在日常教育教学工作中的情绪地图。第八章从影响教师情绪效应的中介变量即教师情绪调节策略入手,探究当前课程变革下中小学教师的情绪调节策略,研究发现教师们长期习惯采用"隐忍接受""表达抑制"等消极情绪调节策略,这些消极情绪调节策略很可能抑制教师个体在组织文化中的改变与创新。最后一章基于课程变革下中小学教师情绪地图的现状,构建了教师积极情绪地图的运行机制,并从教师主体层面和组织文化层面提出了促进教师积极情绪地图构建的支持策略。

本书是在作者博士论文《课程变革下教师情绪地理的建构》的基础上修改而成,尽管较为系统地勾勒了课程变革下中小学教师的情绪地图,也尝试着提出了构建教师积极情绪环境的改进建议和支持路径,然而,教师情绪本身是一个极其复杂的问题,因此本书在分析和探讨过程中仍存在很多不足,希望能有抛砖引玉之效,引起更多学者对教师情绪问题的关注和探讨。

在本书即将出版之际,首先特别感谢浙江大学出版社陈丽勋编辑为本书一字一句地校正,陪我一次次地修改与完善,没有她的付出,这本书不会这么快与大家见面。其次,真诚感谢靳玉乐教授、李子建教授、钱旭升教授、于泽元教授、尹弘飚教授的指导与帮助,以及舒志定教授、刘世清教授、李勇教授等同事的支持和帮助。

孙彩霞

2020 年 6 月

CONTENTS
目 录 ·················· ≫≫≫ ≫

引 言

变革作为一项复杂的系统工程,不仅涉及行为层面的变化,还涉及主体内在情感的变化。变革与情绪总是密切联系的,变革易生发情绪,情绪易影响变革的进程。在教育领域中,课程是教育变革的重要载体,教师对课程变革的情绪回应,反映了教师对课程变革的理解、诠释,反映了教师与课程变革环境互动的关系。而课程变革的复杂性实践增加了教师的情绪体验与情绪劳务。通过课程变革中教师情绪的波动、强度,观测课程变革中的各类变量与教师情绪如何交互,教师情绪的变动又如何影响教师职业维度、影响课程变革要素,将有助于了解教师工作与改革互动的实践经验,对深入教师教学、反思课程变革、推进教育改革有重要的意义。

从情绪的形成来看,情绪不会在个体身上自动产生,情绪也不会在环境之中独立形成,情绪总是在个体与环境交互的过程中产生,在人与人之间的互动中产生。学生是教师工作中人际互动最为频繁与最为密切的群体,教师有三分之二的时间几乎都在与学生互动,有面对面的互动,有远距离的"遥控"互动,有非言语的互动,有情感上的互动,等等。教师经历的各类喜怒哀乐多半源于学生。面对改革中频繁颁布的教育政策,社会对教师职业的高期望、高要求,教师在自我实现过程中难免会出现情绪,但这些情绪都可落实到师生互动之中,因为教师情绪变化的根源与影响绝大部分还是与学生有关。加上课程的变革最终需落实于课堂的变革,课堂变革的核心即教师的变革与学生的变革,而课程变革的成效最为显著、可供观测的途径便是师生互动,当然,师生互动本身又作为课程变革的一条路径推动着教师变革的演进与实施。因此,师生互动是了解教师与课程变革关系的重要途径,师生互动也是观察教师情绪、承载教师改变的重要通道。

鉴于此,本研究以课程变革为背景,以师生互动为载体,探究教师的情绪状态、情绪表征、情绪影响因素以及情绪困境等问题,勾勒课程变革下教师的情绪地图,就具有了重要的理论和现实意义。

第一章　研究的缘起

　　教育必须寻找内在性力量,必须从人发展的深处寻找,而人发展的内在深处一定是人的情感世界。情绪作为人与外部事物发生联系的主观体验与行为反应的表征形式,既是人适应生存、适应社会的重要心理工具,也是考察社会文化环境、社会结构对人形塑的重要指标,更是联结人与人伦理情谊,凝聚组织向心力,激发创造性实践的阀门。情绪包含情感,是情感的外在反映,选择教师情绪作为研究论题,是笔者对教育现实的情感关怀与二十余年来对我国教育的情感体验,试图为更好地发展教育尽绵薄之力的情感使然。师生的发展永远是教育安身立命的根基,是社会积蓄力量,支撑民族繁荣、国家复兴、文化传承的基石,师生的情感旨趣必然是折射国民发展需求、道德境界、历史文化的微窗口,同时又是形塑培育国民精神的起点与发扬民族文化的家园。然而,周遭的社会现象、教育现象、研究镜像,促使笔者走进教师群体,从教师情绪的视角,描述教师的生存状态,以期更好地支持教师的学习与发展。

一、教育生存困境与现实境遇的反思

　　案例一

　　2020 年 4 月 30 日,江西临川 70 名教师集体辞职,辞职原因是艾某等 70 位同志考虑到夫妻两地分居或在外地安家创业、收入低、个人原因、长期疏于教学、随夫到外省发展、照顾家庭和小孩以及身体欠佳等,为了不影响学校教学工作,分别以书面形式要求申请辞职,解除与学校的聘用关系。

　　案例二

　　2020 年 5 月 7 日,四川通江一名教师在节日期间兼职送外卖一事,通过自媒体报道后引发网友热议。媒体记者从当事人李老师和其妻子处获悉,此事受到媒体关注后,在网络上引起讨论,李老师已辞去了外卖员这一兼职。

案例三

疫情期间,在上网课的这段时间内,发生了两起辱骂事件。一件是老师骂学生,发生在陕西一位女教师身上,她出于责任心提醒学生要交作业,在家长群里骂了两句,为此付出了很大的代价;另一件是学生骂老师事件,发生在山东,在上网课时,一名学生通过网络,用方言骂老师,骂了数分钟,最后学生道歉、停课。

案例四

2019 年,是安徽省枞阳县陈瑶湖中心学校周安员老师教书的第 19 年。这一年,周老师从铜陵长江大桥纵身跳下,结束了自己的生命。这是一起由师生冲突导致教师自杀的事件。

案例五

2017 年 11 月 12 日,湖南沅江市三中学生罗某杰因与班主任鲍某发生争执,持刀将其刺伤致死。事发于星期天下午的周假时,罗某杰的班级被老师要求留下来观看一个高考励志视频,并写 500 字感受。因为罗某杰语文不太好,不愿意写,就没有进教室。被鲍老师叫进办公室后,罗某杰说自己不想写,鲍老师说,不想写就转班,说完就背过身去。这时,罗某杰拿出自己准备了很久的刀……

这些是从教师的离职、兼职到师生冲突升级为教师自杀与弑杀的事件。它们虽然不能代表所有教师的生存境遇,但一起起诸如此类的事件,其背后或多或少描绘了一些教师的现实图像。这些事件与社会变革、信息技术变革、教育环境变革、组织文化变革以及人们的观念变革等不无关系,当然也与教师个体的认知、情感、意志及其所处的场域有关,但所有事件的事由、影响因素交织于一体呈现出的关键词是"情"和"情绪"。教师的"爱生"之情、"爱校"之情、"爱岗"之情与"爱师"之情,一旦超越了边界,得不到理解与支持,无法调控时,以"爱"的名义被负面情绪所控,便会发生扭曲与畸形;当学生维护自己的"权益",追求"自由",缺少对情绪的识别、理解、调控与适当表达时,便会走向偏激、冲突、敌对,甚至做出过激行为。王琴在其博士论文中得出:师生冲突主要属于现实性冲突,但非现实性冲突仍占有一定的比例;引发冲突的主要事件多和学生课外、校外的不良行为,违反课程纪律有关;冲突的发生对教师与学生的情绪均产生较大的影响[①]。冲突的背后是多元文化背景下权力的争夺,但也反映了情绪智能与情绪素养培养的缺失。

中国教育学会在 2016 年发表《中国学生发展核心素养》(下称"核心素养"),引起学术界和教育界不同的回响,讨论为什么学生的核心素养以及三个维度六

---

①　王琴:《学校教育中师生冲突的研究》,华东师范大学博士论文,2007。

个素养的 18 项细目能引发下一轮基础教育改革。正如李子建教授所言,核心素养的概念与 21 世纪技能的内容相互呼应,是未来教育的新方向①。顾明远先生认为"社会情绪"是核心素养的重要环节,"社会情绪"与合作精神、社会责任、与他人沟通和交往的能力颇为关联,亦可促进"创新人才"的培养②。因此,可以说社会情绪能力在学生整体核心素养中起着至关重要的作用。而学生的社会情绪素养培养离不开教师情绪的感染与熏陶,教师作为促进学生学习的引导者、榜样,其情绪智能显得尤为重要。

2018 年 9 月 10 日,习近平在全国教育大会上明确指出,"教师是人类灵魂的工程师,是人类文明的传承者,承载着传播知识、传播思想、传播真理、塑造灵魂、塑造生命、塑造新人的时代重任"③。这是对新时代教师责任的重大判断,也是新时代教师培育与专业发展的努力方向,即教师不仅"传播"知识、思想、真理,还要"塑造"灵魂、生命与新人。而如何传播、如何塑造,与教师的情绪有密切的关系。已有的研究显示:教师不仅会影响学生的学业成绩,同时还会影响学生的个性发展,尤其是情绪情感的养成④。在当前知识信息时代,教师不仅要通过传递学科内容培养学生,更为重要的是要创设积极的学习环境和学习条件,建立真实的师生关系,建立积极、共生的课堂互动,从而达到育人的目的。教师育人时要注意情绪,注意并理解教师工作是一项情绪性的实践⑤,理解教师这一职业承载着大量的情绪劳动。教师也需要有他人与社会的情感关注、情感支持、情感交流与情感慰藉。当教师面对课程变革、处理复杂工作任务时,如何理解、识别情绪,如何表达、运用情绪,如何调节、管理情绪考验着教师的情绪智能,而教师的情绪智能不是孤立存在的,它需在具体的情境场域内,在具体的人际关系互动中进行判断与考察。因此,探究课程变革下的教师情绪可以拉近对教师的理解与认知,亦能从教师情绪的视角透视变革中教师专业发展的内源性特征,进而更好

① 李子建:《21 世纪技能教学与学生核心素养:趋势与展望》,《河北师范大学学报(教育科学版)》,2017 年第 19 卷第 3 期,第 72-76 页。

② 顾明远:《新时期教育家的成长之路》,《河北师范大学学报(教育科学版)》,2016 年第 18 卷第 6 期,第 5-8 页。

③ 习近平:《坚持中国特色社会主义教育发展道路 培养德智体美劳全面发展的社会主义建设者和接班人》,2018 年 9 月 10 日,http://www.moe.gov.cn/jyb_xwfb/s6052/moe_838/201809/t20180910_348145.html,访问日期:2020 年 5 月 1 日。

④ Dana Galler, "Emotional Intelligence and Positive Classroom Climate: An Exploration of How Outstanding Teachers Use Emotional Intelligence of Create Positive Classroom Climates" (PhD diss., The State University of New Jersey, 2015).

⑤ Andy Hargreaves, "Mixed Emotions: Teachers' Perceptions of Their Interactions with Students," *Teaching and Teacher Education* 16, no. 8 (2000): 811-826.

支持、促进教师的学习与发展,增进教师应对变革的韧性。

二、课程变革乏力与教师阻抗的再认

21世纪,变革仍是时代的主题,社会将一直持续地处于剧烈的变革中,这些巨变给身处其中的人们自然而然地带来了巨大而复杂的情绪冲动:有兴奋,也有害怕;有无奈,也有抱怨。正如哈格里夫斯(Hargreaves)所言,“我们身处一个令人兴奋而又使人可怕的时代”①。课程改革是一项长期而又复杂的过程。改革初期,改革者会将大部分精力用于描绘改革的理想蓝图,将重点关注在课程方案的设计,教材的修订、改编,教学方式的改变,增加学生话语权,以及标准化问责等,认为理性的判断、科学的决策、严谨精细的制度规约是变革实施的应有之道,而倾听教师的声音,关爱教师的情绪,留有教师自主空间却被认为是微不足道的,或是女性主义的“柔情”,不但不解决实际问题,反而会增加更多的不确定性,不易管理学生,更有甚者将课改的失败与课改的不如意统统归结于教师的惰性、教师的阻抗,教师常被贴上抵制改革的“合法性”标签,并被认为是保守、传统、缺乏知识、懒惰、不专业、浅薄的等②。随着课程改革的推进,改革者、教育研究者、学校管理者虽逐渐意识到贴标签的严重后果,但时不时仍会用上述的标签做辩护。对教师而言,由这些标签造成的不愉快情绪却长期持续地烙在心里,降低了其对改革的热情,减退了其对教学求真、求实的追求,削减了其教育效能,阻碍了变革进程。于是,人们怨声载道,纷纷谴责改革总是“轰轰烈烈地开幕,凄凄惨惨地收场”“雷声大,雨点小”,或“评价体制不改,高考不改,其他不管怎么改都会夭折”③……在众声喧哗之时,课程变革渐渐地显示出了疲软与乏力,对教师阻抗的理解丰富了对课程变革的认知,于是,越来越多的学者们将研究的焦点由关注变革的结构功能取向走向关注变革的文化与参与变革主体的理解:课程变革与情绪之间究竟有怎样的内在张力,如何从教师情绪、教师的发声深入系统地了解教师与课程变革,教师与变革下的周遭环境如何相互作用与影响,等等。

20世纪90年代以来,教育改革研究领域发生了重要的理论转向,即从结构—功能观(strctural-functional perspectives)向文化—个人观(cultural-

---

① 尹弘飚:《课程实施中的教师情绪:中国大陆高中课程改革个案研究》,博士学位论文,香港中文大学,2006。

② Geert Kelchtermans, “Teachers' Emotions in Educational Reforms: Self-Understanding, Vulnerable Commitment and Micropolitical Literacy,” *Teaching and Teacher Education* 21, no. 8 (2005): 995-1006.

③ 张新海:《反对的力量:新课程实施中的教师阻抗》,科学出版社,2011,第4页。

individual perspectives)转变①。结构—功能观指从组织结构和职位功能等角度研究课程实施和课程领导的作用,认为变革与变革的实施可以通过层级式的管理来实现,课程改革方案合理性是改革关键,于是,探究课程开发方案的合理性以及控制经济理性和权变的组织理论是持此观念的研究取向,教师是所谓"好"的教育理念和教学方法的接收器。持文化—个人观者认为教育变革中要重视人的意义,包括他们的态度、信念、期望、情绪等;教育变革过程中要重视以人与人之间关系为主的组织文化对变革的影响,变革实施成功的关键在于教师对变革和专业学习的动机与投入,教师是变革过程中的主动因素。其实这一转向与课程改革形势密切相关,随着课程改革的深入,改革已变得越来越复杂,越来越不确定,越来越难以预测,单靠结构—功能观对课程改革的实施显得无能为力。在这种形势下,要想成功地实施改革,需要教师理念与实践发生根本性的转变,教师对变革的主观意义建构就显得尤为重要,当然教师的意义建构还离不开一个支持性的文化环境。于是,教师个体与文化环境在课程改革过程中就形成了一对有序的张力,教师认同、教师效能感与教师改革中的情绪、学校文化等就成为课程变革的核心要素,针对改革的乏力与教师阻抗等学者们的观点,势必要从教师个体意义建构的角度重新认识与理解课程变革。

持个人—文化观的著名课程改革者富兰(Fullan)回应课程变革中的情绪时提出:"变革是一个过程,而不是一个事件,课程变革是一项复杂的系统工程,需要设计规划、实施以及制度化的递增式状态一步步地攀岩,需把握变革进程的张弛,需要在前行的过程留有反思的空间,需要关注身在变革中的利益群体所能承载的压力与继续支持的保障。"②哈格里夫斯提出,教育变革需关注教师情绪:教育变革和学校领导必须承认情绪在教学中的核心地位;变革政策必须承认和关注教师情绪;在变革内容方面,决策者和管理者必须把情绪维度纳入课程、教学与学习的目标与标准之中;变革政策的制定者、变革的管理者和教师之间需要更好的情绪理解;决策者、领导者在变革过程中需考虑教师对学生的关爱以及教师的自身情绪;改革者和学校领导要为教师提供条件,使他们与学生建立情绪理解;改革者要在风险和安全之间做出权衡,为教师提供适当的压力和支持③。这

---

① 靳玉乐、于泽元:《课程实施研究:理论转向与研究焦点》,载靳玉乐《探寻课程世界的意义——课程理论的建构与课程实践的慎思》,北京师范大学出版社,2014,第156-167页。

② Michael Fullan, "Positive Pressure," in *Second International Handbook of Educational Change*, eds. Andy Hargreaves, Ann Lieberman, Michael Fullan et al. (Dordrecht: Springer, 2009), pp. 119-129.

③ Andy Hargreaves, "The Emotional Practice of Teaching," *Teaching and Teacher Education* 14, no. 8 (1998): 835-854.

些观点为探究我国教师情绪与课程变革之间的内在机理,进一步推动课程改革,促进教师发展提供了新的视角与可能。

三、情绪研究的社会学转向与我国教师情绪研究的现实诉求

情绪正式成为科学研究领域是最近几十年的事,起初,情绪被认为是个体受外在刺激引发的内在身心反应,于是,情绪成了心理学和生理学研究的内容。其研究取向有两类,一是限于实验室,通过不同的实验材料诱发不同性质和强度的情绪来揭示情绪的本质、特征与机制。比如有学者从字词的先后、影片、面孔、故事等材料进行研究,也有人为情绪词语分类建立了"汉语情感词分类系统"[①]和"成语情感词分类系统"[②]。二是学者们从情绪的应用角度试图确立情绪的重要地位。这方面的研究主要是因为情绪一直被科学研究所遗漏,不管是西方还是东方,都认为科学研究在于追求理性、追求确定性,而把情绪看作是人的感性层面,具有情境性、内隐性等特征,以致人们忽视情绪的价值,对此失去研究兴趣。于是,情绪的研究被隐藏于工作投入、工作压力、倦怠与离职倾向等的研究中,其方法以制定量表或问卷的形式实施测量为主。直到丹尼尔·戈尔曼在1995年出版的《情商:为什么情商比智商更重要》一书引发了各个领域对情绪的广泛关注,人们对情绪的认识也逐渐多元,比如情绪与认知、情绪与心理健康、情绪与临床病理等的研究。但心理学、生理学、神经认知科学等领域对情绪的研究存有共同的前提假设,即情绪是个体的存在,强调情绪对个体躯体部位的刺激反应,强调情绪对个体内在心理状态的反应,或大脑神经的变化,探求情绪的发生与情绪的影响。

社会学家意识到纯粹从心理或生理角度并不能完整、清晰地解释情绪的发生,他们提出并强调情绪是社会文化的建构过程,比如社会情境影响情绪表达的塑造和体验,从而由情绪塑造自我与认同。女性主义和后现代结构的取向着重研究情绪的角色和情绪的社会实践,其理论前提是自我意识和社会建构的不可分离。他们强调大的社会背景权力对个体心理方面的影响如何反映于社会实践。女性主义和后现代取向勾勒了某一时空下复杂的权力关系。文化历史取向的学者们强调情绪具有一定的延续性与延展性,情绪的发生以及对情绪的理解和诠释源于传统的历史和文化。随着地理学对空间研究的转向,社会空间与距

---

①　徐舒靖、尹慧芳、吴大兴:《情绪障碍研究用汉语情绪词分类系统的初步建立》,《中国健康心理学杂志》2008年第10期,第770-774页。

②　赵英、吴大兴、尹慧芳等:《成语情感词分类系统的初步建立》,《中国健康心理学杂志》2011年第19卷第4期,第487-490页。

离成为社会地理学家们关注的焦点,于是从空间和时间、距离等方面又增加了情绪的研究范畴。这类研究的共同前提假设认为情绪是个体与环境互动的结果,情绪形成于互动的过程,同时情绪也塑造着环境。这里的环境指的是影响个体生活的诸因素,有文化的,有政治的,也有物理的。

教育界开始对情绪进行研究的标志性事件是 1996 年由奈斯(Nias)主编的《剑桥教育杂志》刊登了一系列专题论文。其中奈斯在导言中提出情绪在教师教育与教学中有着重要的作用与意义,并提了三方面的原因论述情绪在教育中的重要性。一是教师在教学工作中,免不了经历强烈的情绪体验;二是教师的情绪是认知的根,正如我们不能将感觉和感知分开,情感不能与判断分开,教师的行为反映着教师的情绪及其道德判断;三是不管是认知还是情绪都离不开社会、文化的形塑以及被形塑[1]。从奈斯的论述来看,情绪在教育界的认识已吸取众家之所长,不仅将情绪理解为个体内在心理的反应,同时也是社会、文化互动的反应,情绪是结果,但情绪也是过程。于是,教师情绪的研究取向主要有三个方面:一是将情绪作为内在心理状态,研究教师情绪与课程教学各维度之间的关系,比如,教师情绪与学生学习投入、学业成绩的关系或教师情绪与教师工作投入、职业信念、专业认同、教师信念等要素的关系。二是情绪作为人际互动的研究,侧重教师与周边人群互动的关系距离、频次、行为,探求教育场域内的一系列教师专业发展问题、学生学习问题以及教育改革等问题,比如,师生关系与教师情绪的形塑与被形塑;教师情绪与专业社群之间的合作关系;教师情绪与家长的互动关系等,这类研究的代表者是安迪·哈格里夫斯。他从"情绪理解"和"情绪地理"两个概念分析并阐释了教师情绪在人际互动中的距离如何影响教师专业发展和课程改革。三是宏大背景取向,表现在社会文化、政治权力、组织氛围对教师情绪的塑造以及被塑造。这里的宏大不仅仅是从全球、国家等的角度而言,还包括教师个体所处的微观政治脉络。这类取向的代表者是赞布拉斯(Zemblyas),其代表作为《情绪教学:后现代的缔造》(*Teacher with Emotion:A Postmodern Enactment*)。另外,这一取向下的另外一条重要的分支是教育变革背景下的教师情绪研究,这部分的研究内容既包括改革下教师个体心理的变化过程,也包括个体受社会、文化、变革政策、制度、人际关系等方面的影响,表现出个体内在状态与社会环境要素交融的一种重建特征。具体可参见舒茨和赞布拉斯(Schutz and Zembylas)2009 年出版的《教师情绪研究进展:教师生活中的重要影响》(*Advances in Teacher Emotion Research:The Impact on Teachers'*

---

[1]　Jennifer Nias, "Thinking about Feeling:The Emotions in Teaching," *Cambridge Journal of Education* 26, no. 3 (1996):293-306.

Lives）一书。

在我国实施新课程的背景下，国家频繁颁布了一系列教育改革政策，学校在改进过程中也不时进行变革与调适，社会大众对"关爱学生发展的多样性、全面性"，以及"一切为了学生发展"的要求越来越高，教师在自我实现过程中对自我的期盼也在提升，教师的情绪投入、情绪表达、情绪调节和情绪文化等内容正逐步影响着教师的专业发展与职业认同。梳理我国教师情绪的研究发现，当前主要存在以下现实困境。

（一）长期对情绪意涵的片面性解读

一提起"情绪"，人们的直觉会认为情绪是不好的，情绪具有抵制的意味，尤其在组织领导中常常把情绪与负面的态度联系在一起，并认为情绪是个体内在的心理反应，这种个体的负面情绪会感染到周围的群体。于是，在大量的文献中控制、压制、调节负面情绪成为研究的主轴，寻求释放与调节教师情绪策略成为最终研究的归宿；还有部分研究从教师情绪的正向性、积极性方面谈情绪对课程教学的影响，比如探讨教师情绪对形成良好课堂氛围的作用，对构筑良好师生关系，培养学生社会情绪能力等方面的重要意义。固然，这些研究为具体的实践提供了些许的思路与方法，但是，这些研究有一个共同的前提假设，即认为情绪是个体内在的心理反应，情绪的正负性向会对周围的环境有影响，采取的策略是调整控制个体的内心状态，这就忽视了情绪的社会性，忽视了情绪形成的环境因素，忽视了情绪群体文化的建构与干预，在对情绪的本质认识方面，忽略了情绪是一个中性词，它还有情感的意涵，情绪不仅仅是一种心境的状态，还是情感的再现。由于对情绪本质意涵的理解欠缺，新课程改革背景下，教师情绪的研究一方面隐藏在教师工作满意度、教师效能感、工作倦怠中；另一方面隐藏在对课程改革的认同和适应性的研究中，对课程改革下教师情绪脉络的专门研究并不多见①。

（二）教师情绪研究的视角单一，缺乏多角度、多面向的解释构面

审视当前对教师情绪的已有研究，发现有关情绪的研究大部分集中在心理学领域，虽有零星的情绪社会学研究，但多属于社会心理学范畴，焦点由原来单纯的个体研究转向社会环境对个体心理的塑造，其方法主要采取实验法、观察法与测量法。教育界由于对情绪的意涵界定存在分歧，教师的情绪研究散落在教师伦理、师生关系、教师压力、工作倦怠、课程改革认同和适应等方面的研究中，

---

① 除尹弘飚对教师情绪研究有系统的研究外，还未见其他研究将教师情绪作为主题。赵鑫的博士论文对教师感情修养的谈论，实质也在谈情绪。英文用 emotion 表示情绪，用 affection 表示情感、感情。

其研究方法偏重理论思辨。笔者以"情绪"和"教师情绪"为主题词在中国知网里检索,发现绝大部分的研究源于心理学的探讨,有情绪的本质、情绪的结构、情绪的影响因素,以及各类情绪结构或其结构性策略与教师工作或学生学习要素等方面的相关研究,例如教师情绪智能、情绪觉知、情绪调节、情绪劳务与教师工作满意度的研究;还有一部分研究从课程与教学的视角论述了教师情绪与课堂氛围、与课堂教学的关系,加强对教师对情绪的理解。相对教师的个人与文化角度,从社会制度或政治学视角分析教师情绪的论述与成果目前在国内还比较少见,而这些视角对全面了解教师,推动教师专业发展和应对课程变革等却有重要的意义。西方有从社会文化学、政治学、生态学等视角对教师情绪进行论述的文章,这些文章为我们了解课程变革下教师的图景打开了新的窗口,但这些研究成果有时空的限制,不一定适合我国场域,难以直接解释我国教师的实况,更不能直接作为解决我国教育问题的策略。因此,回望我国教师情绪的研究历程,借鉴、吸纳、丰富我国教师情绪研究,多角度、多层面地审视、解读教师,已是我国教育理论与实践刻不容缓的一项研究事宜。

(三)既有的研究多属于西方引介,理论构想缺乏足够的本土论据

杨启亮先生曾就"本土化"提出两层含义,其一是本土的;其二是化本土的。在教师情绪研究中,目前我国的研究处于引介状态,如尹弘飚梳理的《西方教师情绪研究的发展脉络与研究框架》,孙俊才介绍的《国外教师情绪研究的视角转换与启示》,以及赵鑫、邱莉等的博士、硕士论文对西方教师情绪研究展开过综述,虽然这些成果让我们看到了西方教师情绪研究的价值取向与脉络前瞻,也为我们重新审视教师情绪、教师职业及其发展提供了分析框架与研究视野,但这些成果并未被化为本土,更没有形成本土的。相反,我国教师情绪研究领域里除心理学的研究领域中采用过大量的实验论证外,课程与教学领域内更多的研究属于思辨的论述,仍停留在教师情绪重要性的位置上,而这一阶段恰恰处于西方教师情绪研究的初期阶段,用赞布拉斯的划分,是介于第一波与第二波之间,时间大约可定在 20 世纪 90 年代中期。我国基础教育改革推行过程中,研究者们开始关注教师情绪,但并没有对教师情绪做出大量的系统性实证分析,更没有对教师个体情绪、教师群体情绪以及周边环境引发教师个体情绪的原因、影响机制等方面给予翔实的解释。所以,为全面了解教师,实质性地推动教师专业发展与课程改革,研究者应基于本土,尤其是课程改革背景,提供翔实的实证依据与理论解释,进而推动课程改革。

(四)教师情绪研究所处的边缘地位阻碍着教育改革的推行

纵观我国过往的教育改革政策、课程改革抑或是教师发展研究成果,发现我

们更侧重于对教师认知的培养和提升;强调专业的规范与要求,强调教师标准化的教与学,但认知—标准取向的教与学并不能解决所有的问题。回望我国教师情感研究,教师个体经验与体验、教师发展的环境以及这些个体生命因素对认知、专业的发展关系等方面的研究却没有得到应有的重视。这就如同一个人的两条腿,一条腿长,一条腿短,要想持续、稳健、快速地走路,免不了摔跤,而且即便不摔跤还是走不稳,走不快。国外学者们已认识到了变革应重视教师情绪,比如富兰、哈格里夫斯等,我国也有一些学者意识到教育变革不仅仅是一种线性的、理性的模式,变革的复杂性促使我们关注变革中教师的情感体验与发展,关注教师情绪反应与其所处环境之间的关系。比如靳玉乐认为,教师在长期对新课程材料的使用和新教学行为的实施过程中,会逐渐拓展自己的认识,改变自己对变革的情绪、动机、态度等心理过程,通过这些深层次的转变进而巩固对变革的习得行为,加深对课改材料与活动方式的理解与运用,最终推动课程改革①;尹弘飚在课改背景下通过教师情绪探讨了教师对高中新课程实施的适应性研究②;赵鑫在《教师情感修养》的研究中探讨了教师情感在教育教学活动中的重要性③。但教师情绪或情感方面的研究在整个课程与教学,以及教师专业发展中仍处于边缘化的位置。也正因为理论与实践对教师情绪研究的忽视,以致轻视了教师情绪对改革互动的影响,改革深层次问题难以得到有效推进。

新课程改革从准备—启动—推行—实施,再到总结—修改—完善等过程,始终伴有教师的情绪,也有代为教师情绪发声的情绪,教师的情绪与课程改革之间的互动如同一条抛物线,从常态推向兴奋,从兴奋跌入沮丧、失望,然后落入愤怒敌对④,再从最低谷慢慢回升,伴着一次又一次改革的刺激,欢呼、期待、愉悦、迷茫等情绪再一次升温,教师的情绪与课程改革始终在互动中缠绕、磨合与共进。随着时间的延续,教师情绪与改革定会塑造出特殊的文化,形成所谓的"改革文化"、教师的"情绪文化",通过文化的塑造与规范,最终有了结构性的要素与标识,有了制度性的秩序与价值导向。正如戈尔登所论述,文化不是静态的,不同时代会发生不同的变化,需要从历史的维度理解文化的特征与变化⑤,教师的情

① 靳玉乐:《新课程下的教学方式转变》,西南大学出版社,2012。

② 尹弘飚:《课程实施中的教师情绪:中国大陆高中课程改革个案研究》,博士学位论文,香港中文大学,2006;尹弘飚:《教师情绪:课程改革中亟待正视的一个议题》,《教育发展研究》2007年第3B期,第44-48页。

③ 赵鑫:《教师感情修养研究》,博士学位论文,华东师范大学,2010。

④ 刘力、黄小莲:《新课程实施中教师的改革与抗拒》,《教育发展研究》2007年第4B期,第14-20页。

⑤ 孙俊才:《情绪的文化塑造与社会建构:情绪社会分享视角》,博士学位论文,上海师范大学,2008。

绪与改革之间的关系也处于动态发展的过程,不同阶段的改革,不同发展阶段的教师,教师认知与情绪感悟的不同时空对改革都会表现出不同的特征与变化。于是,我们便会问,当前课程改革的背景下,具体到课改实践中,教师存有怎样的情绪状态,哪些因素形塑了教师的情绪样态,情绪样态揭示出了怎样的问题与困境影响着教师的继续发展与教学实践,进而又如何影响改革的进程;如何建构积极、健康、持续的有助于推动教师学习的社群文化与情绪文化。这些问题在已有的研究中并没有得到系统的关注与解答。但是,这些问题对推进课程改革,提升教师工作、生活的幸福感、效能感和自我实现具有重要的意义,这些意义最终将有益于学生的成就与发展。

四、师生互动是揭示并理解变革下教师情绪样貌的载体

教育的变革最终需落实在课堂的变革,课堂变革的核心在于教师的变革与学生的变革,而变革的成效最为显著、可供观测的途径便是师生互动,同时师生互动本身又作为变革的一条路径推动着教师变革的演进与实施,师生互动之于课程变革如同水中鱼,河中沙,师生互动需要课程变革的浸润与养育,课程变革的旨归又为持续的师生互动质量提供了保障,同时师生互动作为课程变革的一面透镜,折射着课程变革领域的方方面面,比如互动的主体揭示着教师信念、职业承诺、教师知识、专业认同、教学能力、情感投入,揭示着学生的认知水平、社会情谊与学生的行为;互动的内容揭示着师生对教材、对课程的理解与交互,揭示着师生对课程的领导与调适;互动的角色揭示着变革下的教育理念、社会期望与担当的责任等;互动的方式与距离揭示着师生间关系的亲疏远近,所以以师生互动为切入口对反观课程变革、理解变革、反思变革可能是条捷径。

变革作为一项复杂的系统工程,不仅涉及行为层面的变化,还涉及主体内在情感的变动。变革与情绪总是密切联系着,变革易生发情绪,情绪又影响着变革的进程。教师对变革的情绪回应,反映着教师对课程改革的理解、诠释以及与变革环境之间的关系评价;变革的复杂性实践又增加着教师的情绪体验与情绪劳务。透过课程变革中教师情绪的波动、强度,观测变革中的各类变量与教师情绪如何交互,情绪的变动又如何影响教师职业维度、影响变革要素,将有助于了解教师工作与改革互动的实践经验,对深入教师教学、反思课程变革、推进课程变革有重要的意义。从情绪的形成来看,情绪不会在个体身上自动产生,情绪也不会在环境之中独立形成,情绪总是在个体与环境交互的过程中产生,在人与人之间的互动中产生。学生是教师工作中互动最为频繁与最为密切的群体,教师三分之二的时间几乎都在与学生互动,有面对面的互动,有远距离的"遥控"互动,有非言语的互动,有情感上的互动,等等。教师经历的各类喜怒哀乐多半源于学

生。面对改革频繁颁布的教育政策,社会对教师职业的高期望、高要求,教师在自我实现过程中不可避免会产生情绪,但这些情绪仍可落实到师生互动之中,因为教师情绪变化的根源与影响绝大部分与学生有关。因此,以师生互动作为载体,分析课程变革下教师情绪的样态,透视情绪与课程变革的互动机理可能是一条便于研究的"绿色通道"。

第二章　文献综述

　　本章着重从对变革中教师情绪的国内外研究出发,并结合本书研究的问题进行文献综述,以进一步聚焦本书的研究框架、研究对象以及研究内容。

一、变革中教师情绪的研究

　　回顾十多年来的教育变革历程,教师情绪与教育变革互动的研究始于两篇重要的综述,范·布格(Van den Berg)的《教育实践中的教师价值》("Teachers' Meanings Regarding Educational Practice")[①]和斯皮兰等(Spillane et al.)的《政策实施与认知之关系》("Policy Implementation and Cognition")[②],以及《教学与教师教育》杂志刊登的一组专题为"情绪、认同与改变"的系列论文[③]。用赞布拉斯的话讲,这些作品的贡献在于建议教育变革者与教育实践研究者要关注教师情绪维度,要跳出冰冷的认知视角,从教师生命意义的角度全面读懂教师,读懂教育变革,并倡导变革经验的基础是教师的情绪"着陆",确立教师情绪研究对扩充变革理论与提升教师专业发展有重要的意义与价值[④]。至此,教师情绪对改革的作用得到了关注,相关发表的研究成果开始逐渐增多。按照研究的内容,本研究划分出三个研究主题:一是教师在教育变革中表现的情绪;二是教育变革

---

① R. Van den Berg, "Teachers' Meanings Regarding Educational Practice," *Review of Educational Research* 72, no. 4 (2002): 577-625.

② James P. Spillane, Brian J. Reiser, and Todd Reimer, "Policy Implementation and Cognition: Reframing and Refocusing Implementation Research," *Review of Educational Research* 72, no. 3 (2002): 387-431.

③ K. Van Veen and S. Lasky, "Emotions as a Lens to Explore Teacher Identity and Change: Different Theoretical Approaches," *Teaching and Teacher Education* 21, no. 8 (2005): 895-898.

④ Michalinos Zembylas, "Teacher Emotions in the Context of Educational Reforms," in *Second International Handbook of Educational Change*, eds. Andy Hargreaves, Ann Lieberman, Michael Fullan et al. (Dordrecht: Springer, 2009), pp. 221-235.

对教师情绪状态发生变化的原因探析；三是教师情绪对教育变革的影响因素。

（一）变革中教师的情绪表征

为了解教师面对变革有哪些情绪表征或情绪反应，首先要了解哪些词可以准确地描绘教师的情绪反应，这些词语如何归类。乔纳森·H.特纳（2009）认为人类基本的情绪表现有四种，即愤怒、恐惧、悲伤和高兴，按照不同的强度，在以上四种情绪基础上，通过复合和混合、交叉，演化出了无法穷尽的情绪反应和与之对应的情绪词语（参见表 2.1）。特纳的基本情绪的变化形式，对应的情绪词汇及其归类，为我们研究教师情绪表征提供了参照系。

表 2.1　人类基本情绪的变化形式①

类　型	低强度	中等强度	高强度
满意—高兴	满意、满怀希望、平静、感激	轻快、雀跃、友好、和蔼可亲、享受	快乐、狂喜、喜悦、欢快、得意、欣喜、高兴
厌恶—恐惧	担忧、犹豫、勉强、羞愧	疑惧、颤抖、焦虑、害怕、惊恐、失去勇气、恐慌	恐怖、惊骇、高度恐惧
强硬—愤怒	苦恼、激动、动怒、恼火、怨恨、不满	冒犯、挫败、气急败坏、敌意、憎恶、仇恨、生气	讨厌、厌恶、愤恨、轻视、愤怒、义愤填膺
失望—悲伤	气馁、伤悲、感伤（羞愧—内疚—疏离）	沮丧、悲伤、伤心、阴郁、忧伤	苦闷、垂头丧气、闷闷不乐、痛苦、悲悯

从表 2.1 我们不难看到人类基本情绪类型中有三类情绪表现属于负面情绪，正向情绪只有一类，而人类团结在一起的力量往往是正向情绪，所以，从社会调控来讲，需要增加正向情绪与负向情绪类型的组合，使正向的情绪表现程度高于负向情绪。表 2.1 中的情绪类型之间相互叠加、混合后可增加次级情绪，各类情绪的强度进而传递与转换。于是，复杂、无穷的情绪反应以及情绪词汇层出不穷。特纳的情绪变化形式为我们分析教师情绪表征，整理归类这些情绪反应提供了思路。

教师应对教育改革表现出的情绪反应，同样非常丰富，在描述情绪的过程中有时很难找到确切的词语与之对应。表 2.2 通过教师情绪与教育改革互动的几篇重要文献，大致展示了教师面对改革时表现的情绪状态。

---

① 乔纳森·H.特纳：《人类情感——社会学的理论》，孙俊才、文军译，东方出版社，2009，第 11 页。

表 2.2　教师面对教育改革表现的情绪状态

文　献	研究对象、内容、方法	正向情绪	负向情绪
Van Veen and Sleegers①	基础教育改革背景下六所荷兰中学教师如何理解他们的工作。方法:认知社会心理理论框架从教师个体取向应对教育情景改革要求维度展开	满意、高兴、愉悦、享受	生气、害怕、担心、沮丧、焦虑
Meyer②	教育实践中,实习生与指导教师、学生之间的人际关系、自我与能力等因素如何影响实习生的情绪进而影响实习生的专业身份认同与专业发展认同	自信、兴奋、成就感、高兴、欣赏、自豪	沮丧、不确定、担心、失去勇气
Kelchtermans et al.③	运用叙事与自传的方法重建教师经历的政治与道德张力,探讨教师应对改革的情绪与认同之间的冲突,提出教师的脆弱性是教学工作的结构特点		无助、紧张、沮丧、压力重重、不确定、自我怀疑、效能感缺失、缺乏信任
Van Veen and Sleegers④	通过个案深入研究改革如何影响教师对自我认识的矛盾与冲突,从而进一步导致教师情绪的紧张、不安全、威胁与惊恐		紧张、不安全、悲痛、沮丧、愤怒、悲伤、恐惧
尹弘飚⑤	对大陆教师面对高中新课程改革经验的情绪历程做了分析,归纳出教师有四种身份	从容、乐观、积极	无奈、冷漠、悲观、怀疑

① K. Van Veen and P. Sleegers, "How Does It Feel? Teachers' Emotions in a Context of Change," *Journal of Curriculum Studies* 38, no. 1 (2006): 85-111.

② Debra K. Meyer, "Entering the Emotional Practices of Teaching," in *Advances in Teacher Emotion Research: The Impact on Teachers' Lives*, eds. Paul A. Schutz and Michalinos Zembylas (New York: Springer, 2009), pp. 73-91.

③ Geert Kelchtermans, Katrijn Ballet, and Liesbeth Piot, "Surviving Diversity in Times of Performativity: Understanding Teachers' Emotional Experience of Change," in *Advances in Teacher Emotion Research: The Impact on Teachers' Lives*, eds. Paul A. Schutz and Michalinos Zembylas (New York: Springer, 2009), pp. 215-231.

④ K. Van Veen and P. Sleegers, "Teachers' Emotions in a Context of Reforms: To a Deeper Understanding of Teachers and Reforms," in *Advances in Teacher Emotion Research: The Impact on Teachers' Lives*, eds. Paul A. Schutz and Michalinos Zembylas (New York: Springer, 2009), pp. 233-252.

⑤ 尹弘飚:《课程实施中的教师情绪:中国大陆高中课程改革个案研究》,博士学位论文,香港中文大学,2006。

续　表

文　献	研究对象、内容、方法	正向情绪	负向情绪
刘力，黄小莲[①]	新课程实施中教师的改革与抗拒，理论思辨与分析的方法	喜悦、支持	压力、恐慌、困惑

　　表2.2的整理显示出教师情绪与改革互动时，大致可从正向情绪和负向情绪两个维度归类，但归类的结果是，教师在改革过程中出现的负向情绪比较多，处于边界的情绪往往易转换为负向情绪，虽在改革过程中有正向情绪状态，但是这类情绪主体通常是教学实践中的佼佼者，他们有自己的教育哲学，有一套成熟且成功的教学技能，恰恰这套功夫与改革比较吻合，于是，他们表现出赞许与自信。在我国教育改革中，教师往往认可改革的理念，在改革开始时，会表现出积极的支持与喜悦，但随着改革在实践行为中的复杂性和艰巨性加大，教师应对改革要求与自我能力出现不平衡，这些正向情绪继而会转化为负向情绪。也就是说，教师在改革过程中负向情绪比例比较高，于是笔者认为：改革过程中教师拥有负向情绪，做出抵制行为是必然的过程，因为抵制可以成为调试的影响因素，也正是个体对改革回应的冲突与矛盾成为转变教师对改革理解的基础。所以，面对教师的抵制与负向情绪，作为研究者探究教师情绪转化出现的原因，以及不同性向情绪在教育工作中带来哪些影响，如何营造积极健康的情绪文化氛围辅助教师迈向有效能的发展，干预、弥补教师情感的破坏性，显得尤为重要。哈格里夫斯的研究指出，不同年龄、职业发展阶段，以及不同类型的教师之间对教育改革回应是不同的[②]。

　　鉴于此，我们之后的研究可能要关注以下三个方面：（1）不同人口变量下的教师对改革回应的状态有哪些特征？（2）教师在参与过程中的情绪变化以及变化的成因、影响因素还需历时性的分析与情景性的阐释。（3）负向情绪承载度的把握需进一步澄清，什么条件下的负向情绪可以转为正向的能量，什么条件下的负向情绪具有破坏性，以及如何消解破坏性的负向情绪。（1）和（2）是本研究关注的重点。

　　（二）变革中教师情绪变化的成因

　　在探究教育变革中教师情绪样态的成因时，已有研究主要依据个体的主观

　　① 刘力、黄小莲：《新课程实施中教师的改革与抗拒》，《教育发展研究》2007年第4B期，第14-20页。

　　② Andy Hargreaves, "Educational Change Takes Ages: Life, Career and Generational Factors in Teachers' Emotional Responses to Educational Change," *Teaching and Teacher Education* 21, no. 8 (2005): 967-983.

现实和社会的客观现实两个维度展开。尽管研究者们各有各的侧重,但达成的共识是:教师对变革的情绪回应,反映了教师的理解方式、诠释方式以及教师对改革环境及其各要素间的关系评价(Troman and Woods, 2001; Van Veen and Sleegers, 2006; Zembylas, 2009)。当教师抵制变革时,通常由于过重的课程负荷,增加了工作的强度,或外在的控制使教师的自我形象、认同,教师与学生、教师与同事之间的情感关系受到了威胁,正如同米尔斯所言,焦虑源于个体所珍视的价值受到了威胁①。而变革者和教师教育者总会简单地将教师对变革的抵制归结于教师们的顽固、缺乏想象力,或懒惰。也正是外界对教师应对变革行为的言辞与教师日常复杂性实践教学的不匹配,加剧了变革与教师互动中的矛盾与冲突。具体有如下几个方面的因素影响着教师情绪的变化。

1. 教师在变革中的"囚徒困境"

变革之始,教师们往往欢呼雀跃,想着变革可能将改变他们当前的命运与困境,然而,当变革实施时,教师们发现他们并不能完全控制他们的工作环境与条件,外界高质量的控制政策与管理系统相比以往对他们施加了更多的要求。教师惯有的专业认同、道德评判方式、工作资源条件突然随着变革的加强而变动,教师们不得不放弃或改变原有的教育理念、课程资源、教学方式与评价方式,来适应变革所提出的整套系统。对应的教师培训、学校资源条件、文化氛围、教师专业应对等方面并没有及时跟进变革的步伐,教师在实践经验中,越来越感到压力重重,应接不暇。相对变革而言,任何变革总是企图扭转原有的不适而做出及时的调整,并非包揽一切,但为了推行的力度,起始的变革似乎变成了革命。于是,面对全新的教材,时髦的教学方法,多如牛毛的信息资源,教师陷入了迷茫与无助。研究者们为"解救"教师,认为变革是管理者与领导者的意志,作为实施主体的教师并没有参与变革的计划和制订过程,而只是变革者实施变革的变相工具,提出要赋权于教师②。可在实践中,教师们并没有决策权,即教师明白什么时候教什么内容,教多少内容能更好地发展学生,教师没有理论依据支撑他们的决定,无法为其合理性辩护③。教师要做的是学校安排他们做的工作,在进度与课时等的限制下,按照变革提倡的课程目标与教学法进行他们的教学。这就使

① 赖特·米尔斯:《社会学的想象力》,陈强、张永强译,生活·读书·新知三联书店,2005,第 7 页。

② Michael Fullan, "The Meaning of Educational Change: A Quarter of a Century of Learning," in *International Handbook of Educational Change*, eds. Andy Hargreaves, Ann Lieberman, Michael Fullan et al. (London: Kluwer Academic Publishers, 1998), pp. 214-231.

③ Geert Kelchtermans, " Teachers' Emotions in Educational Reforms: Self-Understanding, Vulnerable Commitment and Micropolitical Literacy," *Teaching and Teacher Education* 21, no. 8 (2005): 995-1006.

得教师不可避免地处于被动状态,教师在教学中难免产生无助、迷惑、低效与沮丧等情绪。其次,不管如何变革,学生成绩总是教师考核标准的主要依据,但学生成绩的好坏并不仅仅受教师教学的影响,还受学生个体因素(身体、学习动机、意志力等)、家庭因素、社会因素等的影响。加之,教师的工作行为具有延续性(比如对学生习惯养成或为人处世的示范等),不能在短时间内体现成果,所以当面对外控的考核标准,教师会产生委屈、不公平之感,积极性易降低。最后,面对频繁的变革、多样化的学生、伦理道德与目标的冲突,教师对变革理念性问题开始进行理解、诠释、质疑甚至批判,出自教师自我理解的冲突与矛盾,也易使教师形成一些莫名失望或痛苦的情绪。

2. 教育变革的复杂性与滞后性

随着教师对教育变革的抵制,研究者与变革者们逐渐反思教育变革本身可能存有的问题。一些研究者和变革者们也认识到教育变革存有步伐太快,准备时间仓促,教师培训跟不上变革速度,教材编制与使用不当等问题,力图在深化变革的过程中,逐渐调适与修订。但变革仍有一些共性的特征挑战着教师的脆弱性,引发着教师的情绪波动。主要表现在[1]:(1)变革统一中的冲突。任何变革或多或少地都会涉及对教师应该如何教学的统一期盼,但研究者们指出教师们各自的教育哲学、教育理念,对变革的态度,对课程、教学的理解,学生们的差异,工作中的组织结构等方面不可能是一样的,因此统一的政策会威胁到许多教师的专业认同,变革在这部分教师中便不易受到青睐,一些专业骨干教师凭他们的经验会质疑某些统一的变革政策。(2)变革目标宽泛、粗糙,具有口号性,面对变革的一般性目标难以在具体的或某一程度的学校课堂中转换,变革的目标操作性备受质疑。(3)变革的实效性通常基于理论的推演或理想的建构,缺乏足够的数据支持其有效性。而教师们对变革的理解是变革能够为教师提供解决问题、消除日常工作烦恼的"药物",他们期待并欢迎真实的实证案例或数据启发以指引教师们脱离实践困境[2]。于是,在变革实施中,期盼与现实的差异性、利益的不平衡性,阻隔着变革与主体互动的进程。(4)教师常被贴上抵制变革的合法性标签。这种认为教师们是保守、传统、缺乏知识、懒惰、不专业、浅薄的观点在

① K. Van Veen and P. Sleegers, "Teachers' Emotions in a Context of Reforms: To a Deeper Understanding of Teachers and Reforms," in *Advances in Teacher Emotion Research*: *The Impact on Teachers' Lives*, eds. Paul A. Schutz and Michalinos Zembylas (New York: Springer, 2009), pp. 233-252.

② Andy Hargreaves, "The Emotions of Teaching and Educational Change," in *International Handbook of Educational Change*, eds. Andy Hargreaves, Ann Lieberman, Michael Fullan et al. (London: Kluwer Academic Publishers, 1998), pp. 558-575.

中西方的教育变革文献中不难找到。随着变革的推进,变革者、教育研究者、学校管理者虽逐渐意识到贴标签的严重后果,但为了保全自我利益,时不时仍会用上述的标签做辩护。相对教师,这些标签对教师造成的不愉快情绪却具有持续性,长此以往,这些委屈很难消退。因此,变革者与教师教育者、研究者要审慎处理这些问题,不要轻易挑起教师的不愉快情绪。俗话说:"水能载舟,亦能覆舟。"(5)变革进入学校微观的实践场域内,存在学校管理的"技术—功利"取向,各种绩效、考核、评比、组织结构背离了教师个体的意愿,背离着变革意愿,未能在实际工作中给予支持是造成教师负向情绪的又一重要因素。

3. 教师信念、身份认同与目标的异质

变革过程中教师情绪的回应与强度反映着教师个体对变革政策的理解与诠释程度,而理解与诠释又与个体的信念、目的和身份认同密不可分。同样,教师的情绪也挑战着教师的现有信念、身份认同和教育实践。教师的信念、身份认同、目标与情绪如同运行的一个组合单元,彼此联系着、依靠着。当教师的信念、身份认同与变革目标一致时,教师容易表现出愉悦、乐观、自信的情绪;当教师的信念、身份认同与变革目标发生背离时,教师陷入冲突、矛盾、困惑中,容易引发害怕、烦恼、悲伤、冷漠、泄气等负面情绪。当教师负向情绪体验长期持续时,又进一步固化了教师原有信念与认同,要不与变革抵制、决裂,要不与变革疏远、逃避。大刀阔斧的变革必然会引起教师信念的转变,各种要求需要教师调适,教师角色不免发生变化,使教师产生紧张与焦虑等情绪,这就需要教师对自我进行重塑。哈格里夫斯把教师情绪的重塑与调整归结于教师的目标,以及实现目标的能力[1]。克罗斯和洪(Cross and Hong)系统阐述了教师的信念、身份认同、目标和情绪之间的关系假说,指出目的引导直接决定着教师教学实践与努力的方向[2]。贝佳得等(Beijaard et al.)认为教师可以通过自我与在情境中所扮演的角色协商、诠释、理解,重塑自我评价,转变认同,改变信念[3]。这些研究一方面告知了教师的信念、身份认同、目标与情绪之间有密切关系,教师负向情绪源于教

① Andy Hargreaves, "The Emotions of Teaching and Educational Change," in *International Handbook of Educational Change*, eds. Andy Hargreaves, Ann Lieberman, Michael Fullan et al. (London: Kluwer Academic Publishers, 1998), pp. 558-575.

② Dionne I. Cross and Ji Y. Hong, "Beliefs and Professional Identity: Critical Constructs in Examining the Impact of Reform on the Emotional Experiences of Teachers," in *Advances in Teacher Emotion Research: The Impact on Teachers' Lives*, eds. Paul A. Schutz and Michalinos Zembylas (New York: Springer, 2009), pp. 273-296.

③ Douwe Beijaard, Nico Verloop, and Jan D. Vermunt, "Teachers' Perceptions of Professional Identity: An Exploratory Study from a Personal Knowledge Perspective," *Teaching and Teacher Education* 16, no. 7 (2000): 749-764.

师的信念、身份认同、目标发生异质,另一方面也启示了调动教师对变革的积极情绪可通过转变理解方式、变换角度诠释变革,重塑教师的自我评价、身份认同、信念等来实现。

4. 教师人际互动关系的影响

在实践场域中,人际关系对教师发展、变革实施的影响越来越明显,"合作""共享""共同体"的营造成为全球各地推动教育变革和实现教师发展的核心策略。搭建积极合作的社群文化,创造民主、愉悦、健康、阳光、友爱的学校文化,已成为变革学校、变革校长、变革教师的努力方向。但在复杂的现实实践中,人际互动的亲和度与融洽度往往并不如愿,并且人与人之间缺乏信任,以及利益不平衡导致教师情绪产生变化,进一步带来大量的教育问题。考尔德黑德(Calderhead)研究了教育变革对学校人员之间互动关系的影响,指出变革使得原本高信任的人际关系转变为低信任关系,并建议政策制定者要关注学校教师间缺乏信任可能会制约长远的发展①。哈格里夫斯通过对 15 所学校的 60 多名教师的深入访谈后,认为情绪理解和误解是影响人际互动距离的可能原因,提出了五种影响互动距离的"情绪地理"概念并就该概念分析了教学中的教师情绪地理、教师社群中的情绪地理、教师与家长互动中的情绪地理,为情绪与人际互动之间的关系推动教育变革做出了重要贡献②。伍贝斯等(Wubbels et al. , 1997)研究了师生关系中的情绪变化,他们从沟通中的两个向度,即从支配—顺从向度描述师生关系的影响力,从合作—对立向度描述双方交往的合作程度,检测师生关系是理解、信任、支持还是猜忌、敌对与疏远,勾勒了测量师生关系中教师情绪变化的八角图(见图 2.1)及其相应的问卷。随后,西方大量有关人际互动关系及情绪变革的研究成果建立在伍贝斯等人的测量基础上,检测不同国别、不同地区、不同班级、不同群体间互动关系对变革的影响。从这些研究中,不难得出人际关系的亲疏远近、互动的融洽度直接影响着教师的情绪变化,情绪的双向性特征反作用于变革,影响着变革的凝聚力。

①　James Calderhead, "International Experiences of Teaching Reform," in *Handbook of Research on Teaching*, 4th Edition, ed. Virginia Richardson (Washington, D. C. : American Educational Research Association, 2001), pp. 777-800.

②　Andy Hargreaves, "The Emotional Geographies of Teachers' Relations with Colleagues," *International Journal of Educational Research* 35, no. 5 (2001):503-527.

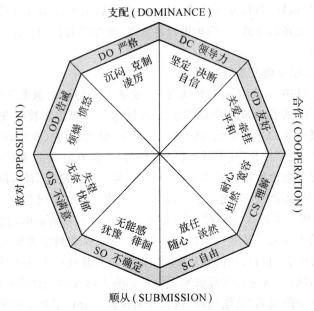

图 2.1　师生关系互动中教师情绪的八角图①

5. 教育变革中教师的专业自主空间受限

美国学者德西和莱恩(Deci and Ryan)创建的自我决定理论认为人类是一种积极的,有着成长趋向的有机体,人类有向上学习、发展自我的本性,这种主动学习与探究的能力就是人类的自主性,并指出人类基本心理需要是:自主需要、胜任需要和关系需要②。其中,自主需要指自我对活动的主体体验,它是人类最为基本也是最为重要的需求;胜任需要指可达到某一目标的能力需要;关系需要指与他人建立情感纽带与附属的需要。自主需要、胜任需要和关系需要同样适于指代教师在工作中的基本需要。随着变革的推进,标准化考试评价与绩效考评制度、学校各类评比事务以及各类学校行政事务占用了教师大量的课余时间,教师自主学习、处理学生事务、反思自我的空间被剥夺,相对的,教师的胜任能力又被组织文化群体所质疑,反复的督促与监控阻碍了教师的发展与成长,于是,持续的自主受限积蓄着教师的不良情绪,促使教师尽早地进入职业倦怠,产生情绪耗竭,继而影响教师的教学实践与师生关系。埃利特等(Ellett et al.)论证了

① Theo Wubbels, Jack Levy, and Mieke Brekelmans, "Paying Attention to Relationships," *Educational Leadership* 54, no. 7 (1997): 82-86.

② Edward L. Deci and Richard M. Ryan, "The 'What' and 'Why' of Goal Pursuits: Human Needs and the Self-Determination of Behavior," *Psychological Inquiry* 11, no. 4 (2000): 227-268.

积极的学习环境有助于教师产生良好的效能感与关爱行为,认为学校的校长如果信任教师并为教师提供更多自主、能力与关系上的支持,有助于教师形成正向的效能感①。达比(Darby)在调查变革中教师情绪与教师对专业的自我理解时,发现教师教育者、大学的研究者如能在教师的专业发展能力方面给予适当的支持,可以增加教师的自主性,降低教师的害怕情绪与盲目模仿行为,教师也能够质疑、反思自我与改变,走向更好的教学效能②。因此,不管变革多么复杂、多么艰难,都要尽可能地帮助并为教师留有一定接触学生、服务学生,以及自我发展的时间与空间。与其限制、捆绑教师,不如放手,促其拼搏。

总之,教师情绪的变化不会无缘无故地发生,它总是个体与社会互动的结果。教师的自主性,教师的身份认同、信念、情绪作为个体内在能力的重要组成部分离不开变革中的社会、人际互动、变革目的等外在社会现实的影响,相对变革,学校组织文化、愿景、人际互动距离同样离不开个体的塑造与内化。个体的主观现实与社会的客观现实之间的张力形塑了教师的情绪变化,同样教师的情绪又影响并反映着个体主观现实与客观现实的冲突与融合。那么,对教师情绪的探析必然需要在具体的文化空间内,在具体的情境之中,结合个体与社会之间的关系才可能描绘出教师情绪如何与周遭的环境文化交互,也只有在具体的情境事件之内,在具体的文化场域之内,才能更好地阐释教师情绪形成的原因。

(三)变革中教师情绪变化的效应

综观国内外的已有研究,变革与教师情绪总是相互缠绕,并相互映照。频繁、仓促的变革点燃了教师情绪,教师情绪的变化固然推进或阻碍着变革的进程与效益。教师情绪之于变革如同毛细血管之于人体,联结着变革的整体系统,并辅助内化于心。针对教师情绪对变革产生的效应,研究者们有探究教师情绪的正负性向对教师动机、自我效能、专业认同、工作满意度以及学生学习行为等方面的影响的③;有论证教师情绪对领导力、课堂氛围和学校文化的影响的④;也

---

① Chad D. Ellett, Flo H. Hill, Xia Liu et al., "Professional Learning Environment and Human Caring Correlates of Teacher Efficacy" (paper presented at the annual meeting of the American Educational Research Association, Chicago, IL, 1997).

② Alexa Darby, "Teachers' Emotions in the Reconstruction of Professional Self-Understanding," *Teaching and Teacher Education* 24, no. 5 (2008): 1160-1172.

③ Andy Hargreaves, "Mixed Emotions: Teachers' Perceptions of Their Interactions with Students," *Teaching and Teacher Education* 16, no. 8 (2000): 811-826.

④ Christopher Day and Kenneth Leithwood (eds.), *Successful Principal Leadership in Times of Change: An International Perspectives* (Dordrecht: Springer, 2007).

有研究变革中教师情绪对教师个体健康状况、幸福感等方面的影响的[①]。但总体上,笔者从教师的个体品质、专业品质和情境因素三个方面归纳了变革中教师情绪变化的效应(参见表 2.3)。也就是说,就个体品质而言,教师情绪变化会影响教师的健康状态、生活质量,增加教师的情感经验,和对自我的再认;就专业品质而言,教师情绪变化会影响师生关系、教师教学管理、课堂管理以及学生成就等;就情境因素而言,指的是教师情绪变化对教师工作与生活环境的塑造与重塑。拥有并维持教师良好、积极、健康的正向情绪必然有助于与各维度的效应因素呈正相关,但并不意味着教师的负向情绪必定要危害所对应的效应因素。教师拥有负面情绪恰恰说明教师在参与、在思考、在寻求转变。因此,需要在可控范围内帮助教师及时从消极的负向情绪走向积极的正向情绪,从而推进变革、深化变革。

表 2.3　教师情绪变化的效应

维　度	效应因素
个体品质	健康状况、个体生活质量、自我认同、情感经验、幸福感、自我效能感等
专业品质	专业认同、师生关系、学生成就、课堂管理能力、课堂氛围、教师知识、组织认同、专业社群、集体凝聚力、组织承诺、职业倦怠、工作满意度、教学伦理等
情境因素	人际关系、社会变革、政策、特殊情境、制度环境、组织文化、学校文化等

在理解教师情绪变化对变革效应的同时,我们还需注意以下几点:(1)情绪具有双向性、关系性与过程性,也就是说形成教师情绪的成因与教师情绪产生的效果可以相互转化并彼此联系。(2)我们观测的情绪变化可能是教师的情绪伪装,教师为了"合目的性"会假装表现出情境或对方期望的情绪,而不是其真实情绪。(3)情绪的变化潜藏着教师对自我、对他人的评价与再认,潜藏着组织文化对教师情绪规则的同化。(4)教师经历的积极情绪是维持教师转变或继续前行的动力与能量。

二、师生互动中教师情绪的研究

师生互动作为教师人际互动中最为频繁的互动形态,是教师教育教学工作的重要载体,通过师生互动,课程教学知识得以传承,师生情感得以升华。正是

---

① Anne C. Frenzel, Thomas Goetz, Elizabeth J. Stephens et al., "Antecedents and Effects of Teachers' Emotional Experiences: An Integrated Perspective and Empirical Test," in *Advances in Teacher Emotion Research: The Impact on Teachers' Lives*, eds. Paul A. Schutz and Michalinos Zembylas (New York: Springer, 2009), pp. 129-151.

师生间的密切联系注定了师生互动是教师情绪产生的重要来源,同时也是教师情绪产生效应的场域。大量的已有研究与实践经验揭示了教师喜、怒、哀、乐的变化与学生对教师行为反馈等有密切的联系(Chang,2009;卢家楣,2000)。当学生遵守教师的指令,认真学习,积极配合,对教师怀有感恩之心时,教师就会开心;当教师反复讲、反复说,想尽各类办法,学生仍然无动于衷,不懂老师的"好意",教师就会生气;对于不尊重教师,行为不良的学生,有教师甚至会感到愤怒;当教师满腔热血,全身心地投入在学生身上,学生却在责怪教师时,教师会感到无比悲哀。师生互动中教师情绪始终伴随着教师职业发展阶段的变化,表现出不一的情绪状态、情绪表征与情绪效应,持续的负面情绪对降低教师的职业承诺与专业认同,加剧教师情感枯竭,尽早进入职业倦怠有明显效应。相对教师不同的职业生涯阶段,教师在新手期时的情绪变化尤为明显①。从象牙塔刚刚步入教学场景,面对鲜活的学生、工作的压力、身份的转变、环境的适应、经验的不足等问题,新手教师常会感到疏远、孤苦、陌生、恐慌、无奈甚至是失望②。加之,教育变革中"以生为本"的理念深入人心;实践中"师道"总受到学生、家长的怀疑,甚至是挑战;日常工作管理事务中,师生间的权力博弈也相当激烈,负面情绪比如"生气""焦虑""失望""无助"常常发生。这些负向情绪重塑了教师的信念、身份认同以及师生关系,有的教师越挫越勇,他们通过专业权威令学生信服;有的教师学会了自我保护,采取放任不管策略;有的教师对自己是否适合当老师产生怀疑,另谋出路;有的教师抱怨师范教育、课程改革总是摆设;也有教师仍在挣扎,继续探寻出路。

已有研究中,法鲁克(Farouk)用认知评价理论分析了教师经历的各种生气形式,得出当教师的教育教学目标与学生行为不一致时,新手教师会生气③。凯尔克特曼斯(Kelchtermans)研究新手教师对教育变革适应性,得出"关爱学生,满足学生需求"的改革理念在实践场景中并不能达到教师的预期效果,反而会造成教师的道德目标(moral objectives)混乱,使教师很"生气"④。萨顿(Sutton)对美国中小学教师的情绪经验做了深入调查后得出"生气"是教师情绪中最为常

① 贝蒂·E.斯黛菲、迈克尔·P.沃尔夫、苏珊娜·H.帕施等主编:《教师的职业生涯周期》,杨秀玉、赵明玉译,北京人民教育出版社,2012.

② Sara M. Intrator, "Beginning Teachers and the Emotional Dramma of the Classoom," *Journal of Teacher Education* 57, no. 3 (2006):232-239.

③ Shaalan Farouk, "Primary School Teachers' Restricted and Elaborated Anger," *Cambridge Journal of Education* 40, no. 4 (2010):353-368.

④ Geert Kelchtermans, "Teachers' Emotions in Educational Reforms: Self-Understanding, Vulnerable Commitment and Micropolitical Literacy," *Teaching and Teacher Education* 21, no. 8 (2005):995-1006.

见的情绪,其中三分之二的"生气"情绪源于问题学生,剩下小部分源于教育体系内缺乏管理方面的支持以及学生家长对孩子教育的缺失①。萨巴(Sabar)指出新手教师面对专业现实,文化冲击,其体验如同"新大陆的陌生人"遭受着"火的洗礼",负面情绪杂糅②。赞布拉斯告诫我们要重视教师情绪在教师专业认同中所扮演的重要角色③。贝佳得等的研究得出新手教师在回应组织要求,面对职业规则、师生互动、教学工作时需表现出积极乐观并富有激情、耐心、关爱等情绪劳务,即便有负面情绪如"生气"等也只能藏于内心,化为教师专业成长的经验与认同④。张梅林与戴维斯(Chang and Davis,2009)进一步从解构教师对顽皮学生评价的角度,证实了教师重复的不愉快情绪会导致教师的职业倦怠,教师情绪的变化对重塑师生关系、教师的思考方式与应对策略有相当大的效应。其研究意义一方面在于鼓励教师对师生关系固有信念进行反思,观测这些信念如何影响教师选择怎样的方式对待学生,这些信念又如何影响教师解读学生的抵制行为;另一方面建议教师坚持一种成长的关系理念,希望教师能明智地做出关爱行为。尤其对存有行为偏差的学生,教师应避免思维定式与惯性判断,应该就事论事,在处理师生互动中的情绪问题时,教师可以反思:什么原因导致情绪事件的发生? 我是基于什么依据做出的判断? 该判断有怎样的后果? 我失控了吗? 重新再评价该事的情景,对这种情景是否已尽可能地做出了积极性的处理? 再者,研究者们提出教师也需要注意过度同情引发的疲劳症,希望教师照顾好自己以致之后能继续拥有同情心,继续服务学生。也有研究发现教师对问题学生行为的具体评价,往往依据学生行为与教师的目标是否趋于一致做判断,并认为问题的效益可预测他们情绪经验的强度,而根据情绪强度又可预测他们的情绪调控、问题解决策略以及情绪疲劳三者之间的关系。

总之,师生互动是教师情绪产生的主要源头,也是教师情绪产生效应的主要"承受体"。教师在师生互动过程中不可避免会产生情绪,持续的情绪形塑了教师的自我效能、职业承诺、身份认同、师生关系以及对学生的理解,情绪的强度又与教师的职业倦怠、工作满意度有直接的关系。通过已有的研究和经验发现,受

① Rosemary E. Sutton, "Teachers' Anger, Frustration and Self-Regulation," in *Emotion in Education*, eds. Paul A. Schutz and Reinhard Pekrun (London: Elsevier, 2007), pp. 259-273.

② Naama Sabar, "From Heaven to Reality Through Crisis: Novice Teachers as Migrants," *Teaching and Teacher Education* 20, no. 2 (2004): 120-129.

③ Michalinos Zembylas, "Emotions and Teacher Identity: A Poststructural Perspective," *Teacher and Teaching: Theory and Practice* 9, no. 3 (2005): 213-238.

④ Douwe Beijaard, Nico Verloop, and Jan D. Vermunt, "Teachers' Perceptions of Professional Identity: An Exploratory Study from a Personal Knowledge Perspective," *Teaching and Teacher Education* 16, no. 7 (2000): 749-764.

身份的转变、工作环境的适应等方面影响,新手教师的情绪相对其职业生涯的其他阶段而言波动较大,尤其是负面情绪对新手教师的职业承诺、效能感与认同感可能会产生负向效应使之过早地进入倦怠期,不仅降低了教师自身的幸福指数,也浪费了教育资源。很明显,在师生互动的实践过程中教师情绪的产生、效应、调节一直困扰着一线教师尤其是新手教师,针对这方面目前已有一些实证性的成果。但在我国当前教育改革场景下,其他教师群体有着怎样的情绪样态,还需进一步考察与验证。从方法论的角度看,已有的这些研究多采用量化方法,鲜有用叙事探究、扎根理论、个案研究等质性的方法深描教师内在的心声,诠释教师情绪及其变化的研究。众所周知情绪本身离不开社会情境与个体意向的交互,因此,本研究首先要对不同阶段教师的情绪状态及其样态做初步分析与调研;其次,不同发展阶段教师情绪与学生互动有怎样的特点,不同发展阶段教师不同的情绪样态对教师认同、职业承诺会产生怎样的影响,与形塑教师教与学、师生关系、学生品质等方面有怎样的联系,这一系列问题需要在具体场景与教师的自述中深入理解,所以选择质性的研究取向更有利于对教师情绪的理解与诠释。

三、变革中教师情绪地图的研究

在已有的研究中,一部分研究者将情绪地图翻译为 emotional map,也有一部分学者翻译为 emotional geography。笔者认为,情绪地图与情绪地理有着许多相似之处,两者产生的背景、研究取向、研究方法以及研究者对两者的运用都存在较强的一致性,不同之处在于,情绪地图可以将情绪地理的概貌形象地、可视地展现出来,给读者以导向与引领,可以较为直观地了解教师情绪的概貌;情绪地理在研究中侧重情绪距离,情绪地图侧重影响情绪及与情绪相关的关键要素的脉络呈现。综合考虑,本书试图以地图的形式呈现情绪地理,因此,运用了情绪地图这一词语。但在对情绪地图研究进行相关述评时,仍离不开对情绪地理的追溯。

"情绪地理"(emotional geography)是教育变革与教师情绪研究结合的产物。受地理学的影响,其在西方教育研究领域,尤其是教育变革领域中已成为一股新的研究趋势,也累积了一些丰富的研究成果。最早在教育领域内提出并使用这一概念的学者是安迪·哈格里夫斯。哈格里夫斯本人出身于社会学,因此,他较多关注个体与社会的互动,尤其是改革背景下人际关系对变革的影响。加之,20 世纪 90 年代,学者们普遍认为教师与家长、学生、教师社群之间的合作可为教育变革的教与学提供裨益。哈格里夫斯便开始审视教育变革的效益,发现现实的教育变革中忽视了倾听最重要的变革参与者即教师的声音,以往教育变革总是以自上而下的方式展开,过多地强调顶层设计,强调理性与逻辑的推论,却轻视了教师在变革中的情绪变化与情绪对变革、对教师人际关系的影响。于是,哈格里夫斯尝试从理解教学中教师与学生、家长、同事等之间的互动关系看教师在参与变革过程中的情绪状态,得出教师情绪是影响教师合作交互的重要维度,并且提出教师情绪及其阐释源于教师的情绪理解。他认为不同的情绪理解是影响教师情绪表现和社会交互品质的根源[1]。为了更清晰地通过情绪脉络描绘情绪如何形塑人际互动的亲疏远近距离和空间形态,哈格里夫斯正式提出"情绪地理"这一概念并进一步发展出了分析框架。他认为情绪地理可用于了解教师情绪理解和误解产生的可能原因,人际互动中关系的亲疏远近会影响教师的情绪及其对情绪的理解,进而影响参与主体间的合作与共赢。

在此想法下,哈格里夫斯对53所学校的中小学教师做了深入访谈与调查,最终归纳出了五种威胁学校教育人员之间的情绪地理:(1)社会文化地理:不同的种族、文化、阶级和性别差异,可能使教师和家长、学生之间产生疏离和陌生感。(2)道德地理:有共同的愿景和价值信念,大家共荣互长;缺乏凝聚力,则彼此防卫,相互抵制抱怨。若教师的理念与服务对象不同,学校又没有机制可供讨论或解决这些差异时,则会产生情绪疏离。(3)专业地理:指传统男性主义的专业模式所营造出的教师与其服务对象的权威距离,特别不同于女性主义所提倡的关怀模式。(4)政治地理:在科层制度下,权力和地位的差异可能会扭曲教师和周遭人员对于情绪和认知的沟通。(5)物理地理:时间和空间的条件,影响教师与学生、家长和同事的接触,进而影响了关系距离。

之后,研究者们以哈格里夫斯的五种"情绪地理"为理论分析基础,尝试、丰富情绪地理的研究。台湾学者林惠蓉重新理解了哈格里夫斯的五种情绪地理,用"距离"替代"地理",认为因角色任务不同出现文化距离,因目的优先序位产生目的距离,因专业自主权产生认知差异导致专业距离,因空间与时间交织建构了物理距离,以及应赋权的利害关系加大了权力距离[2]。梁金都理解哈格里夫斯的情绪距离后增添了个人距离,即人们彼此关系中个人因素产生的情绪距离。他的研究表明相同的背景而有不同成就是内心深处情绪距离产生的根源,个人的特征会影响其与他人互动的情绪距离[3]。总之,当下已有的教师"情绪地理"

① Kwok Kuen Tsang, "A Review of Current Sociological Research on Teachers' Emotions: The Way Forward," *British Journal of Education*, *Society & Behavioural Science* 4, no. 2 (2013): 241-256.

② 林惠蓉:《情绪地理探究教师专业发展文化之建构》,《台中教育大学学报:教育类》2012年第26卷第2期,第87-105页。

③ 梁金都:《台湾小学校长情绪地图:以校长和主任的互动为例》,《教育理论与实践学刊》2010年第20期,第39-71页。

的概念分析框架都以哈格里夫斯提出的五种"情绪地理"为基础,在此分析框架下根据不同的互动情境与内容,研究者们做出了适当的调适,或增加维度,或减少维度,或从文化的角度做全新的理解。

迈克康瑞等(McCaughtry et al.)总结了人际互动中的各类情绪地理并非是相互排斥的,它们有着相似的生活经验,彼此依赖又相互独立,只有以整体的视角共同看待各类情绪地理,才能看清情绪与人际互动交织过程中的复杂性与多面性,不同层面的情绪距离如何相互影响①。之后哈格里夫斯提醒对情绪地理的理解要注意三个方面:(1)教学中没有普遍的情绪规则,教师与他人之间不会有超越文化和工作脉络的理想距离;(2)情绪存有想象的地理,既包括心理上的亲疏远近,又有物理上的距离,既是主观的,也是客观的;(3)不仅社会结构或文化可以塑造教师的人际互动关系,教师通过参与活动取得的成绩同样可塑造教师互动中的情绪地理②。从已有对"情绪地理"概念的提出与分析,我们不难看出,已有研究将"地理"等同于"距离"。情绪距离为本研究勾勒教师情绪地图奠定了重要的基础。

已有的教师情绪地图的相关研究,主要集中在对师生、教师社群与亲师间关系距离的探讨。

(一)师生关系中教师的情绪地图

学校中的师生交往用沃勒(Waller)的话说,充满了"虚假","虚假指师生交互中,师生会以个人偏见认识、理解彼此,师生间充斥着带有刻板印象的情绪性话语。不管如何推崇友好与平等,师生之间始终会存有社会距离。教师与学生的社会距离如同成人与儿童的距离难以跨越,因为教师是学校生活秩序的制定者,权威者,规定并形塑着学生的行为与认识,相对学生是学习成人世界秩序的学习者"③。沃勒的言论比较激进,但至少指出了师生关系中确实存有一定的社会距离。哈格里夫斯的研究证实,教师与学生存在专业距离、政治距离和物理距离,而且中学师生关系表现的情绪地理不同于小学。虽然小学教师倾向于拥有专业亲和度,并且与学生交流频繁,但是实质上师生间的物理距离和专业距离在某种程度上更有助中学师生的情绪理解④。师生之间的情绪距离会影响教师

① Na:e McCaughtry, Jeffrey J. Martin, Pamela Hodges Kulinna et al., "The Emotional Dimensions of Urban Teacher Change," *Journal of Teaching in Physical Education* 25 (2006): 99-119.

② Andy Hargreaves, "Emotional Geographies of Teaching," *Teacher College Record* 103, no. 6 (2001): 1056-1080.

③ Willard Waller, *The Sociology of Teaching* (New York: John Wiley & Sons, 1976).

④ Andy Hargreaves, "Mixed Emotions: Teachers' Perceptions of Their Interactions with Students," *Teaching and Teacher Education* 16, no. 8 (2000): 811-826.

对教学内容、课程与教学的思考与决策。迈克康瑞发现教师改变过程要比理解和缔造课堂更为复杂,而情绪是形成教师改变诸因素的关键因子,教师大量的教学决策事件源于教师对学生情绪生活的诠释。如要教师的认知与行为发生改变,教育决策者必须要重视教师的情绪。细谷和今井松村(Hosotani and Imai-Matsumura)的研究指出高品质的日本小学教师面对儿童时会表现出各种复杂的情绪表达和情绪压抑,教师会运用伪装情绪策略比如激动、生气、开心鼓励学生更好地发展。与低年级学生交往时,教师会采取夸张式的鼓励、关爱策略;与高年级学生交往时,教师会逐步调整、调适目标,实现以教学目标为主的情绪表达。好教师会意识到自我情绪并有能力决定应该怎样表达满足教学需求,也能依据需要采取适合表达的情绪策略①。但不同文化背景下,师生间存在一定的文化差异,正如马库斯和北山(Markus and Kitayama)的研究认为亚洲文化强调集体意识,强调和谐与含蓄,强调师道尊严,教师的情绪表达往往比较严肃;而以美国为代表的西方文化,强调自我自主,强调标新立异,强调师生互动,教师通常尽可能地以关爱、友好、积极、同理心的支持态度建构良好的师生关系②。

上述师生关系中的教师情绪地理研究揭示了不同文化背景下,在不同的教师职业发展阶段,教不同年级层次的教师的情绪表达有其特殊性与差异性;教师在师生互动中的情绪变化与情绪表达对师生关系、学生理解会产生不同的效应,有正向功能也有负向功能;在调节情绪时,不同教师会采取不同的情绪调节策略。基于上述对师生关系中教师情绪地图的已有文献探析,发现目前就不同人口变量下教师情绪状态、成因、影响因素以及效益等与师生发展之间存有怎样的关系仍需进一步澄清与论证。尤其是在我国文化改革的时空背景下不同发展阶段的教师存有怎样的情绪状态,这些情绪状态与教师的情绪能力、情绪劳务、影响因素等有怎样的关系,目前国内的实证研究并不多见,这便为本研究提供了较大的空间。

(二)社群中教师的情绪地图

社群中教师的情绪地图指教师与同事之间,教师与教育者之间的互动表现出的情绪脉络。教师工作中同事间合作共助,资源共享是教师获得能量,激发活力,更新思想,解决学生问题的有效途径,教师工作及其效能离不开同事的支持

---

① Rika Hosotani and Kyoko Imai-Matsumura, "Emotional Experience, Expression, and Regulation of High-Quality Japanese Elementary School Teachers," *Teaching and Teacher Education* 27, no. 6 (2011): 1039-1048.

② Hazel R. Markus and Shinobu Kitayama, "Culture and the Self: Implications for Cognition, Emotion, and Motivation," *Psychological Review* 98, no. 2 (1991): 224-253.

与认可。教师对社群的归属和角色的担当,是赞许、激情、投入还是漠视、无趣、游离,都会影响教师对周围人的态度与行为,影响教师对自我、对集体的认同。哈格里夫斯探究同事间的互动距离,指出同事间的赞许、认可能够缩减教师间的距离。教师参与的集体活动如有助于教师专业发展,相对容易得到教师们的认可。当教师个人与群体专业融合时,教师间的关系会比较亲密。研究也指出教师间的亲密容易形成小团体,会对其他教师产生排斥①。总之,哈格里夫斯从正面情感的角度探究教师与教师群体的交往关系,勾勒了加拿大文化下的教师合作群体的现状,从情绪距离的维度揭示出教师群体中并不是一片安详与和谐,和谐背后总是存有冲突与争斗,提出从塑造组织结构与组织文化出发展开对事不对人的合作文化,建立关爱、信任与互助的积极情绪文化氛围。江文慈从社会建构的角度描绘了实习教师的情绪地图,提出实习教师与指导教师关系图像是:尊师礼让,敬畏焦虑;咫尺天涯,怨恨难平;担忧顾忌,委曲求全;踌躇犹豫,若即若离;互动态度方面,平等温暖,上下疏离②。同样,研究结果显示,教师社群中人际互动关系存有冲突与隔阂,而这些负面的情绪关系距离严重影响着教师对自我、对专业的认同,影响着教师的教学行为。

少有的部分研究提到建构教师积极的情绪文化氛围需要校长做出表率并在资源和情感上给予支持。比如奥普拉特卡(Oplatka)认为教师如果满意学校所做的决定并能够得到学校领导者某种程度上的支持的话,可提升教师对教学的积极性。尤其是校长对学校愿景、组织文化、教师工作与资源等方面表现出认同和支持时,教师工作的积极性、满意度会增强。反之,校长或学校领导者所做的决定或事件对教师有压力时,会造成教师对职业的不确定性,使教师体验到焦虑、迷惑,并怀疑自己的职业能力,产生自我迷失,具体表现为感到羞辱、非人性化、亲密感丧失。由此,教师为避免这种创伤性体验,倾向于将他们的身份和地位从"专业者"的角色转向"技术工匠"的角色③。施密德(Schmidt)分析教师和领导之间关系,指出当彼此关系紧张时,教师会产生孤独、情绪误解、无力以及怨恨④。研究同时也证实了如果学校领导者能为学生学习成绩和教师效能做出成

① Andy Hargreaves, "The Emotional Geographies of Teachers' Relations with Colleagues," *International Journal of Educational Research* 35, no. 5 (2001): 503-527.

② 江文慈:《实习教师的情绪地图:社会建构的观点》,《教育心理学报》2005 年第 36 卷第 1 期,第 59-83 页。

③ Izhar Oplatka, "Managing Emotions in Teaching: Toward an Understanding of Emotion Displays and Caring as Nonprescribed Role Elements," *Teachers College Record* 109, no. 6 (2007): 1374-1400.

④ Michele Schmidt, "Role Theory, Emotions and Identity in the Department Headship of Secondary Schooling," *Teaching and Teacher Education* 16, no. 8 (2000): 827-842.

绩时,教师也会产生积极的正面情绪。这些实证材料都说明了校长的角色与作用是教师社群距离的核心。

基于以上社群中教师情绪地图的相关文献梳理,笔者认为教师情绪对教师所处的社群文化、社群间的关系有重要的影响。这些影响因素包括社群中教师的集体信念、身份认同、人际关系、校长领导力的权力等,因此,探析教师情绪地图免不了分析教师与教师群体之间的关系。

(三)家校互动中教师情绪地图的研究

家校互动是教师工作不可或缺的一部分,两者相处的最终目的都是为了更好地了解学生,促进学生的学习与成长,但在现实相处中,教师与家长的互动长期以来都是老大难的问题。沃勒(Waller,1976)将两者的关系定格在了敌对和怀疑。这种说法虽不能覆盖所有的家长与教师的关系,但家长对教师专业性的怀疑是每位老师都可能要面对的挑战。由于家长的社会经验、文化程度、阶层地位、环境因素等差异悬殊,教师与各类家长建立良好的关系并不是易事。哈格里夫斯分析了教师与家长存在的情绪距离,得出社会文化和专业距离通常会阻碍教师与家长间的情感共享与认知理解的结论。加强道德情绪距离,意味着家长可能无法理解、支持、欣赏、尊重教师的教学水平,结果教师可能感到专业地位或自主权的丧失。这种情境下,教师可能会经历负面的感觉比如生气、焦虑、失望,很可能避免与家长再次沟通,或者对家长展现出一些不满意或生气的表现,结果,教师与家长之间的误解就会越多,情绪距离会加大,最终影响学生的学习[①]。陈玉枚研究台湾地区教师与家长互动的情绪地图,其研究结果为:(1)亲师互动时,教师情绪易受到家长的族群、阶级、家庭形态等因素影响;(2)亲师教育信念的差异容易造成教师情绪波动;(3)当专业自主被侵扰时,大部分教师体验到强烈的负面情绪,故倾向于和家长保持距离,以维持专业自主权;(4)教师权力和地位的得失是其正负情绪的来源;(5)亲师间不连续的互动易产生情绪误解;(6)教师情绪受互动时的个人因素影响[②]。也有学者经过研究得出教师与家长的情绪距离与家长的社会文化地位、教师的道德目的、教师的专业规范、教师的政治权力以及教师与家长联系的频度有关[③]。

① Andy Hargreaves, "The Parent Gap: The Emotional Geographies of Teacher-Parent Relationships," in *Social Geographies of Educational Change*, eds. F. Hernandez and I. F. Goodson (New York: Kluwer Academic Publishers, 2005), pp. 103-122.

② 陈玉枚:《亲师互动之教师情绪地理探究》,《屏东教育大学学报:教育类》2010年第9期,第231-262页。

③ Hsin-Jen Chen and Ya-Hsuan Wang, "Emotional Geographies of Teacher-Parent Relations: Three Teachers' Perceptions in Taiwan," *Asia Pacific Education Review* 12, no. 2 (2011): 185-195.

从这些研究中我们得出教师与家长互动存在情绪距离,不同文化背景下,不同的经济条件、社会地位、教育程度的亲师会表现出不同的情绪距离,这些已有研究结果为分析家长与教师间的关系提供了思考方向。在我国,家校关系引发教师情绪变化的事件同样比较常见,教师与家长间的沟通、冲突、合作无不影响着教师情绪变化与教师教学工作,教师与家长间的情绪事件如何影响教师的专业认同、教师执教工作与师生关系,对理解教师工作、解决家校现实问题有重要意义。而当前教师与家长的互动研究主要限于对教师和家长的互动方式、互动类型、互动存有的问题做一定的探讨,从建立家长与学校的合作机制入手提出家校改良措施,随着现代技术的发展、新媒体的出现,家校间的路路通、互联网、电话、微信、QQ、论坛、博客、空间互动等形式越来越常见,在沟通与运用中虽提供了便捷但也遇到了新的挑战,比如难以向家长普及信息技术,难以调动家长积极参与,教师卷入学生家庭生活等问题。因此,在探究教师情绪地图时,离不开教师与家长互动过程中的情绪样态和情绪影响。

本节主要从教育变革背景下对教师在教育工作过程中表现出的情绪样态、成因、影响效应等方面给予述评,得出伴随着频繁的教育变革,教师在教育教学的实践过程中会表现出不同的情绪样态,有积极性向也有消极性向,且不同情绪性向会受诸多因素的影响,在时间的过渡中,各影响因素呈现出相互转化的特点,但已有研究通过历时性的特点分析教师情绪转变与转变原因等方面的并不多见,这便为本研究通过倾听教师的叙述,探析历时性影响因素留了较大的空间,也为探讨教师不同情绪如何转化,如何利用负面情绪增加效益等方面做了铺垫。对教师情绪变化的成因方面进行梳理发现,有变革本身的复杂性与滞后性,也有教师自身的原因,亦或许会为人际互动关系所左右,这些研究为理解教师情绪变化与情绪调节策略提供了参考方向,但在系统分析层面还需进一步统整。孙彩霞和李子建曾运用尤·布朗芬布伦纳(U. Bronfenbrenner)的人类生态系统理论结合克罗斯和洪的研究成果[1]从教师所处的宏观系统、外在系统、中介系统与微观系统构建了教师情绪互动的生态系统框架(见图2.2)[2],系统阐释了影响教师情绪的可能性因素。其中,宏观系统有时代背景、历史文化传统、政策改革要求、意识形态等;外在系统有社区文化、学校位置等;中介系统有各类间接的人际关系,如学生与家长的关系影响教师情绪,同事与学校领导者的关系影响教

---

[1] Dienne I. Cross and Ji Y. Hong, "An Ecological Examination of Teachers' Emotions in the School Context," *Teaching and Teacher Education* 28, no. 7 (2012): 957-967.

[2] 孙彩霞,李子建:《教师情绪的形成:生态学的视角》,《全球教育展望》2014 年第 43 卷第 7 期,第 69-77 页。

师情绪;微观系统包括教师教育教学工作中直接接触的人际关系及自我专业成长等方面的各个要素。这一分析框架为探究社会环境因素与个体交互产生的情绪提供了思考维度。但通过对上述文献的回顾,我们发现目前教育领域中已有的情绪研究主要集中在个体对教育改革即对宏观系统的回应,其次是将教师个体情绪作为教师个人特征的组成部分,探究情绪的内在机理;剩下一小部分聚焦在了教师个体情绪与课程教学、教师认同、教学信念的相关性研究中。相对社会环境中的哪些核心要素,个体因素中的哪些核心要素会影响教师情绪样态,以及产生怎样的影响的系统研究仍比较鲜见。

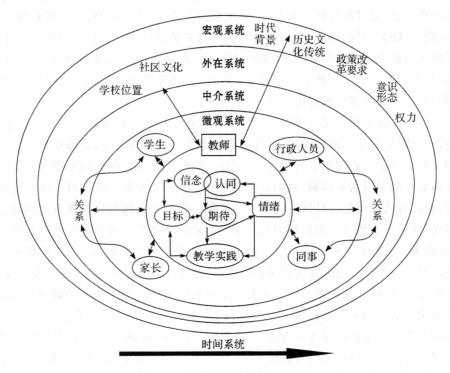

图 2.2　教师情绪互动的生态系统

　　加之,情绪不会无缘无故地自发生成,情绪与具体的情境事件有密切的关系,因此,回溯故事本身,从故事事件中探寻情绪可能是理解教师情绪最为可信的途径,那么,质性研究取向必然是本研究方法的核心。此外,不管是教育变革也好还是学校变革也好,都离不开教师内在的变化,离不开师生间的互动,正如杰克·帕特拉什提出人的完整并不是来自于机构的改革,而是来自于我们内心

34

的变化①,来自于教师与学生最为密切的可感知的互动。为此,师生互动可以作为研究教师情绪的有效渠道。

已有部分文献指出,处于任何职业发展阶段的教师都会有情绪问题,但新手教师在师生互动中的情绪表现尤为突出,且负向情绪占主导,这时期的教师情绪事件对教师身份认同、教师职业承诺、教师效能感等方面有重要的影响,严重者会直接导致教师离职,国内外已有的研究得出新手教师在1~3年的专业成长中如果不能顺利过渡则将很容易过早地进入职业倦怠。鉴于此,本研究的研究对象应关注新手教师的情绪变化与情绪转向的影响因素以及如何调适新手教师的情绪状态。但在我国文化的背景下,其他教师群体的情绪状态如何,目前仍没有这方面的答案,所以本研究需要继续对其他群体教师的情绪状态做初步调研,依据初步的论证结果适时选择样本,阐释不同教师群体的情绪状态及其影响因素,从而提出建构积极性情绪策略的实证依据。

通过对教师情绪地图的文献回顾不难发现,情绪地图与情绪地理的研究有较多的重合。两者研究的框架实则相似,情绪地理强调人际互动的亲疏远近距离,情绪地图也需要勾勒人际互动中的亲疏远近距离;不同之处在于,情绪地图需要将相互之间的脉络用图示的方式外显出来。已有研究主要在对哈格里夫斯提出的概念意涵及其分析框架的认识基础上对不同群体教师、不同距离进行阐述,但这些研究成果主要在国外,国内教师的情绪地图还需进一步探究。

---

① 杰克·帕特拉什:《稻草人的头,铁皮人的心,狮子的勇气》,卢泰之译,深圳报业集团出版社,2011,第143页。

第三章 研究设计

本研究以在课程变革推动下的重庆市"领雁工程"项目为依托,探究中小学教师参与变革时的情绪状态、表征、影响因素与影响效应等情绪问题,勾勒变革下中小学一线教师的情绪地图。

一、研究问题

情绪是在个体与社会的互动中形塑与被形塑的。情绪作为个体内在的身心反应,如何影响教师对自我,对学生,对专业身份、信念、组织承诺以及师生关系的理解与评价;情绪作为社会环境建构的过程与结果时,教师情绪又如何影响并联结教育政策、社会期待、学校文化、学校组织结构等因素,进而影响教师专业道德规范,以及教师又是怎样被承诺背后的专业规范形塑的;情绪作为个体与社会环境互动,尤其作为人际互动的中介变量,教师又如何赋予互动中的情绪意义,评价并诠释互动中的情绪,教师如何调适、应对情绪,如何营造持续积极健康的生存文化环境。这些问题对理解教师情绪与变革,教师情绪与教师改变,教师情绪与专业发展等问题有重要的意义。具体而言,本研究的问题可细化为:

(1)课程变革实践中教师在教育教学工作中常常存有哪些情绪性事件?

(2)在类似的情绪性事件中教师群体会表现出怎样的情绪状态?

(3)哪些因素影响教师的情绪及其情绪的变化?

(4)不同的情绪样态对学生、对教师、对教育品质产生了怎样的效应?

(5)教师面对情绪性事件通常采取怎样的情绪调节策略?

(6)构建教师持续、积极、健康的情绪地图需要哪些支持路径?

其中问题(1)为研究者探究教师情绪领域,了解实践中教师情绪的基本状况与接下来研究问题的聚焦起到铺垫作用,其答案主要为整理数据及编码所用。问题(2)、(3)、(4)是本研究主要探讨的内容,探求教师在工作实践中的情绪状态、影响因素与影响效应,揭示教师如何应对教师教育工作中存有的困境与需求,进而为回答好问题(6)提供依据与建议。相对问题(5)是探究教师情绪表达与情绪理解过程中的中介变量,笔者认为教师采用的情绪调节策略可能会对教师的情绪效应产生一定的作用与联系,本章将专门对之予以探讨。

二、研究分析框架

教师情绪分析的理论基础源于艾伯特·班杜拉(Albert Bandura)提出的相互决定论(reciprocal determinism)。班杜拉认为人总是生活在一定的社会条件之下,人的行为受环境决定,亦决定着环境,环境塑造人的认知结构与情感态度,而人的认知结构与情感态度又决定着一个人的行为,改变着周遭环境,人的主体认知结构、情感态度、行为表征与环境之间彼此交互影响着。个体学习能力与学习经验不仅来自于人们自身的体验或经验,还与人们周遭的环境、对周遭环境的感知有关,于是,他提出了个体与社会之间的关系系统。其中个体系统包括个体的认知、情感、生理事件、行为等内容;社会系统由社会因素及其对个体交互影响的各要素所构成[1]。阿诺德(Arnold)提出的情绪评价理论认为具体情绪及情绪的变化与个体对情境的评价有密切关系,情绪是个体对事件赋予的意义与评价[2]。以生气为例,生气不仅仅表现在生理上眉毛上翘、血压升高等身体的刺激反应,生气还是个体价值观、利益观与情境事件所反映出的利益观相违背,甚至受到了排挤,被误解导致的结果。例如,在教师办公室里我们常会看到有教师生气地说:"×××学生气死我了,我怎么说他,要遵守纪律,就是不听,成心和我过意不去,一点教养都没有……"噼里啪啦地说一顿,但事后问学生时,学生压根就不清楚老师不让他那么做的原因,更不知道自己什么时候惹到了老师。也就是说,上述社会学习认知理论与情绪评价理论给我们的启示是分析教师情绪不能仅仅从情绪本身看情绪,更应分析教师个体因素、社会与环境因素以及教师个体与社会环境交互等因素如何与情绪发生

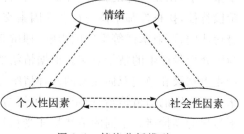

图 3.1 情绪分析模型

关联,才能更好地理解情绪。为此,本研究初步构想了分析教师情绪的基本模型(见图 3.1)。

---

[1] Albert Bandura, "The Self System in Reciprocal Determinism," *American Psychologist* 33, no. 4 (1978): 344-358.

[2] Magda B. Arnold, *Emotion and Personality* (New York: Columbia University Press, 1960).

图 3.1 是情绪、个人性因素与社会性因素三者交互的立体模型,也就是说情绪的发生离不开主体个人性因素,也离不开社会性因素,情绪受个人性、社会性以及社会与个人交互的影响所形塑,同时情绪又形塑着个人性因素、社会性因素,个人性因素进而形塑着社会性因素①,图中箭头表示路径方向,线条表示路径,由此往复形成了彼此循环的回路。深入模型图发现情绪、个人性因素、社会性因素发生关联的核心要素是彼此的交互,即个人性因素与社会性因素间的融入与外显。情绪发生变化主要源于个人性因素与社会性因素的交互,主体的个人性因素对社会性因素的理解、评价会导致相应的行为方式。

如何解构个人性因素和社会性因素呢?它们彼此在操作中又包含哪些具体的内容? 休伯曼(Huberman)提到个人性因素包括家庭事件、认识阶段、个体差异;组织因素包括学校政策、预算限制以及工会行为等②。费斯勒和克里斯滕森(Fessler and Christensen)的研究表明,教师专业发展与个体环境、组织环境如同一辆车上的三个车轮彼此联系却又各有各的结构。其中,个体环境因素有家庭、积极的关键性事件、生活危机、个人性向、人生发展阶段等内容;组织环境因素包括规章制度、管理风格、公众信任、社会期望与专业组织、工会等内容③。

基于以上研究的启发,本研究认为社会性因素可以从学校发展的内外逻辑思路分析,至少包括三个层面:其一,所处的时代背景、社会文化、教育政策等方面的影响;其二,学校所处的中观背景包括教师所在学校的工作环境、人际关系、校长领导风格、组织结构、薪酬待遇、工作要求等;其三,教师所教班级的课室背景,包括班风、学生生源、学生的社会经验等。教师个人性因素可从教师的人口变量入手,比如教师的教龄、性别、学科背景、性格特征等方面,结合教师的从教阶段特征,探析教师个体与社会性因素交互对教师的教育哲学、教学信念、专业身份认同、职业承诺等维度的影响,理解教师情绪变化的样态、成因以及情绪作为中介变量产生的情绪效应。根据情绪的正负性向,情绪的变化频次与强度会产生由积极和稳定双向交叉的四种情绪态势,不稳定的积极情绪、稳定的积极情绪与不稳定的消极情绪、稳定的消极情绪。在现实生活中,可能还存在情绪状态不显现的零情绪。不同的情绪特征受情境影响形塑了教师个体性因素,同时也形塑了社会性因素。造成教师专业发展的认知结构与情感效应,最为明显地表

① Mei-Lin Chang, "Teacher Emotion Management in the Classroom: Appraisal, Regulation, and Coping" (PhD diss., The Ohio State Universtiy, 2009).

② Michael Huberman, "The Professional Life Cycle of Teachers," *Teachers College Record* 91, no. 1 (1989): 31-57.

③ Ralph Fessler and Judith C. Christensen, *The Teacher Career Cycle: Understanding and Guiding the Professional Development of Teachers* (Boston: Allyn and Bacon, 1992).

现在身份认同与职业承诺两方面,因为它们既是教师教学行为的指南,又是教师教育观念、教育哲学的具体表征。戴和李(Day and Lee)的研究同样指出教师情绪会影响教师的专业认同与职业承诺,积极情绪会产生积极认同与较高的职业承诺,消极情绪相应会产生消极认同与消极承诺[1]。而在我国文化场域下,教师情绪如何影响教师专业认同与职业承诺还需进一步探讨。为此,本研究在勾勒教师情绪地理图景时将影响效应聚焦在了教师的专业身份认同与职业承诺两个变量,基于上述设想,本研究构建出以下教师情绪地图的分析框架(参见图 3.2)。

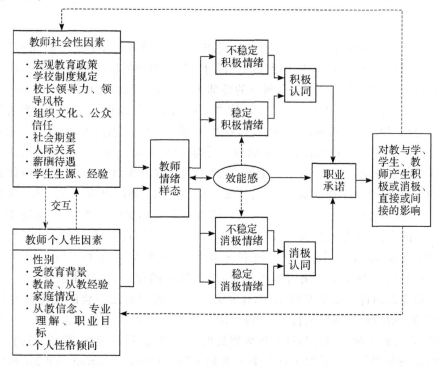

图 3.2 教师情绪地图的分析框架

图 3.2 中的线条与箭头表示影响的路径与方向,其中实线表示显性影响,且各要素间有明确、具体的相关性,可量化,可观察;虚线表示间接、隐性的影响,其相关性不容易被直接观察或量化,但相关要素彼此仍有重要的影响力。本研究深知教师情绪的复杂性,一时难以将教师情绪概貌从整体上给予完整的描绘,只

---

[1] Christopher Day and John Chi-Kin Lee (eds.), *New Understandings of Teacher's Work: Emotions and Educational Change* (Dordrecht: Springer, 2011).

有小试牛刀式地分步探险、逐步呈现了。本研究在文献综述的基础上选取并建构了影响教师情绪产生的一些重要变量，有社会性因素也有个人性因素，以及之间交互产生的教育信念与教师情绪，相对教师情绪作为中介变量，教师效能体验会成为影响教师情绪性向走向的关键性变量，影响着教师的专业认同与职业承诺。于是，构建了如图 3.2 所示的教师情绪地图的分析框架试图勾勒教师情绪地图中的主要骨架和观察要素指引研究方向。

三、概念界定

（一）情　绪

情绪（emotion）在《辞海》中有两层意思：一是心情或心境；二是与"情感"通用，情绪与情感的区别在于，情绪具有情景性、暂时性和明显的外部表现，而情感具有稳定性、持久性，不一定有明显的外部表现。情绪的英文单词"emotion"追溯其源头的拉丁语为"emovere"，其词根"move"有动机、动作、启动之意，当人处于情绪状态时，他们受感觉所驱使，以致悲伤、愉悦、失望、恐惧等，且有一定的运动方向[①]，持这类观点的代表者有威廉·詹姆斯（William James），他认为情绪是身体受刺激感觉后的反应，于是生理、心理学的研究者大致认为，情绪是身体系统的变化，包括自主神经系统、骨骼系统、内分泌系统、神经递质和刺激神经等以激素促使有机体启动的具体行为方式。持有社会认知观的学者认为，情绪不只是生理的表达，还是对自我与环境中客体的有意识感知；持文化观的学者将情绪看成是文化的标签，社会学家阿利·拉塞尔·霍克希尔德（Arlie Russell Hochschild）曾界定了情绪有四种因素：①对情境的评估；②身体感觉的变化；③表情姿态的自由或抑制的呈现；④应用于前三种因素之集合的文化标签[②]。著名的情绪研究大师罗伯特·所罗门（Robert Solomon）认为情绪是幸福生活的策略，是人们了解世界并与这个世界周旋的一种方式，具有理性、判断、目的、智慧的复杂色彩[③]。丹尼尔·沙博和米歇尔·沙博（Daniel Chabot and Michelle Chabot）从情绪的词根分析，认为情绪是强有力的马达或发动机[④]，它会影响到人们的判断、决策和行为。赞布拉斯建构了情绪的公共性与私人性、情绪的身体

---

① Andy Hargreaves, "The Emotions of Teaching and Educational Change," in *International Handbook of Educational Change*, eds. Andy Hargreaves, Ann Lieberman, Michael Fullan et al. (London: Kluwer Academic Publishers, 1998), pp. 558-575.

② 尹弘飚：《情绪的社会学解读》，《当代教育与文化》2013年第4期，第108-114页。

③ 罗伯特·所罗门：《幸福的情绪》，聂晶、杨壹茜、左祖晶译，中国人民大学出版社，2011，第3页。

④ 丹尼尔·沙博、米歇尔·沙博：《情绪教育法——将情商运用于学习》，韦纳、宝家义译，教育科学出版社，2009，第29页。

性与理性的两元对立,提出了情绪话语的多样性①。不同研究者其研究的视角不同,情绪的界定也一直处于模糊的状态,更有研究者提出情绪这么复杂,将精力放在情绪的概念界定上实为浪费,毫无意义,还不如探究情绪到底是怎么回事②。但从已有的研究可看出,情绪至少有生理、认知、文化、政治权力以及专业时空等五方面的解读。而笔者暂且也不能给出一个准确、明晰的概念界定,但笔者根据对情绪的理解,从情绪的特征入手尝试做一点阐释。

(1)情绪与身体的感知觉有密切的关系。当身体受到外在刺激时,会表现出相应的情绪比如脑神经发生剧烈变化,脸部有明显的变化特征,伴随着身体刺激会表现出喜、怒、哀、乐、恐、惊等面部表现。神经科学以及脑科学的研究者们提出情绪受大脑中的杏仁核与海马控制,而不是控制认知的左右脑。

(2)情绪与认知有密切关系。情绪的发生实质源于个体对事件的评价,当结果评价与个体目标、认知的一致程度越高,个体情绪的表现越愉悦,外显出的行为也越积极。当结果评价与个体目标、认知存在背离时,背离程度越大则个体情绪越悲观,外在的行为就越消极。

(3)情绪与文化也有密切的关系。情绪表达会遵循相应的文化背景下的文化传统,比如在我国集体文化中,"丢面子""羞耻感"常是我们的基本情绪之一,人们往往在维护"面子"的时候会时不时地"吹牛",也会为"面子"而愤怒、动武,伤和气。而对于乌特库人(Utku)来说,愤怒是十分罕见的。即便对那些我们无法忍受的挫败和冒犯,乌特库人还是不会生气,他们认为控制情绪是尊重秩序,维持社会正常运行的重要因素③。

(4)情绪带有政治、权力的意涵。情绪的表达遵循相应体制的情绪规则,在不同的权力等级、扮演的角色面前,情绪有不同的表达方式。比如在老板面前,即便老板不对,凶狠地训斥你,人们往往基于老板的地位与权力关系,会表现出沉默、顺从、忍耐、冷静的情绪,甚至选择伪装的情绪;相反,当走出办公室后,面对自己的下属时可能又会像老板那样愤怒地宣泄,或回到家中对妻子发号施令。这里情绪的表达还关乎着人际间的权力、地位、意识形态,正如赞布拉斯所认为的情绪是话语性实践。

(5)情绪在具体的时空中还体现着专业特质。比如飞机上的"空姐"不管面对怎样的顾客,总是面带微笑地做好服务工作;在课堂中,"热情、激情、关爱"在

① Michalinos Zembylas, *Teaching with Emotion: A Postmodern Enactment* (Greenwich, CT: Information Age Publishing, 2005).

② 所罗门:《幸福的情绪》,第 92 页。

③ Jean L. Briggs, *Never in Anger: Portrait of an Eskimo Family* (Cambridge, MA: Harvard University Press, 1970).

潜意识的规则中规范着教师的情绪表达。

(6)情绪有时又是有目的的,有理性的,充满智慧的。比如,受专业或职业规则的影响,为了得到顾客的满意,人们会一直保持微笑;有时在开会时,就某项决定大家反复讨论达不成共识,老板会利用愤怒或生气情绪"拍板钉钉";有时人们对某一境况感到的害怕情绪,反而增加了人们对事物的敏感度,有效地帮助人们趋利避害;有时人们会用惊讶的情绪来对对方的到来或对方的邀请表示欢迎、喜欢或亲密,类似的情绪实践很多很多。有时,情绪又是非理性的,当受到冒犯、不公正对待,人们常会表现出狂怒的情绪,不管事情值不值得,也不考虑狂怒时的行为所带来的后果,一通发泄,更有甚者涉及生命安全;除负面情绪外,狂喜也不一定能被接受,所以情绪不单单是一种身心的刺激反应,更是人际互动的调色黏合剂,是社会文化、政治权力的负载体,是专业规范的炼金石。总之,情绪是复杂多面向的身心反应,它有感觉的成分,有时是情感的外显行为,有时很短暂,偶然性强,转瞬即逝,飘忽不定,但有时却又有较长的持久性和延续性,比如"十年怕井绳"的俗语,讲的是某一情境中的情绪反应,事情虽过去了,但当再一次出现类似的情境,或遇到情境中涉及的人与物,或者事后再次回忆某一情境时,情绪仍挥之不去,有时情绪的波动、强度还有增无减,有的还能延续一生。情绪又是过去经验、记忆与自我交互的过程。也正是因为情绪有这么多的特征与意涵,所以本研究选择用情绪(emotion)而不是情感、感受等类似的词语。

感受(feeling)从本质上指感知的能力或感知觉,偏向于身体上的感知觉,比如脉搏加速、呼吸急促、汗流浃背等,虽然感觉也有直觉的意思,包含一部分情绪之意,但仍离不开事物对身体的感知,它有一种原始自然的状态。心境(mood)倾向于不确定的或没那么明确的对象。情感(affection)倾向于内在稳定的心理状态,相对情绪更侧重内在情感的外显行为。态度(attitude)指对人、对事或想法表现出喜欢、不喜欢的一种倾向性回应。态度涉及三个层面:对事物的情感层面的回应;对事物的行为层面的回应;对事物的信念层面的回应。情绪有助于态度的形成,但情绪不等于态度。感受、心境、情感、态度、情绪在日常用语中经常混用,这些词语之间关联密切,很难划出明晰的界限,本研究之所以选择使用情绪首先是因为情绪有感受、心境、情感甚至是态度之意,但它的独特之处在于其有目的、有理性、有判断的成分,情绪可以阐释文化、道德,也可以诠释权力与人际互动,情绪能在个体私密与公共外露的张力下呈现多彩镜像,也能在身体与心理间搭建平台;它能突破非理性中的无所适从,也能与认知、评价密切关联,共筑美好人生。

基于情绪所担负的诸多意义,本研究选用情绪(emotion)而不是情感(affection)。尽管情绪本身有着诸多的意涵,本研究认为情绪是个体对事件、环境或社会互动的一种回应,一种有目的、有理性的价值判断并以评价为判断基础的回应。通常在与社会环境互动时,个体会依据个人所关注或个人所认为重要的目标对事件有意识或无意识地进行评价,当事件的发展和所关注的目标一致,会产生积极的情绪,当目标受阻便会产生负面情绪。此外,情绪总是镶嵌在具体的社会环境中,包含着特定的人际互动或事件脉络,个体在经历情绪事件的过程中,其情绪体验或情绪表达会对之前或之后的行为产生影响。从情绪的特征来讲,情绪本身可能是积极的,也可能是消极的;可能是有意识的,也可能是无意识的;可能是公开式的情绪表达,也可能是隐形的情绪表达。情绪影响下的行为也同样具有了积极或消极、有意识或无意识、公开式或隐藏式的特征。

从情绪的构成要素来看,情绪包含独特的主观体验、外部表现和生理唤醒三个层面。主观体验指的是内在情感心理的变动;外部表现指外在表现出的情绪状态、情绪表达与情绪引发的效应;生理唤醒指涉及脑干、杏仁核、内外分泌腺等广泛的神经结构。本研究旨在透过教师情绪的变动、情绪样态、成因及其效应理解情绪对教师行为及其发展有怎样的影响,如何促进教师的持续发展,因此,本研究只关注情绪的主观体验与外部表现,生理唤醒相对而言属于心理学与生理学研究的范畴,本研究不做过多涉足。

（二）变 革

变革有改变事物本质结构的意思,多指社会各个方面比如社会制度、社会生产方式、政治变动、政策体制等大范围的、本质性的、突破性的改变。变革一词最早使用在《礼记·大传》:"立权度量,考文章,改正朔,易服色,殊徽号,异器械,别衣服,此其所得与民变革者也。"这里的变革有废除旧制度,建立新制度的意涵。明代徐枋《朱师母六十寿序》载有"变革之际,丧乱频仍",指出变革的影响,即变革之时,新旧观念针锋,新旧秩序交杂,各种行为涌现,人们处于混沌模糊犹豫之境。变革不同于改革,改革重在改,一方面是改变,另一方面具有方向性,即向好的方向试图改良革新,同时,改革属于政治性词语,指国家和政府采用的一种"自上而下"的改良革新,具有上下服从、等级强制的特征。变革相对改革的力度与强度要弱一些,变革重在变,变就有双向性,有变好的一面,也有变差的一面。变革仍指社会中各个领域大范围内的突破性改变,有社会推动的力量,有政治体制趋势的力量,抑或有出自社会内部人民自发的力量的改变。

（三）课程变革

自以 2001 年教育部颁布的《基础教育课程改革纲要(试行)》为标志而实施的新一轮课程改革以来,课程改革已走过近二十年的历程,其间,随着改革与实践,国家陆续出台了其他相关政策与文件,比如《义务教育阶段课程设置方案(试行)》、学科课程标准、《教育部关于积极推进中小学评价与考试制度改革的通知》、《国家中长期教育发展改革与发展规划》、《高中改革方案》等,进一步深化并推进了课程改革。不管是政策颁布还是管理体制改革,抑或是评价制度改革,最终都需落实于学校的变革与课堂的变革。本研究中的关键词之所以选择课程变革是有意突出实践中可改变、可操作、渐进式的变革,强调组织内部、学校文化、教师主体、学校层面的改变。当下的课程变革已不同于课改初期通过颁布改革政策,改变教学方式与学习方式或整合、编制内容,亦不是靠严峻的强制手段加压,要进一步推动改革就不得不深入参与主体的观念认同、情感承诺、行为操作等层面,不得不深入课程变革中的日常组织学习层面、管理评价层面与价值观等层面。为此,本研究选择了课程变革而不是课程改革。总而言之,课程变革泛指学校在应对课程改革与学校变革的同时,为改进学校、重塑教育理念与教育行动而做出的一系列改变。

四、研究思路与方法

本研究主要是考察新一轮课程改革推行近二十年来,课堂场域内以师生互动为载体,教师经历了怎样的情绪事件,教师在当下的教育教学工作中,显示出了怎样的情绪样态,这样的情绪样态又是在怎样的情景脉络下形成的,对教师专业发展、学生学业成就以及教学品质有着怎样的影响,教师存有哪些情绪性困境与情绪需求。基于对这些现状问题的描述与勾勒,试图为构建一个有利于教师保持积极、健康、持续发展的工作环境做一些努力。而情绪地图是将教师情绪状态、形成的因素、影响效应,以及镶嵌在事件中的各要素间相互影响的脉络关系进行描述与呈现。本研究通过对教师情绪地图的勾勒与描述,加强对教师情绪地图的理解,从而为构建教师积极情绪策略提供支持路径。

本研究遵循以下研究思路即首先运用问卷法,初步调查教师群体的整体情绪状态,根据教师群体表现出的情绪特征,运用访谈法进一步了解教师情绪状态,一方面验证问卷的结果,另一方面深入了解不同群体的教师表现出不同的情绪状态的成因与影响效应。

由于情绪的发生与情绪状态总是镶嵌于特定的情境脉络中,如果脱离脉络单单就情绪状态而谈情绪,比如开心、不开心、愉悦与伤心,相对本研究而言意义并不大,而就单单分析情绪的成因却不与情绪状态相结合,同样起不到应有的效果,读者也难以理解研究者论述成因的意图,更谈不上引发其他教师的共鸣。因此,本研究以教师自述的情绪状态为明线,在勾勒教师情绪状态的同时阐释并解读教师在该维度下情绪状态的形成原因及其影响效应,正如图 3.3 所示,将教师情绪状态、成因与效应共同融合在了大的方框之内,虚线表明对各要素内容或影

响范围之间的关系难以进行直接、明确的观察，而实线则表示它们之间有显性的
直接关系。

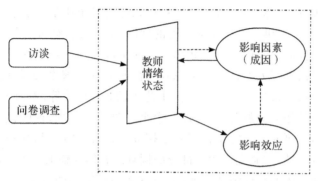

图 3.3 研究思路

　　情绪既具有一定的私密性，又具有一定的情景性，理解情绪这一话题必然要
进入个体的心理世界，同时，还需理解情绪与社会环境间的交互关系，因此，情绪
的发生与情境脉络必然不可分离。丹辛(Denzin)为情绪研究提出的建议再一次
证明情绪研究需采取质性取向："情绪必须作为生活体验，在互动个体的现象学
和互动流中进行研究；情绪必须作为一种情景性的、事件性的社会经验进行研
究；情绪研究必须把握它的整体性；作为一种具有自己轨迹和经验之流的过程，
情绪必须从内部去理解；情绪的现象学理解不是因果性的，而是描述的、诠释的
和过程性的。"①这些特征与建议进一步巩固了本研究采用的质性的研究取向，
即将研究者本人作为研究工具，尽可能地进入场景与参与者面对面地交流，倾
听、理解参与者所说的话语、故事，有意识地反思并与参与者互动，得到参与者的
信任，使之真正走近教师，获得教师内心情感的一手材料，理解、诠释教师述说的
意义。本研究意图并不仅仅在于了解教师的情绪状态，更在于打开教师日常不
可言说、不言说的内在话语，从这些话语中更好地描述、诠释教师的不同情绪状
态对其专业身份认同、师生关系、教学品质与专业发展的影响，以及探寻教师的
话语对教师个人的发展带来的意义。

　　陈向明认为质性研究不同于量化研究的特点在于质性研究是以研究者本人
作为研究工具，在自然情境下采用多重资料收集方法对社会现象进行整体性探
究，使用归纳法分析资料、形成理论，通过与研究对象互动对其行为和意义进行

---

　　① 尹弘飚：《课程实施中的教师情绪：中国大陆高中课程改革个案研究》，博士学位论文，香港中文
大学，2006。

建构从而获得解释性理解的一种活动①。丹辛和林肯（Denzin and Lincoln）界定质性研究时，提出质性研究的两个特征，一是在自然的环境中、真实的情景中收集各种资料理解、诠释人类生活经验与行为方式，寻求生活经验、生活故事带给人们的意义；二是提供多重视角或另类的理解，丰富人们对问题、对现象的认识，增加人们对事件的差异性体验和理解②。也就是说，质性研究的目的不是在预测，而是在理解、诠释人类行为。考虑到质性研究方法繁多，比如民族志、传记、个案、叙事探究、扎根理论、现象学、基于艺术的批判③等等，本研究意图以教师讲述的情绪事件作为分析对象，通过一个个经验的再呈现，理解、解释教师经历的世界，因此，将研究方法定位在了叙事探究。再者，考虑到教师样本的选择与研究效果的普遍性，本研究运用了部分的调查问卷作为辅助性工具，一方面可以初步了解教师群体的整体情绪特征，另一方面问卷得到的数据又可为之后的研究样本做一定的参考，也能作为验证性工具进一步核实验证的结果，以便更加全面地理解、诠释教师的情绪状态。具体有以下三种方法作为本研究分析的支撑基础。

（1）叙事探究（narrative inquiry）

叙事就是说出经历的事情，是一种再呈现（representations），即在个人的述说中建构着过去的经验与行动，用以呈现他们的认同，以及形塑他们的生命历程。教育研究中通常以"讲故事"的方式叙事，亦有学者将"叙事探究"界定为一种讲故事的方式。事实上，叙事探究不单单是一种研究方法，更是一种思维方式，是对经验研究的方法论。康纳利和克兰蒂宁（Connelly and Clandinin）专门就叙事概念做了说明，他认为叙事既是现象，又是方法，研究中的叙事是要对经验进行整合、取舍，要对经验做精细化、结构化处理，所以用"探究"即探究叙事（inquiry narrative）之意④，这就告诉我们叙事探究不是线性的现象描述，它还有一定的结构、次序与意义。赖波和瓦莱茨基（Labov and Waletzky）的结构取向是个典范，他们主张叙事具有形式上的特征，每个部分都要有其功能。一个完整形式的叙事包括六个共同的元素：摘要（总结叙事的内容），状态（时间、地点、情境与参与者），复杂的行动（事件的次序），评价（行动的重要性和意义、叙事的态

① 陈向明：《质的研究方法与社会科学研究》，教育科学出版社，2006，第9页。

② D. Jean Clandinin (ed.), *Handbook of Narrative Inquiry*: *Mapping a Methodology*(Thousand Oaks, CA: Sage Publications, 2007).

③ Norman K. Denzin and Yvonna S. Lincoln (eds.), *The Sage Handbook of Qualitative Research*, 4th Edition (Thousand Oaks, CA: Sage Publications, 2011).

④ F. Michael Connelly and D. Jean Clandinin, "Stories of Experience and Narrative Inquiry," *Educational Researcher* 19, no. 5 (1990): 2-14.

度),解决方式(最后发生了什么事),以及结局(回到对现在的展望)①。而这一典范为讲述教师情绪故事、撰写教师情绪事件摘要提供了指引。

通常叙事探究的资料收集惯用深度访谈作为主要渠道,但随着科技网络的发展,微信、日志、博客、QQ、云端网盘等逐渐成为人们彰显、记录、反思的窗口,各类文本、视频也逐渐成为叙事材料的宠儿。本研究主要通过访谈结合教师日志、教师博客等途径收集相关数据。访谈是一种有目的的对话。本研究采用访谈法

教师访谈提纲

是为了获得受访者参与变革所体验到的感受及对受访者观念的深度理解。由于情绪性感受本身具有一定的内隐性,情绪的表达与情感的表露都需要建立在信任的基础上,为此,本研究的访谈采用"拉家常"的寒暄与会话来开启,有助于拉近研究者与参与者的关系,带着访谈中的主要问题即"描述课程变革背景下教师就师生互动发生的'关键性情绪事件',与教师在此事件中的情绪变化",通过互动丰富教师的故事内容推动主题的层层深入。

(2)话语分析(discourse analysis)

话语分析是研究语言的一种方法,以大于句子的语言单位为研究对象,通过对实际使用中的语言进行观察,探索语言的组织特征和使用特征,并从语言交际功能和语言使用者的认知特征方面来解释语言中的制约因素。话语分析在语言学中又叫篇章分析。这一术语最早可追溯到 1952 年美国语言学家哈里斯(Harris)发表在 *Language* 上的"Discourse Analysis",该文主要讨论如何通过分布和句法转化等手段找出篇章的基本组成单位以及篇章的形式结构与其使用语境之间的联系。20 世纪 60 年代末之后在西方逐渐形成体系的现代话语分析注重语言交际功能,代表人有马西修斯(V. Mathesius)②。本研究选用话语分析作为研究方法,主要用于分析、整合转录后的文本材料,以分析说话人心理过程和话语展开过程。话语分析有助于密切联系语句的使用环境,是分析研究主题、谈话者之间的关系、谈话场景、内容、文化背景等方面如何与教师认知、情感间互动的重要策略。话语分析与叙事探究的分析对象都是有意义的文字符号或语言符号,但话语分析侧重篇章,强调整体和群体(group),可用于分析群体性话语与群体性意义的建构和解释;而叙事探究只能是个别的,是对个人(individual)话语的述说。本研究通过叙事探究结合话语分析,意图通过教师描

① William Labov and Joshua Waletzky, "Narrative Analysis," in *Essays on the Verbal and Visual Arts*, ed. June Helm (Seattle: Universtiy of Washington Press, 1967), pp.12-44.

② 《话语分析——现代汉语》,2014 年 10 月 18 日,http://www.yyxx.sdu.edu.cn/chinese/new/content/fulu/05/main05-03.htm,访问日期:2015 年 7 月 12 日。

述的情绪故事,探寻教师如何述说他们的情绪故事,进而挖掘教师的情绪理解如何形塑教师的职业认同与职业承诺,教师的情绪故事如何影响教师后续的专业发展,教师的情绪需求如何被支持与构建。要达成上述目的,必须结合语篇、情境,理解话语背后的意义。

(3)问卷调查

运用问卷调查出于两个方面的原因考虑:一是了解中小学在职教师情绪状态的整体特征;二是为质性分析理解与诠释提供一定参考或验证。问卷共包括两个部分,即人口变量和教师情绪状态。人口变量是为了了解不同群体教师是否会表现出不同的情绪状态,不同类型的情绪状态会表现出怎样的教师群体特征。教师情绪状态采用韦纳和宝家义翻译的《情绪教育法——将情商应用于学习》[1]中提到的教师情绪状态的自我评估问卷。通过施测与检验后,将情绪强度分五点式打钩,教师们比较赞同,尽管没有用更加精准的涂色方法,但得到了参与者的接受与认可。问卷正式编制好后,本研究从重庆市不同区县共选取了7所学校,其中有3所初中和4所小学,为了使得样本具有良好的代表性,在学校类型上分别做了差异性选择:初中有主城1所,区县1所,偏远农村1所;小学有主城2所,区县2所。共发放280份,剔除无效问卷后,有效问卷为246份。

五、变革项目的选择

自2001年掀开基础教育课程改革篇章以来,2010年7月正式颁布的《国家中长期教育改革和发展规划纲要(2010—2020)》进一步深化了基础教育课程改革的决心,并将学校的内涵式发展和特色发展作为教育事业发展的关键点,把提高质量作为教育事业发展的核心任务。重庆集大城市、大农村、大库区、大山区和民族地区于一体,城乡二元结构矛盾突出,重庆市义务教育存在较大的地区差异,农村义务教育发展相对滞后,城乡义务教育发展失衡。为推进义务教育均衡发展,教育部与市政府构建了"国家统筹城乡教育综合改革试验区"。也就是在统筹城乡教育发展的背景下,重庆市教委于2010年在全市范围内启动了重庆农村中小学"领雁工程"项目。该项目通过以100所城镇优质校(示范学校)和100所农村义务教育阶段学校(参与校)建立一对一帮扶的发展共同体,实现城乡教育统筹的均衡发展,并从课堂改革、校本课程建设、养成教育、校园文化四个方面具体推行学校变革,进而提升学校的办学质量,缩小城乡教育差距。该项目发展至今,参与学校都取得了瞩目的成绩,且这一项目仍在继续。本研究选用重庆市

---

① 丹尼尔·沙博、米歇尔·沙博:《情绪教育法——将情商运用于学习》,韦纳、宝家义译,教育科学出版社,2009,第20页。

"领雁工程"项目学校作为样本校主要有以下原因：首先，从变革的性质来看，"领雁工程"可以说是一项自上而下促进学校改进的变革，由政府、西南大学、重庆市教育评估院牵头，上海方略教育集团作智囊团，各类中小学学校作实践基地，从顶层设计到具体实施，从变革理念到师生实践，完全吻合我国课程改革的意图和进程。其次，"领雁工程"以课堂改革为切口，以变革教法、学法为支点，以师生互动为载体，其力度对参与学校来讲，是一场真真切切的、落地生根的，且必须要做的内部变革，此时的学校变革所取得的成就也是国家推行课程改革以来对学校、对课堂、对师生产生影响的真实反映。为此，本研究以重庆市实施的"领雁工程"项目引发的学校课程变革为背景，以小见大，来透视变革中由师生互动引发的教师情绪样态。

六、参与学校和教师的选择

本研究采取目的性抽样，即按照研究的目的选择可为研究问题提供更多信息的对象为样本[1]。为此，研究者依据参与此次项目的学校的类别，在评估院负责该项目的老师的引荐下，从 100 所示范学校和 100 所参与学校中分别按主城区、县份地区各选择了两所学校，标记为 S1、S2、S3、S4。其中，S1 和 S2 两所主城学校正好与研究者在之前参加活动时认识，彼此有所了解，也有过一点合作，这就为接下来的研究提供了便利；S3 和 S4 两所县份农村学校最近几年发展比较快，学校上下做了很大的努力，有了比较大的提升。为此，笔者联系了各个学校的校长，告知要研究的内容，校长们都比较支持，他们认为"一所学校的发展核心要关注教师的发展和教师的专业成长，以往教师专业发展都强调从教师技能、课程、标准等方面要求教师如何做，到底教师内在情感是怎样的状态，教师有怎样的想法，很值得探究"。正如奈斯所说："任何变革如不能理解教师情绪回应，不探究教师情绪回应背后教师持有的态度、信念、价值观，我们难以切实地帮助教师提升他们的能力，学校更难以得到更好的发展"[2]。校长们也同样认为"有研究者专门来学校做这方面的课题，对学校来讲很难得，也确实是个有意义的话题"。

于是经过校长们的联系与帮忙，根据不同教龄、性别，抽取若干不同学科的教师作为访谈对象，笔者认为不同性别、教龄、学历、任教科目的教师可能会表现出不一样的专业认同与不一样的情绪状态，应对情绪策略可能也会有所差异，进而造成不一样的情绪影响。依据本研究的文献推论得出新手教师的情绪变化比较复杂，其效果可能会影响教师终身发展，所以本研究对新手教师给予了更多的

---

① 陈向明：《质的研究方法与社会科学研究》，教育科学出版社，2000，第 114 页。

② Jennifer Nias, *Primary Teachers Talking* (London：Routledge and Kegan Paul，1989).

关注。

　　休伯曼提出教龄与教师职业发展有一定的关系,于是通过教龄划分出了教师发展周期的五个阶段:1～3 年为职业探索阶段;4～6 年为职业稳定巩固阶段;7～25 年为多样化阶段;26～35 年为平静、保守阶段;36～40 年为退休阶段[①]。斯黛菲等人从教师工作品质的角度将教师职业生涯周期分为实习阶段、学徒阶段、专业阶段、专家阶段、杰出阶段与荣誉退休阶段[②]。哈格里夫斯依据不同年龄、教龄、职业发展周期等维度下的教师对改革的态度与回应行为存有的差异,大致将教师的发展划分为职业早期,职业发展期和职业中期,对应 1～5 年教龄的教师为职业早期,6～10 年为职业发展期,10 年以上为职业中期阶段[③]。利思伍德(Leithwood)、唐纳森(Donaldson)等学者将第一阶段命名为"生存期",将第二阶段命名为"成长期"[④]。利思伍德提出的五阶段分别是:职业的开创期、稳定期、挑战期、高原期和退休离职期。费斯勒和克里斯滕森划分了教师发展的八个阶段,即职前准备、入职期、能力提升期、成长期、职业倦怠期、稳定期、消退期和离职期,并指出教师发展的状态总是起起落落的,其发展路径是个人与组织环境互动的结果,不能线性地将教龄作为标准划分教师的发展阶段[⑤]。斯特菲等人(Steffy et al.)的研究总结出教师职业生涯主要经历了六个发展周期,分别是新手教师、学徒教师、专业教师、专家教师、卓越教师和退休教师等阶段,其中新教师阶段指师范生实习阶段,学徒期主要集中在 1～3 年教龄,专业教师阶段集中在 4～6 年教龄,同时强调"教师发展周期阶段不是自动跳跃的,而是要看教师在这个阶段的关注程度的转移与专业能力的转变"[⑥]。

---

　　① Michael Huberman, *Adult Development and Learning from a Life-Cycle Perspective*(Paris: Royaumont, 1971).

　　② 贝蒂・E.斯黛菲、迈克尔・P.沃尔夫、苏珊娜・H.帕施等主编《教师的职业生涯周期》,杨秀玉、赵明玉译,人民教育出版社,2012。

　　③ Andy Hargreaves, "Educational Change Takes Ages: Life, Career and Generational Factors in Teachers' Emotional Responses to Educational Change," *Teaching and Teacher Education* 21, no. 8 (2005): 967-983.

　　④ Kenneth Leithwood, "The Principal's Role in Teacher Development," in *Teacher Development and Educational Change*, eds. Michael Fullan and Andy Hargreaves (Bristol, PA: Falmer, 1992), pp. 86-103;Morgaen L. Donaldson, "On Barren Ground: How Urban High Schools Fail to Support and Retain Newly Tenured Teachers" (paper presented at the annual conference of the American Educational Research Association, Montreal, Quebec, 2005).

　　⑤ Ralph Fessler and Judith C. Christensen, *The Teacher Career Cycle: Understanding and Guiding the Professional Development of Teachers* (Boston: Allyn and Bacon, 1992).

　　⑥ Betty E. Steffy, Michael P. Wolfe, Suzanne H. Pasch et al., *Life Cycle of the Career Teacher* (Thousand Oaks, CA: Corwin Press, 2000).

综合教师发展的教龄与教师专业品质,本研究将教师按教龄划分出了1~3年教龄的新手教师,4~9年教龄的熟手教师,10~19年教龄的经验型教师,和20年及以上教龄的专家型教师四类。基于文献综述的结果,新手教师的情绪变化相对活跃,专家型教师经验丰富,其观点策略可为其他教师提供一些策略性支持。所以起先样本选择定在了新手教师与专家型教师两类群体,但通过问卷调查的初步分析结果发现,10~19年教龄的经验型教师负向情绪异为明显,为了探明缘由,也为了样本能更加全面,从S5、S6、S7这3所学校又选取了4名经验型教师作为访谈对象。具体受访者的详细背景如表3.1所示。

选样中S3学校称近年来教师编制名额极其有限,最近3年只新进了1名教师,为此,基于研究的需要,对S3学校样本的选择主要侧重于经验丰富的骨干型教师。为了使得整体研究的抽样比例协调,S4学校研究者集中选取了新进的年轻教师为样本。为了了解教师的整体情绪图像,本研究还选取了7所学校,平均每校发放40份问卷,参与问卷的教师有246位,参与深度访谈的有22位。

表3.1 受访者的背景信息

学校类型	教师代码	性别	教龄/年	学历	任教科目
S1 (主城区示范小学)	TSF1	女	3	本科	信息技术
	TSF2	女	2	本科	数学
	TSF3	女	30	中师	语文
	TSM4	男	3	本科	体育
S2 (主城区实验初中)	TSF2-1	女	2	研究生	英语
	TSM2-2	男	2	本科	体育
	TSF2-3	女	2	本科	物理
	TSM2-4	男	20	本科	物理
	TSM2-5	男	22	本科	英语
S3 (农村小学)	TRM1	男	21	中师	数学
	TRF2	女	25	中师	语文
	TRF3	女	19	中师	数学
	TRF4	女	24	中师	语文
	TRF5	女	1	本科	语文

续　表

学校类型	教师代码	性　别	教龄/年	学　历	任教科目
S4 （农村初中）	TRF-1	女	2	研究生	物理
	TRM-2	男	2	研究生	英语
	TRF-3	女	1	研究生	英语
	TRM-4	男	1	研究生	信息技术
S5 （农村初中）	TRFX1	女	11	专科自考研究生	英语
	TRFX2	女	10	专科自考本科	英语
S6（农村初中）	TRMX3	男	10	专科自考研究生	数学
S7（城市初中）	TCMX4	男	12	中师	语文

七、资料的编码与构建

本研究的资料收集共分三部分：访谈、日志（包括博客）和问卷。除问卷结果用 SPSS 21.0 统计，不做编码处理外，访谈和日志都需要重新编码。笔者先将访谈录音资料听写下来，转化为文字资料并在每份资料上标明访谈时间、访谈地点、访谈对象以及自己在访谈过程中的反思。然后根据斯特劳斯和科尔宾（Strauss and Corbin，1990）提倡的"扎根理论"的方法对收集后的资料进行初步分类编码。

所谓"扎根理论"的方法就是研究者在研究之前没有严格的理论假设，直接从原始材料中归纳出概念和命题，然后通过比较、归类等方法建立概念或命题间的联系，从而得出研究的结论①。编码就是对已转录的文本或札记进行有意义的切割，并对其做描述性或推理性的省思，建立或构想出不同的标签或代码用于检索、组织文字资料，上升概念范畴，逐步辅助归类，以便与研究者的研究问题、假设、概念或主题等连接浓缩成段落，从而形成能够解读的理论②。格拉泽与斯特劳斯认为编码对质性资料的分析非常重要，编码必须要通过"开放性编码""主轴编码""选择性编码"三个步骤，对观察或访谈资料进行分析，进而提炼概念、范

---

① Anselm Strauss and Juliet Corbin, *Basic of Qualitative Research：Grounded Theory Procedures and Techniques*（Newbury Park，CA：Sage Publications，1990）.

② Matthew B. Miles and A. Michael Huberman, *Qualitative Data Analysis：An Expanded Sourcebook*（Thousand Oaks，CA：Sage Publications，1994）.

畴,并通过分析、探讨这些概念与范畴间的彼此关系,呈现研究结果①。开放性编码根据数据所表达的意义对数据进行概念化,然后发现一些概念相互接近的类属,并根据这些类属对数据重新编码,此阶段主要就事件、主题内容、感受或意念做标记备注,或在此基础上总结段落、写出摘要,进而为摘要命名。主轴编码是发现和建立类属之间的各种联系,研究者的做法是每次对一个类属进行深度分析,在这个类属下找出不同的部分、层次以及这些部分、层次之间的关系,有时也可以通过图表来编写这些关系。此阶段本研究主要对归纳后的段落、概念进行比较、归纳、统整,分出主题、次主题,反思各主题间的联系,以及这些主题对本研究的意义。选择性编码就是反思并建立各主题间关系的联结。在此阶段主要做整体性理解与诠释,对每个主题建立个别档案,进行再次阅读,解构各主题重新归纳命名,选择性地寻找可引用的句子,使之更符合主题,这部分主要采用夹叙夹议的方式撰写。整个编码过程是一个理解、反思、再解释的循环过程,直到得出结论。表3.2是本研究的编码例证,试图呈现编码时的思考过程。

表 3.2 编码系统例证

原始材料摘要（初级编码）	开放性编码	主轴编码	编码备注
教师"生气"事件:S1用装墨水的水枪喷同学;教师管制,并暂时没收学生的"水枪";S1对教师撒泼,出言顶撞教师"用你管"。教师以罚站作为惩罚学生的手段,引起学校和家长的质问,并反告教师体罚学生。教师事后认为"对于这种学生应尽可能地在保证安全的前提下,远离"。(TRF4-10/3/14)	"生气"教师角色:学生的管理者,家长的抱怨者,学校的出气者。教师从教信念发生了变化:由积极投入转向消极回避。	生气类目:不公平、不公正的结果 因果关系:师生情绪事件—教师情绪变化—教师信念变化—教学行为变化 （负向效应）	教师受到不公平对待后,在抱怨声中渐渐地少了热血阳刚,多了自我保护的心思,降低了教师的职业承诺。"远离"揭示出师生关系此时表现出负面性僵持,可能影响事后的教学品质。

当然,在整个研究的编码过程中有很多编码类目,比如按情绪种类编码存档;按不同教龄教师的情绪变化特征存档;按教师与不同主体互动的事件存档;按学校变革引发教师群体性情绪变化特征等主题分别存档;等等。之后进行归类、比较,通过这些比较,研究者明白了现实中发生的故事对不同教师存有怎样的意义,对研究者有哪些意义。正是通过不停地往返于资料现场,笔者与研究对

---

① Barney G. Glaser and Anselm L. Strauss, *The Discovery of Grounded Theory: Strategies for Qualitative Research* (Chicago: Aldine, 1967).

象间的对话越来越频繁,笔者的理解与洞见一次次被激活,笔者在重复对话与反思的过程中明白了"意义不是被发现而是被建构的。人们在参与世界、理解世界的过程中建构着意义,且朝着有利于自己的方向建构并体验着意义"。

八、研究者的立场

克兰蒂宁等(Clandinin et al.)在《教师教育》杂志上发表的《叙事探究启航》的文章中指出,叙事探究与其他研究的不同之处在于,首先需判断个人、实践与社会三个维度对研究的重要性,其中个人维度要关注研究者在研究中的位置,扮演的角色,研究者与研究的关系,以及该主题研究的意义;此外,要理清探究内容,确定研究者的位置①。其他质性研究吸取了叙事探究中对研究者位置的确立与反思这一步骤,认为研究者的位置或立场关乎着整个研究的走向与意义,使得研究者的位置成为质性研究中不可忽视的一部分。

笔者在整个研究过程中对研究者的位置思考了很久,也一直反复地问自己在研究中"我是谁?""我代表谁的观点?""为什么要选择这一角色表达研究的结果?""如果是其他角色的话,又会怎样描述、阐释研究的结果呢?"直到本书书稿完成时笔者仍在反思自己在研究中的位置。而笔者对自己在研究过程中位置的思考起于阿波尔(Apol)教授在上质性研究方法课时常常强调"researcher position",之后笔者阅读大量质性研究文章后才慢慢地体会到了研究者位置在研究中的重要性。回顾研究历程与撰写研究结果时,笔者反思自己在研究中的位置,认为自己首先是一名教师,一名培养教师的教师教育者,站在这一位置上,认真地倾听教师们在教育教学工作中的情感故事以及教师们对其工作的感知、理解,倾听教师们的困境与需求,在倾听中打开教师们的心扉,审视、反思教师的工作环境与社会组织背景等因素如何形塑教师的专业发展,进而就不同教师群体的特征与所需,思考怎样可以为教师的发展提供更有效能的支持,尽可能地联合各类教育相关的参与主体为中小学教师们创造切实性的支持与资源。其次,笔者认为在整个研究中,单单作为一名教师或一名教师教育者可能会存有偏见,为了缩小主观臆断,笔者的另一个角色应该是研究者,应尽可能地悬置各种先入为主的观点与经验,依据教师们论述的事实,判断教师们的生存境遇,探究背后的问题与解决的策略。简言之,研究者在研究过程中所处的位置首先是一名教师,其次是一名教师教育者,再次为一名研究者。前两个身份体现在研究过程中,最后一个身份体现在本研究报告的撰写过程中。

---

① D. Jean Clandinin, Debbie Pushor, and Anne Murray Orr, "Navigating Sites for Narrative Inquiry," *Journal of Teacher Education* 58, no. 1 (2007): 21-35.

九、研究的信度和效度

作为一项质性研究,本研究虽然不能达到量化研究所提出的信度、效度、推广度等方面的标准,但笔者仍考虑了教师访谈的一致性和真实性,以及诠释教师情绪意义的准确性和可靠性,这些也是质性研究在处理效度时的标准。为提高本研究的信效度,笔者力图从以下四个方面着手:(1)通过收集资料的过程来提高效度。具体通过量化研究结果辅助质性分析,通过多样本设计、三角验证、组内对比等途径在方法上试图提高效度。(2)通过与质性研究的学者们对话,交流、探讨质性数据的分析过程;通过阅读质性研究的文献提高自己对质性方法的解读和运用能力。(3)通过与访谈教师们的频繁交流,及时反馈研究者对其资料信息的归纳结果,确保研究者的理解尽可能地遵循原貌,提高内在效度。(4)加强自我反思。反思自己的分析过程,反思自己使用的方法,反思自己的情感变化,反思自己的问题、表达方式、生活经验、社会地位等因素对自己作为研究者的影响,尽可能地消除研究者可能出现的偏见与疏漏[①]。

十、研究的可能局限

对本研究来说,可能的限制因素大体可分为三类,客观条件因素、研究者自身的主观因素,以及研究设计方面存在的局限。

首先,客观方面最为关键性的因素是时间的限制。课程变革本身是一个漫长而又复杂的过程。课程变革作为一项大规模变革涉及的点面内容非常之广,加之课程变革的历史跨度也比较长,相对而言,教师情绪反而具有即时性,发生在某个时间点上,情绪强度的持续性会随时间慢慢褪去,甚至忘掉,但情绪作为中介变量对教师的认同或信念、价值观等方面的影响却伴随着教师职业生涯的全过程。因此,研究课程变革下教师的情绪变化需要长时间的跟踪,对课程变革的内容可能要缩小到某一项目中深入研究。为此,笔者选择了当下变革中的课堂,以重庆市"领雁工程"为研究抓手,但仍难以克服长时间跟踪教师记录、观察教师情绪变化产生的影响,加之,项目中有学校位于重庆县区,地处偏远,离主城区有八九个小时的车程。在某种程度上,研究者会受时间与精力的限制,每去一次要尽最多的时间与可能来利用教师们的资源。这也就在一方面限制了本研究的结论。另一方面,研究时有时间差,即在研究方法设计方面,问卷调查与深入

---

① 尹弘飚:《课程实施中的教师情绪:中国大陆高中课程改革个案研究》,博士学位论文,香港中文大学,2006。

访谈的时间有的时候正好是同一时间,因此在起初选择样本时受文献的指点,对新手教师留意多,对其他群体教师则只给予了少量的关注,而等问卷调查结果出来时发现,经验型教师的情绪特征往往比较显著。考虑到了可行性,笔者只好在项目之外的学校专门选取经验型教师做深入访谈,在这样类似的操作下研究结果可能会稍微受一些影响。再者,考虑到时间的限制,笔者着重就教师最近一个月发生的情绪事件为主要叙事,对时间跨度较长的,只从对教师影响比较深刻的事件说起,运用回溯的办法增加资料信息。

其次,由于笔者在研究过程中缺乏工作经验,在交流访谈过程中,可能就被访谈者的工作经验、情感理解方面难以达成即时的共情,加之,笔者本人当时的身份为学生,访谈质量有好有坏:好的方面在于,被访谈者无暇顾及一些社会因素,能"实话实说";不好在于,被访谈者会主导访谈方向,在访谈期间可能会将交流的话题转向了教师的日常生活或教师对生活的评价等内容,加上访谈时间受限(在课后)背离了研究的初衷。基于研究过程中的困难,笔者每次访谈前都要认真准备问题,访谈后及时反思并调整之后的访谈技巧。面对经验缺乏的主观限制因素,笔者从加强反思着手,及时吸取教训与经验,努力改善。但在结果上可能仍会产生一定的偏差。

再者,研究设计方面也存在一定的局限。教师情绪是一个复杂的动态的话题,情绪本身又具有私密性,情绪的变化与个体的价值、目标、信念有密切的关系,同时社会文化环境对个体情绪的形塑也起着潜移默化的关键性作用。探究教师情绪变化的表征、原因与效应,以及应对策略等内容,仅以质性分析与量化结合的方式可能仍难以解释教师情绪的复杂性,加之受笔者个人的阅历、经验及知识储备的影响,可能对有些研究资料的分析不够深入。笔者在此做一说明。

第四章　课程变革下教师情绪状态的
群体性表征

情绪犹如车轮不停地转着，由乐而悲，由悲而喜，由喜而忧，往复地变换着。也许昨日的快乐就会变为今天的哀愁，今天的悲伤也会转为明日的喜悦。然而，此时的悲喜哀愁与彼时的悲喜哀愁却大不一样了。

情绪作为人类存在意义的重要表现形式与不可或缺的情感体验，每天形塑并解读着人们的生活状态，同时人们也体验着、重塑着、表达着各类情绪。人们在交际环境中，时而开心、喜悦，时而失望、无聊，时而生气、愤怒，时而又惊讶、焦虑。时而情绪是人们内心世界的真实表达，时而人们也会运用各类情绪试图达到交际所需，实现人们的目的与意义。它就如同车轮在社会环境中运转着、变化着、形塑着，影响着周边的"一草一木"。教师作为学校教育教学工作的核心主体，联系并维系着学校教育发展的诸多要素，教师的喜怒哀乐对学生发展、自我发展、人际互动、学校文化建设、课程建设等都有重要的影响。

本章探讨当前教师情绪状态的群体性表征。首先运用问卷调查法对选取的7所样本学校就教师最近一个月内经常出现的情绪及其情绪强度做初步探索，大致勾勒当下教师情绪状态的群体性表征，其次运用 Nvivo 10.0 分析软件对访谈文本中教师呈现出的情绪状态再次编码进行聚类分析，一方面验证问卷调查所揭示出的结果，另一方面通过质性取向结合具体情境脉络深入理解教师情绪及其引起教师情绪的现状脉络。两种方法都为回答以下问题，即教师群体会呈现怎样的情绪状态，不同教师群体是否存有不同的情绪状态。其中问卷调查部分，依据问卷的人口变量，不同群体分别以性别、教龄、所在学校类型、教师的学历及任教科目等为划分依据并将这些变量作为研究中的自变量，考察它们与教师情绪状态之间的关系，为进一步聚焦研究对象与研究内容做铺垫；质性取向下的文本分析与聚类分析是为了验证问卷调查的结论，并通过情境脉络深入了解教师群体的情绪状态。

一、问卷调查揭示出的教师情绪状态的群体性表征

(一)研究方法

乔纳森·H.特纳(Jonathan H. Turner)认为人类主要有四种基本情绪,分别是愤怒、恐惧、悲伤和高兴,然后在基本情绪的基础上,按照不同的强度——低强度、中等强度和高强度,通过复合和混合、交叉,又可演化出无穷无尽的情绪反应和与之对应的情绪词语。[①] 埃克曼(Ekman)发现,人类有七种主要情绪,分别是恐惧、愤怒、悲伤、厌恶、轻蔑、惊讶和快乐。随后的研究者就情绪、情绪诱发因素与情绪所引起的行为建立了联系,认为恐惧是由某种潜在的威胁所诱发的,可以导致逃跑行动。而愤怒则与某种阻碍我们达成某种愿望的障碍物有关,可以导致攻击,目的是消除人们的沮丧因素。悲伤与失去某样东西相联系,可能导致退缩行为。惊讶由某种未曾预料到的情境激发,它将产生一种定向反应,从而使我们的身体处于一种警觉状态,以便于评估我们所处场景中潜在的威胁。厌恶通常由一种令人嫌恶的情境或物质所引起,容易产生拒绝行为。最近一项研究主要通过测试人们面部表情的一致性,得出人类基本情绪有四种,分别是开心、悲伤、害怕/惊讶,以及生气/厌恶。这项研究认为,当人们害怕或惊讶之时,其表现的面部表情一致,可归为一类;生气与厌恶面部表情一致,归为一类。于是将原来六种基本情绪归结于四种。[②]

基于以上的情绪分类依据,本章选择了愉悦、伤心、恼怒、恐惧、厌恶和惊讶六种情绪状态作为教师的情绪地图表征的维度。在六种基本情绪的基础上,按情绪的强弱程度,每种基本情绪下又包含了若干项次情绪。比如愉悦下有高兴、满意、自豪、享受;伤心下有无聊、失望、气馁、内疚、悲伤;恼怒下有烦恼、沮丧、不耐烦、生气、愤怒;恐惧下有害怕、焦虑、胆怯、困惑;厌恶下有痛苦、不情愿、胁迫;惊讶下有印象深刻、吃惊和震惊。根据情绪波动的强度,本研究采用丹尼尔·沙博等人编制的情绪状态检测量表做施测,发现我国中小学教师更愿意在问卷上打钩而不愿意涂描。为了教师们能够配合并接受调研,研究者就将在原量表上"用黑笔涂上"最近一月内就师生互动中最常表现的情绪状态改为了"在五个等级上画出相应的对钩"。于是,情绪状态的强度信息表成为类似李克特的五点式,数字1—5代表由弱到强的不同程度。

① 乔纳森·H.特纳:《人类情感——社会学的理论》,孙俊才、文军译,东方出版社,2009,第11页。

② Anon, "New Research Says There Are Only Four Emotions," accessed November 8, 2014, http://www.theatlantic.com/health/archive/2014/02/new-research-says-there-are-only-four-emotions/283560/.

(二)研究程序

在 7 所学校中,每所学校随机分别发放 40 份问卷,共 280 份问卷,主要考虑到偏远学校教师总人数只有 60 人左右,加之有教师要上课,经讨论后就将样本定在了 40 份。实际收回 246 份,为了最大化利用数据,剔除无法利用的数据后,不同项目的有效样本特征分布见表 4.1。

表 4.1 教师样本的特征分布

维 度	分 类	数量/人	比例/%
性别	男	88	34.78
	女	158	64.22
教龄	1～3 年	52	21.13
	4～9 年	46	18.69
	10～19 年	69	28.04
	20 年及以上	80	32.50
学校类型	小学	157	63.82
	初中	82	33.33
任教学科	语文	81	32.90
	数学	83	33.73
	外语	29	11.79
	其他	53	21.54
职务	副校长	3	1.22
	学科组长	16	6.50
	年级组长	17	6.91
	班主任	52	21.13
	普通教师	152	61.78
	其他	6	2.43
学历	高中	1	0.03
	专科	61	24.30
	本科	175	71.13
	硕士	9	3.58

表 4.1 揭示出有效性别样本总数为 246 人,其中男教师 88 人,女教师 158 人;教龄总样本数为 248 人,其中 1～3 年教龄(新手教师)为 52 人,4～9 年教龄为 46 人,10～19 年教龄为 69 人,20 年及以上教龄为 80 人。按学校类型来看,

小学教师有 157 人,初中教师有 82 人。依据学科人数的比例以及数据统计看,因生物、计算机、物理等类似学科人数太少,达不到数据统计值,就归入了其他学科,由于小学教师比例比较高,所以语文、数学学科人数在数据中相对平衡,即语文教师 81 人,数学教师 83 人,外语教师 29 人,其他教师 53 人。本研究考虑到不同教师拥有的职务不同,可能担负的责任也就不同,这必然反映为在情绪理解和情绪表达上可能存在差异,为此,本研究专门分设了职务维度。职务维度的教师样本为 240 人,其中有 3 人是副校长,16 人是学科组长,17 人是年级组长,52 人是班主任,152 人是普通教师。教师学历也可能是影响教师情绪状态与情绪地图的一个变量,研究者按不同学历再次划分教师群体,但由于高中文化程度教师只有 1 位,没有达到统计数量,其结果难以与其他层级比较,而专科学历有 61 人,本科学历 175 人,硕士 9 人。硕士学历的教师比例仍相对较少,由于研究条件限制,学历维度比较只作为参考。从随机抽样最终得出的样本数来看,各维度间数量比例存在一定的悬殊状况,但考虑到学校在编教师梯队的本身特点,随机抽样难以达到理想比例。

(三)研究结果

图 4.1 揭示了我国西南地区中小学教师群体的总体情绪状态,即积极愉悦性情绪明显高于其他负向性情绪,但其他负向性情绪的得分均值也不能忽视,尤其是失望、烦恼、沮丧、不耐烦、生气、焦虑、困惑、不情愿以及印象深刻等情绪维度的得分值同样比较高,这就说明教师在教育教学中与学生的互动并不如意,教师们所经历的负向情绪,比如不耐烦,很可能意味着教师行为会表现出应付、逃避倾向,情感的不认同必然加剧教师的情绪劳务与职业倦怠。教师又是师生互动的引导者,教师的情感必然感染着学生,当教师主体没有了激情,无所谓地得过且过时,学生也必然以同样的方式回馈于老师,久而久之,师生的互动犹如画中的湖面,存在着却激不起半点涟漪,会严重影响到学生的学业成绩与学生的行为规范。本研究的目的在于,一方面了解课程改革近二十年来教师在师生互动中的情绪状态;另一方面,就如何维持教师积极情绪,创造环境与支持条件,帮助扭转教师的负向性情绪,重新焕发教师的学习激情做些努力。为达成上述目的,就极有必要分析不同群体教师情绪状态的特征。

1. 性别方面,男性教师情绪变化的强度略高于女性

从男、女教师对六种基本情绪状态描述的得分均值(见表 4.2)比较中不难看出,我国教师群体在愉悦维度上得分相对最高,教师总体而言表现出积极愉悦的情绪状态,但也存在着诸多的负向性情绪状态,比如有较明显的恐惧、恼怒、伤心、厌恶等。在男、女性别的得分均值比较中,发现男性情绪状态除恼怒维度外,剩余的情绪维度均值都略高于女性,这就说明男性教师情绪变化的强度略高于

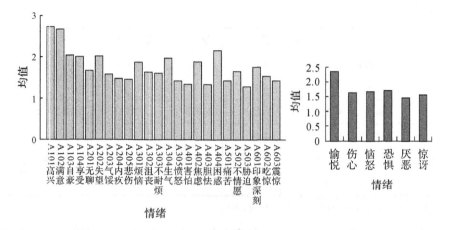

图 4.1　教师整体的情绪状态

女性,这一结果有违"通常认为女性更加情绪化,男性反而更为理智、冷静"的普遍看法,这就提醒教师教育者们在关注女性教师情绪的同时不能忽略男性教师的情绪状态。男性教师负向情绪中恐惧表现尤为突出,其次是伤心,最后是恼怒。恐惧意味着某些因素威胁着男性教师的发展;而恼怒分值相对较低,就又说明尽管男性教师存在诸多的负向性情绪,但仍在可控范围之内,一些阻碍性因素,男性教师较女性教师更容易克服。女性教师在各情绪维度上的均值都略低于男性,但在恼怒维度中女性表现异常突出。这就说明女性教师更容易动情,也更容易出现不耐烦、逃避、放弃的行为,在情绪调适方面可能还需进一步改善。恐惧维度在女性教师得分的均值中相对比较高,说明确实存在着某些困扰因素牵制着教师的行为。伤心从另一种角度讲是因为教师的投入与实际所得存有差距,而伤心频率高时教师容易产生情绪耗竭,较早进入职业倦怠。不同于男性教师,女性教师表达惊讶略高于其厌恶维度。总体而言,不管情绪怎样波动,发生了什么情绪性事件,教师们都比较热爱教师这一职业,对学生也比较喜欢,但男、女教师略有差异,相对而言,男教师的情绪变化有待进一步关注。教师们表现出惊讶的情绪状态又说明教师们善于观察学生、欣赏学生。

表 4.2　不同性别教师在情绪中的表现特征

性 别		愉 悦	伤 心	恼 怒	恐 惧	厌 恶	惊 讶
男	均值	2.5369	1.7909	1.7023	1.8438	1.7197	1.7197
	N	88	88	88	88	88	88
	标准差	1.39968	1.52915	1.47811	1.50874	1.54282	1.64304

续 表

性 别		愉 悦	伤 心	恼 怒	恐 惧	厌 恶	惊 讶
女	均值	2.2636	1.5552	1.7079*	1.6000	1.3152	1.4990
	N	15.8	15.8	15.8	15.8	15.8	15.8
	标准差	1.30087	1.23611	1.30580	1.28334	1.34812	1.34579
总计	均值	2.3587	1.6372	1.7059	1.6848	1.4559	1.5758
	N	24.6	24.6	24.6	24.6	24.6	24.6
	标准差	1.33966	1.34697	1.36527	1.36793	1.42892	1.45663

注:* 为差异性特征符号,N 为样本数,下同。

为进一步看清男、女性别在各维度下的具体情绪之间存有哪些显著性差异,本研究又分别以性别为自变量,以六大情绪维度下的 24 种情绪状态为因变量做独立样本 t 检验,经检验后发现男、女性别在痛苦维度上方差齐 $sig.001$,sig(双侧)分别为 0.005 和 0.008,都小于 0.05,这说明在痛苦维度男、女性别有显著性差异。男性教师的痛苦程度要高于女性,也就是说男性教师在师生互动中的厌恶状态要多于女性教师。其他维度的差异性不显著。

2. 教龄方面,经验型教师的负向情绪较为突出

以不同教龄为自变量,以各情绪为因变量,比较教师整体情绪的得分均值(见图 4.2 和表 4.3),很容易发现新手教师的愉悦度最高,其次是 4～9 年教龄的熟手教师,然后是 20 年及以上教龄的专家型教师,而 10～19 年教龄的经验型教师愉悦程度最低。纵向比较各阶段的教师发现,10～19 年教龄的经验型教师在伤心、恼怒、恐惧、厌恶四类负向性情绪中要明显高于其他阶段教师,反而新手教师其次。对惊讶维度的得分均值的比较来看,新手教师在该维度得分值略高于其他阶段教师。

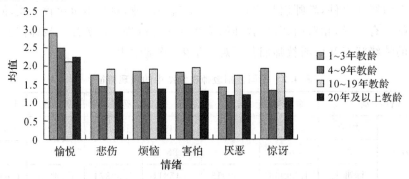

图 4.2　不同教龄教师的情绪状态特征

根据研究数据,从图 4.2 中很容易看到:首先,10～19 年教龄的经验型教师情绪相对更为明显,且均值略高于其他阶段教师。这一阶段的教师在以往的研究中一直被忽略,甚至接近边缘化的状态,然而他们常常在校本培训中担任着指导教师的角色,甚至是学校教学管理中的"骨干",这类群体的负面情绪很容易传染给其他教师群体,其负面效应对自我发展、学校社群文化、新手教师的发展有重要的影响力,不可忽视。这一结果为未来的教育培训、学校变革提供了重要的参考价值与启示,在未来的职后教育中要更加关注 10～19 年教龄的所谓"骨干型"教师们的内在需求与情绪状态。

　　其次,新手教师的情绪状态得分均值仍比较高,仅次于经验型教师,其情绪状态以愉悦、惊讶为主,恼怒、恐惧、生气为辅,并少有厌恶的状态。这一阶段教师情绪状态的造成可能与新手教师刚进入工作环境,面对众多学生开始自己实践教学生涯及迎接教学实践的挑战有关。英特拉特(Intrator)[1]的研究指出,新手教师刚从学校毕业,步入工作岗位,身份角色的转变使其感到愉悦、惊讶与兴奋,但随着新手教师对工作投入的增加,专业现实的挑战、不良的学生行为,使他们频频受挫,各类伤心、恐惧、烦恼等负面情绪也就接踵而来。教师生涯前几年的教学工作实则充满了挑战,新手教师应如何戴着"宝石""听着音乐"为他们的教学生活谱写幸福乐章,还需教师教育者给予高度重视。相对而言,20 年及以上教龄专家型教师情绪变化比较稳定,各类情绪维度的得分均值差异并不明显。可能与这个阶段的教师的经验、专业能力、教育教学信念、威望、问题解决能力等有重要的关系。

表 4.3　不同教龄教师的情绪状态特征

教　龄		愉　悦	伤　心	恼　怒	恐　惧	厌　恶	惊　讶
1～3 年	均值	2.9118*	1.7686	1.8471	1.8382	1.4248	1.9281*
	N	52	52	52	52	52	52
	标准差	1.08377	1.19088	1.15280	1.26078	1.31162	1.44885
4～9 年	均值	2.2500	1.4426	1.5532	1.4947	1.1915	1.3404
	N	46	46	46	46	46	46
	标准差	1.35233	1.27718	1.31163	1.33055	1.34190	1.33603

　　[1]　Sara M. Intrator, "Beginning Teachers and the Emotional Drama of the Classroom," *Journal of Teacher Education* 57, no. 3 (2006): 232-239.

续 表

教 龄		愉 悦	伤 心	恼 怒	恐 惧	厌 恶	惊 讶
10～19年	均值	2.1286	1.9171*	1.9171*	1.9536*	1.7667*	1.8048
	N	69	69	69	69	69	69
	标准差	1.31446	1.52486	1.49142	1.46597	1.61749	1.58037
20年及以上	均值	2.2281	1.2925	1.3750	1.3063	1.2083	1.1375
	N	80	80	80	80	80	80
	标准差	1.44750	1.20040	1.28413	1.17999	1.19819	1.21140
总计	均值	2.3448	1.5952	1.6589	1.6341	1.4073	1.5269
	N	246	246	246	246	246	246
	标准差	1.34792	1.33078	1.33889	1.33161	1.38996	1.42663

将教龄与各维度教师的情绪状态做单因素方差分析和检验,再经过多重比较得出以下结论。

(1)愉悦维度下,1～3年教龄新手教师与其他类别教师有显著性差异。①就高兴状态来看,1～3年教龄的教师与4～9年教龄的熟手教师、10～19年教龄的经验型教师相比有显著性差异,其 p 值分别是 0.013 和 0.009,均小于0.05,且1～3年教龄的教师表现出更多的高兴情绪。②满意状态下,仍是1～3年教龄教师与4～9年、10～19年、20年及以上教龄的教师相比呈显著性差异,p 值分别是 0.013、0、0.005,均小于 0.05。③自豪状态下,1～3年教龄教师与20年及以上教龄教师有显著性差异,其 p 值为 0.02。其他教龄间无显著性差异。④享受状态下,1～3年教龄教师与其他三类群体教师都呈显著性差异,其 p 值分别是 0.02、0.037、0.009,均小于 0.05。

(2)伤心维度下,10～19年教龄教师的无聊、失望状态与1～3年教龄教师($p=0.007<0.05$)、20年及以上教龄教师($p=0.006<0.05$)有显著性差异。①内疚状态下,10～19年教龄教师与20年及以上教龄教师($p=0.001<0.05$)、4～9年教龄教师($p=0.005<0.05$)有显著性差异。②悲伤状态下,10～19年教龄教师与20年及以上教龄教师($p=0.006<0.05$)有显著性差异。

(3)恼怒维度下,10～19年教龄的经验型教师与20年及以上教龄的专家型教师在烦恼、不耐烦、愤怒状态下都有显著性差异(p 值分别为 0.004、0.007、0.024,均小于 0.05)。新手教师与专家型教师在不耐烦的情绪状态下也有显著性差异,p 值为 0.009。

(4)恐惧维度下,新手教师与专家型教师相比,有明显的害怕、焦虑、困惑等情绪状态,且呈显著性差异,其 p 值分别是 0.043、0.035、0.024,均小于 0.05;10～19 年教龄的教师比 4～9 年教龄教师($p=0.034;0.005$)、20 年及以上教龄教师($p=0;0.001$)存有更多的害怕与困惑。

(5)厌恶维度下,10～19 年教龄教师要比 4～9 年、20 年及以上教龄教师承受更多的痛苦、不情愿,甚至是胁迫性的情绪状态,且都呈显著性差异(p 值分别是 0.033、0.02、0.021、0.025、0.036,均小于 0.05)。

(6)惊讶维度下,新手教师易表现出更多的印象深刻、震惊等情绪,与 4～9 年教龄的教师与 20 年及以上教龄的专家型教师呈显著性差异(p 值分别为 0.022、0.001)。

总之,不管是通过教龄与情绪维度做均值比较,还是通过与各分类情绪状态做单因素分析,其结果都显示出新手教师与经验型教师的情绪变化比较明显,且 10～19 年教龄教师的负面情绪更需给予关注,这些情绪集中表现在无聊、失望、内疚、悲伤、恼怒、不耐烦、愤怒、害怕、困惑、痛苦、不情愿等状态中;而新手教师主要在愉悦、惊讶等维度比其他群体类教师表现得更为明显,但其也常常经历着不耐烦、害怕、焦虑、困惑等状态,与专家型教师有显著性的差异。也就是说,加强新手教师的情绪调节能力与专业能力,关注职后教育尤其是 10～19 年教龄教师的情绪变化及其专业发展的需求,及时支持、帮助这两类教师转变专业信念、专业能力,对调适教师的情绪状态,进而促进教师内涵式、自主式发展有重要作用。

3. 学校类型方面,初中教师的负向情绪略高于小学教师

如表 4.4 所示,就学校类型维度比较来看,初中教师的情绪状态均值得分明显要高于小学教师,也就是说,当前初中教师的情绪波动反而较为明显。在积极情绪体验方面,小学教师要高于初中教师,而这一结果违背了我们通常认为"小学学生事情比较琐碎,对教师的灵活性与情绪表达等内容要求比较高,小学教师的情绪变化强度应高于初中教师"的观念。这一结果增加了研究者对初中教师情绪变化探究的兴趣,尤其是初中教师的伤心、恼怒、恐惧等情绪维度,探究这些情绪背后的原因,希望能及时帮助初中教师调适其情绪。

表 4.4　不同学校类型教师的情绪状态特征

学校类型		愉　悦	伤　心	恼　怒	恐　惧	厌　恶	惊　讶
小学	均值	2.3857	1.4305	1.5622	1.5595	1.2622	1.3821
	N	157	157	157	157	157	157
	标准差	1.29663	1.16842	1.24251	1.19105	1.19232	1.22084

续　表

学校类型		愉 悦	伤 心	恼 怒	恐 惧	厌 恶	惊 讶
初中*	均值	2.2530	1.9463	1.9195	1.8598	1.7398	1.8496
	N	82	82	82	82	82	82
	标准差	1.44897	1.55303	1.54915	1.63776	1.74587	1.74125
总计	均值	2.3415	1.6024	1.6813	1.6596	1.4214	1.5379
	N	246	246	246	246	246	246
	标准差	1.34781	1.32855	1.35979	1.36041	1.41579	1.42926

为进一步证明学校类型对教师情绪状态的影响,本研究做了独立样本 t 检验,根据假设方差相等与方差不相等的 $sig.$ 值以及对差分置信区间进行比较判断后,小学和初中教师在内疚状态下,$sig.$(两侧)值分别是 0.000、0.003;不耐烦状态下,$sig.$(两侧)值分别是 0.021、0.023;害怕状态下,$sig.$(两侧)值分别是 0.014、0.027;胁迫状态下,$sig.$(两侧)值分别是 0.002、0.008。置信区间均为负值。我们可以得出初中教师比小学教师更容易表达内疚、不耐烦、害怕、胁迫等情绪,且两类学校呈显著性的差异。

4. 学历方面,学历越高的教师情绪的强度越高

如表 4.5 所示,从本研究样本得出的数据看,教师学历不同,其情绪状态可能也存有差异。学历越高,教师的情绪越多样化,情绪的强度也越高,反而不存在情绪的效价差异。但这一结果还有待进一步验证,因为从目前收回的样本看,样本数量间差异比较明显,硕士只有 9 人,样本量实则并没达到基本要求,但专科和本科的样本量比较符合要求。就学历而言,专科学历的教师更多集中在小学,而本科和硕士学历的教师集中在初中。

表 4.5　不同学历教师的情绪状态特征

现在学历		愉 悦	伤 心	恼 怒	恐 惧	厌 恶	惊 讶
专科	均值	2.3156	1.3115	1.2754	1.3074	1.1366	1.2350
	N	61	61	61	61	61	61
	标准差	1.45481	1.12577	1.16914	1.13229	1.02447	1.16801
本科	均值	2.3687	1.6670	1.7732	1.7109	1.4451	1.5922
	N	175	175	175	175	175	175
	标准差	1.31230	1.36010	1.37610	1.36129	1.45165	1.46475

现在学历		愉　悦	伤　心	恼　怒	恐　惧	厌　恶	惊　讶
硕士	均值	2.8056	2.9778	3.1333	3.6389	3.3704	3.5185
	N	9	9	9	9	9	9
	标准差	1.30969	1.63231	1.27279	1.28763	1.55853	1.62542
总计	均值	2.3735	1.6367	1.7108	1.6912	1.4595	1.5843
	N	246	246	246	246	246	246
	标准差	1.34059	1.34590	1.36552	1.36758	1.43062	1.45857

为进一步证实学历与教师情绪状态的关系,研究者将硕士归入了本科及以上学历,重新将学历分为专科及以下、本科及以上两个类别,再与所有情绪做独立样本 t 检验,根据假设方差相等与方差不相等的 $sig.$ 值以及对差分置信区间进行比较判断后,在气馁、烦恼、不耐烦、胆怯、胁迫和震惊等情绪状态比较中,本科及以上学历教师要比专科及以下学历教师表现更为强烈。从这一角度看,学历越高的教师情绪表现越激烈。而相对的,在困惑维度下,专科及以下学历教师的情绪得分值要高于本科及以上学历的教师,数据见表4.6。

表 4.6　不同学历教师情绪状态的独立样本 t 检验

		方差方程的 Levene 检验				均值方程 t 检验		差分的 95% 置信区间	
		F	$sig.$	t	df	$sig.$（双侧）	均值差	标准误差	上限	下限
气馁	假设方差相等	13.378	0.000	2.538	240	0.012	0.583	0.230	0.131	1.036
	假设方差不相等	—	—	2.869	129.95	0.005	0.583	0.202	0.184	0.982
烦恼	假设方差相等	0.154	0.695	3.205	240	0.002	0.730	0.228	0.282	1.179
	假设方差不相等	—	—	3.388	111.973	0.001	0.730	0.216	0.303	1.157
不耐烦	假设方差相等	11.265	0.001	3.150	240	0.002	0.701	0.223	0.263	1.140
	假设方差不相等	—	—	3.613	132.211	0.000	0.701	0.194	0.317	1.1085
胆怯	假设方差相等	15.217	0.000	2.135	240	0.034	0.477	0.223	0.037	0.916
	假设方差不相等	—	—	2.534	142.752	0.012	0.477	0.188	0.105	0.849
胁迫	假设方差相等	13.799	0.000	2.672	240	0.008	0.582	0.218	0.153	1.011
	假设方差不相等	—	—	3.204	146.246	0.002	0.582	0.182	0.223	0.941
震惊	假设方差相等	12.444	0.000	2.690	240	0.008	0.626	0.233	0.168	1.084
	假设方差不相等	—	—	3.104	133.897	0.002	0.626	0.202	0.227	1.025

5. 任教科目方面,教师间情绪差异不显著

如表 4.7 所示,通过对不同任教科目教师的情绪得分均值进行比较不难看到,教师愉悦状态的分值仍高于其他几类情绪。就学科比较而言,英语教师的恼怒和恐惧维度得分略高于语文和数学两个学科的教师,而其他学科教师由诸多小学科(样本量小,如美术、音乐、体育、化学、物理等)组成,正因为学科比较杂,所以其他学科的得分,本研究只做参照,希望在之后的研究中通过增加样本量进一步得出确切数据。就恼怒状态而言,语文和英语教师的得分略高于数学教师,这一结论与性别有很大关系,语文和英语教师中女性教师比较多,这就与之前男、女不同性别教师得分均值中女性恼怒得分略高相吻合。

以不同任教科目与六大情绪维度做单因素方差分析后,任教科目间没有显著性差异。后对任教科目与问卷中所有情绪状态做单因素方差分析后发现,数学教师的自豪情绪状态略高于英语教师,且两者间存有显著性差异,$sig.=0.041<0.05$,其他未见有显著性差异。

表 4.7　不同任教科目教师的情绪状态特征

任教科目		愉 悦	伤 心	恼 怒	恐 惧	厌 恶	惊 讶
语文	均值	2.2827	1.5500	1.7119	1.6012	1.3492	1.4286
	N	81	81	81	81	81	81
	标准差	1.25077	1.14865	1.19773	1.26296	1.24819	1.23922
数学	均值	2.5145*	1.5767	1.5814	1.6047	1.4496	1.4884
	N	83	83	83	83	83	83
	标准差	1.42939	1.38850	1.41940	1.34627	1.48963	1.41116
英语	均值	1.9483	1.6207	1.7517*	1.7241*	1.2299	1.5632
	N	29	29	29	29	29	29
	标准差	1.17902	1.41153	1.36764	1.33019	1.29131	1.34844
其他	均值	2.4583	1.8926	1.8852	1.9352	1.7716	1.9877
	N	53	53	53	53	53	53
	标准差	1.39385	1.52252	1.52197	1.56930	1.63405	1.82110
总计	均值	2.3607	1.6403	1.7091	1.6877	1.4598	1.5837
	N	246	246	246	246	246	246
	标准差	1.34135	1.34594	1.36363	1.36725	1.42811	1.45710

6．职务职位方面，教师间情绪差异不显著

表 4.8 揭示了不同职务教师在师生互动中的情绪状态。从表中我们看到职务越高，愉悦情绪得分值越高，而其他情绪状态得分值越低；将学科组长与年级组长相比较，年级组长会更多地经历伤心和恼怒情绪；普通教师与班主任相比要更多地经历恐惧与惊讶情绪。将职务维度的差异性均值进行比较，笔者认为未来需多留意年级组长与普通教师的情绪变化。实践经验总认为班主任每天和学生不仅有学业中的交流，还有对各类生活问题，以及学校纪律、习惯修养等问题的处理，这些琐碎的事情会使班主任经历更多的负面性情绪，而本研究的结果得出，班主任的情绪变化强度还比较稳定，且仍处于较高的愉悦状态。但将职务与六大情绪状态做单因素分析时，结果并没有呈现显著性差异。

表 4.8　不同职务的教师情绪状态特征

职　务		愉　悦	伤　心	恼　怒	恐　惧	厌　恶	惊　讶
副校长	均值	3.7500*	0.6000	0.6667	0.7500	0.5556	0.8889
	N	3	3	3	3	3	3
	标准差	0.43301	0.52915	0.70238	0.66144	0.50918	1.01835
学科组长	均值	1.9375	1.3375	1.3375	1.2500	0.8958	0.7917
	N	16	16	16	16	16	16
	标准差	1.54785	1.60619	1.36571	1.34164	0.97918	0.90164
年级组长	均值	1.9583	2.0333*	1.9889*	1.7083	1.6481	1.5741
	N	17	17	17	17	17	17
	标准差	1.06843	1.46207	1.26020	1.30961	1.43473	1.65212
班主任	均值	2.0673	1.3000	1.5346	1.3317	1.0128	1.1218
	N	52	52	52	52	52	52
	标准差	1.32483	1.08212	1.16802	1.08997	1.06634	1.05001
普通教师	均值	2.4737	1.7658	1.7816	1.8684*	1.6382	1.7763*
	N	152	152	152	152	152	152
	标准差	1.30719	1.38043	1.44650	1.43972	1.53734	1.53870
其他	均值	3.2917	1.6000	1.8333	1.5417	1.4444	2.2778
	N	6	6	6	6	6	6
	标准差	1.26902	1.11714	0.92448	0.76513	1.12875	1.45169

续表

职 务		愉 悦	伤 心	恼 怒	恐 惧	厌 恶	惊 讶
	均值	2.3512	1.6413	1.7036	1.6822	1.4413	1.5614
总计	N	246	246	246	246	246	246
	标准差	1.32896	1.34530	1.36016	1.35390	1.41774	1.44820

(四)结论与启示

教师情绪是教师认识、判断与行为的关键要素,直接关系着教师的从教信念、职业承诺、身份认同、师生互动与学生学习的品质。积极的情绪状态有助于构建良好的教学氛围,激发师生主体教与学的热情与投入;负向性情绪在某种程度上能够激发起主体的内在动力,破茧成蝶,但如果超出了主体可承受范围或难以激起主体向上发展的动力时,负向情绪对主体可能就只有破坏与毁灭了。本章第一部分以我国西南地区中小学教师为样本,以课程变革为背景,就日常师生互动引发的教师情绪状态为研究对象得出,总体上教师群体处于愉悦、高兴、满足、享受的积极状态,但同时也存在着大量、持续的负向性情绪,较为强烈地表现在失望、烦恼、沮丧、不耐烦、生气等负向维度。教师正负情绪共同交织,演绎了教师群体的情感世界,展现并形塑着教师的身份认同与职业承诺。回顾本研究中教师们所经历的负向性情绪,比如失望、不耐烦、不情愿,很容易使得教师出现放弃、逃避、放任等行为倾向,非但不能激发教师主体转变的意念,反而会增加教师的情感耗竭,迫使教师更早步入职业倦怠。这就不得不使我们对教师负面情绪给予更多的关注。

深入分析教师情绪状态的群体性特征,问卷调查的结果是新手教师在愉悦和惊讶维度上表现尤为突出,但困惑、失望、焦虑、害怕等负向性情绪表现也比较明显;另一结论显示,10~19年教龄的经验型教师群体负向情绪较为集中,且各类负向情绪比如厌恶、恼怒、伤心、恐惧等维度都与其他群体教师有显著性差异。而这类教师往往在教师培训中却很少被留意,我们关注职前教育,关注入职考核,关注教师标准,关注年青教师的学习与培养,却恰恰缺少对经验型教师即10~19年教龄的教师群体的再培训,默认将这类教师群体归入专业型教师,甚至是骨干教师。从学校类型维度看,初中教师的负向情绪表现明显高于小学教师。如果说教育之本是学生的学,那么教育之魂必定是教师的教与教师的学。深入分析、揭示并探讨教师的情绪状态特征,一方面有助于教师意识到自我的情绪状态,同时可为研究者、教师教育者及教师管理者及时了解教师,切实地帮助教师创造良好的专业学习与发展平台,培育积极、正向的情绪地理文化,为调适、转变其负向情绪提供一定指引。希望我们的教师们在教育教学活动过程中能够持续地保持教学的激情及与学生互动的热情，能自主地并自觉地调适、扭转负向情绪。

二、质性材料揭示出的教师情绪状态的群体性表征

通过对教师总体情绪状态的初步调查，可以得出教师在不同职业发展阶段总体会呈现出不同的情绪体验特征，新手教师(1～3年教龄)的混合情绪比较明显，既有积极情绪又有消极情绪；熟手教师(4～9年教龄)仍处在成长积淀期，这一阶段的教师虽然也会体验到各类情绪，但总体相对比较平稳，没有明显特征；经验型教师(10～19年教龄)在这一阶段却总体表现出明显的消极情绪；专家型教师(20年及以上教龄)情绪波动与强度不明显，尤其是消极情绪得分值比其他群体教师的都低。

在这一初步研究结果的指引下，接下来根据本研究对情绪概念的界定以及情绪的特征，对收集到的访谈资料进行分类编码。通过对转录后资料文本中提到的情绪词语及情绪事件按主题式编码，运用 Nvivo 10.0 软件进行聚群分析，分别来看新手教师、经验型教师和专家型教师在他们的自我陈述中运用了哪些情绪类的词语，经历了哪些情绪性体验，有着怎样的情绪特征，我们可以得出以下结论。

(一)新手教师情绪多样复杂，负向表达略高于正向表达

在访谈材料中，积极情绪的单元在文本中出现了41次，占7页；消极情绪的单元出现了76次，占13页。也就是说，在访谈材料中，新手教师表达的负向情绪高于积极性情绪，造成这一结果的原因，可能和研究者的提问方式有关系，也可能因为教师职业要求教师表达正向积极情绪，对负向情绪，教师倾向于隐藏，而访谈正好为教师提供了表达内在深层情绪的窗口。但不管怎样，从访谈资料的结果我们可以得出，新手教师的负向情绪表达高于正向情绪。新手教师在日常教育教学活动中的情绪具有多样、易变与复杂的特点。

(二)经验型教师的情绪状态仍然以负向情绪为主

对经验型教师的情绪进行归类，发现经验型教师积极情绪的单元文本只是零星地出现，且这些积极情绪的词语集中在经验型教师讲述其在入职与成长期时的状态，教师论述中的情绪单元集中在"无成就感"以及"沮丧、失望、悲伤"等负向情绪，这类单元出现了68次，占11页，而积极情绪不到1页。这充分说明了经验型教师的情绪地图仍然以负向情绪为主导。

（三）专家型教师情绪变化平稳，情绪状态以积极情绪为主

专家型教师在访谈中情绪变化比较平稳，用他们自己的话说是"无情绪"，此阶段的教师能灵活运用情绪实现教学目的，他们的情绪表现更为积极，他们热爱教师这一职业，能够了解孩子，读懂孩子，关爱孩子，能按不同孩子的不同喜好方式与孩子沟通。其文本单元归类以"温馨""开心""满足"等积极情绪的词语为主，相应地，这类情绪单元在文本材料中出现了23次，虽然相对新手教师出现的频次略少，但并不影响研究的结果，因为从样本选择的数量来看，新手教师参与者是专家型教师的2倍，于是研究者将这类教师群体的情绪状态特征归为正向积极情绪。

三、小　结

综上所述，不同教师群体处在不同的职业发展阶段，其情绪状态会呈现出不同的表现。其中，教龄在1～3年的新手教师体验到的情绪比较复杂、多样，既有积极愉悦的正向情绪，也有消极烦恼的负向情绪，虽然问卷的初步调查结果是新手教师的积极情绪大于消极情绪，而访谈文本中消极情绪的编码单元多于积极情绪，我们可以得出以下结论，即新手教师处于正负情绪杂糅的状态，多样复杂的情绪交织着新手教师们的教育教学生活。教龄在10～19年的经验型教师体验到的情绪大多是负向情绪，已有明显的倦怠倾向。教龄在20年及以上的专家型教师往往情绪比较平稳，他们通常善于运用情绪尤其是运用积极情绪策略达到育人教学的目的。他们积极的情绪与其教育经验、教育能力与教育哲学密不可分，同样他们的工作环境也对其拥有积极情绪起到了一定的促进作用。鉴于以上研究结果，接下来三章将结合三类教师群体的情绪状态、情绪脉络、成因与效应来勾勒他们的情绪地图。

在分别勾勒三类教师群体的情绪地图之前需要解决一个问题，就是如何划分情绪的类别。统整编码后的访谈文本中出现的各类情绪单元，对情绪做如表4.9所示的分类。这一分类的识别，出于以下几个方面考虑：情绪性质的描述；情绪强度及频次；情绪发生的情境脉络、条件；情绪可能产生的行为影响。各维度呈现的次序，以访谈文本资料所呈现的频次为判断标准。文本中负向情绪的单元频次高于正向情绪，因此，在情绪分类中，负向情绪在前，正向情绪在后。在负向情绪中，沮丧—生气—无能—焦虑—害怕—怀疑出现的频次对新手教师而言比较高；倦怠—消沉—颓丧、失望—无奈—悲伤出现的频次对经验型教师而言比较高，于是按这一次序归入了负向消极情绪维度。正向情绪的分类主要以情绪的频次为依据。

表 4.9 情绪分类

负向情绪	正向情绪
沮丧—生气	开心—快乐
无能—焦虑—害怕—怀疑	成就—回报—满足
倦怠—消沉—颓丧	能力—自信—积极—乐观
失望—无奈—悲伤	惊讶—欣赏

本研究中各分支类别下的情绪维度又表现出教师的群体特征,对新手教师而言,沮丧—生气维度主要表现在教学时的师生互动中或班级管理中学生行为与教师主导意向相悖时;无能—焦虑—害怕—怀疑主要产生于新手教师面对人际交往、课堂管理以及高标准高要求的工作任务时,教师专业能力不足、教学中自我效能感低下。倦怠—消沉—颓丧所呈现的情景脉络与教学工作环境、组织要求以及工作量有较为密切的联系。失望—无奈—悲伤的情绪维度则有两个方面的脉络:一是和学校领导及管理者的关系脉络,二是学生学业成绩与学生行为关系脉络,这两种情景脉络的结果与教师的期望投入存在不对等。教师积极情绪状态源于学生对教师的认可、鼓励以及教师在教学中的成就感。接下来用收集到的例子对以上的分类稍做解释。

对于最为频繁出现的负向情绪维度,即沮丧—生气,影响教师教育教学工作的例子有:"课前花了大量的时间制作精美课件、编制英文歌曲、创造任务情景试图激发学生的学习兴趣,但由于缺乏对学生的理解,往往在课上实行不下去,走出教室的那一刻会感到非常的沮丧。"(TSF2,10/3/14,N12)"上课安排了任务,学生非常不听话,学生不按要求来,完全是想怎么来就怎么来,你纠正几次,仍然无济于事,很生气。"(TSF3,10/3/14,N20)无能—焦虑—害怕—怀疑的维度与教师的胜任力、效能感有关,比如:"刚工作不久,学校领导会派老师们去听新老师上课,有时领导也会随时听,那段时间非常紧张,生怕自己对知识点讲得不到位,学生听不懂、不配合,尽管自己在上课前会花时间准备,但结果也常常不尽如人意,压力特别大。"(TSM2-4,11/3/14,N32)教师倦怠—消沉—颓丧维度与学校组织环境、学生学业结果有密切的关系,比如:"普九政策以来,教师白天除担任教学工作外,还需照顾并跟随学生的一日三餐,维持纪律,晚上还要守夜巡逻,防止学生晚上外逃,严重缺乏休息,哪还有时间想着备课。"(TRFX1,2/6/14,N55)失望—无奈—悲伤的情绪表现与教师付出与回报不平衡,人际互动关系缺乏信任与关爱有关,比如:"不管你花多少心思,效果都一样,学生的成绩起色不大;不管教得有多好,工资不会涨;不管你怎么努力,领导都不会说你好。"

(TRFX2,5/6/14,N68)教师的开心—快乐与教师个人的状态,以及与学生、同事的关系有关,比如:"天气好,心情舒畅;学生上课表现比较乖就很开心。"(TSF1,10/3/14,P1)

基于上述教师呈现的情绪分类,后面三章将进一步探究新手教师、经验型教师与专家型教师三类教师群体在教育教学中具体经历了怎样的情绪体验,在怎样的脉络下经历了这些情绪,是什么因素影响着三类教师的情绪体验,这些情绪体验产生了怎样的效应,主要回答以下三个研究问题:

①新手教师在怎样的教育教学脉络下,经历了怎样的情绪体验?

②经验型教师在怎样的教育教学脉络下,经历了怎样的情绪体验?

③专家型教师在怎样的教育教学脉络下,经历了怎样的情绪体验?

为回答以上三个问题,接下来的研究采用质性取向深入故事情节中,一方面进一步验证以上问卷调查结果的可靠性,另一方面深入教师个体以及具体事件脉络中理解教师们的情绪体验。情绪的发生总是镶嵌于事件之中,有着独特的情境与语境,因此,分析情绪体验的影响因素离不开具体的情境脉络,同时,教师体验到的情绪对教师、教学工作产生的效应也离不开教师对当时情境的理解与评价,加之,情绪的发生与时空密不可分,所以接下来三章将以回答上述问题为主线,对影响因素与产生的效应会在相应的具体语境中以分析的方式做阐释。社会性因素、个体性因素以及社会与个体交互因素将作为探寻教师情绪状态成因的分析维度。按照情绪自身所拥有的持续性特征,情绪可分为稳定性情绪与不稳定情绪。在探求成因时,研究者考虑到研究最终是为了引起一线教师们的共鸣,对教师及教师教育者、教育政策制定者赋予可供参考的实际操作启示,因此,在面对情境脉络选项时,倾向于选择稳定性情绪。

第五章 新手教师的情绪地图:现状与困境

正如第四章问卷及聚类分析得出的结论,新手教师的情绪状态多样复杂,正负向情绪交织并存,但不同情境脉络下新手教师这一群体情绪表征、情绪困境仍存有一定的相似性;深入新手教师们的情感叙事中,了解教师们真实的生活,有助于教师教育者、教育政策制定者走进实践现场,了解教师们的所思所想,将政策落实于具体的行为中,提升教育质量。本章基于访谈的文本材料就新手教师体验到的各类情绪性事件、情绪性状态类别及在不同类别下情绪产生的脉络与效应分别描述、勾勒新手教师的情绪地图。

一、新手教师的情绪地图:正负向情绪混合交织

(一)开心—快乐

新手教师的开心与快乐主要源自三个方面:学生的行为态度,教师自身的教学效能感、成就感、胜任感,以及友好互助的同事关系。

1. 师生互动层面

在师生互动层面,教师的开心愉悦表现在,学生对教师的关爱和问候,学生在教学中积极的投入,学生学业提升以及师生共长等方面,具体例子见表5.1。

表 5.1 师生互动中新手教师开心—快乐的情境脉络

维 度		例 子
学生	关爱	"上课嗓子哑了,学生说'老师您休息一下吧',有的同学下课还帮忙买了药,非常感动。"(TSF2-3)
		"平安夜的时候,班长突然送了我一个苹果,我很开心。"(TSM2-2)
	问候	"路上叫老师好的学生越来越多了,很开心。"(TRM-4)
		"食堂打饭学生能叫我,并和我打招呼,很开心。"(TSF2)

续 表

维 度		例 子
教学	学生进步	"学生中考取得了好成绩,打破了以往成绩纪录,非常开心。"(TRM-2)
		"学生们能做一些相互关爱的事情,看着他们慢慢地成长,心里也满足,也很开心。"(TSF1)
	师生共长	"学生回答问题有创意,有个性;课能顺利完成,和学生一起我也能提升……很开心。"(TSM3)
		"上课讲的内容,学生能理解,并能主动提出问题,很开心。"(TRF-1)

2. 同事互动层面

教师的开心愉悦情绪在同事间的互动层面的表现如下:其一,同事关系和谐,相互支持;其二,作为新手教师能得到学校领导的信任与鼓励时,教师的动力、积极情绪更容易被激发。表 5.2 是同事互动层面令教师愉悦开心的具体例子。

表 5.2 同事互动中新手教师开心—快乐的情境脉络

维 度		例 子
同事	友善	"教育教学工作中碰到了问题,同事们都很好,会提出一些建议供参考。"(TSF2)
	问候	"生病或有重要的节日,校长都会派老师们来表达问候。"(TSF1)
	鼓励	"开会的时候,校长对我的工作给予了肯定与鼓励,心里乐滋滋的。"(TRF-3)
	包容	"即便是自己的小失误,同事们都比较宽容。这让我工作起来比较舒心。"(TSM4)
	支持	"一次要参加观摩课比赛,比赛前师傅一直陪我磨课、备课,很感动。"(TSM-2)

从上述的情境脉络中不难看到,其实满足新手教师开心与愉悦的需求,从外在环境要素来调动新手教师们的积极性并不难。学生对教师本有的问候、关心与尊重,学生在校本有的学习、成长、进步,是新手教师的积极情绪体验的主要渠道。学校领导者作为学校发展的"牵头者",本有信任与鼓励教师,激发教师积极情绪的工作之职,却在现实中成了"稀缺资源"。偶有的问候与鼓励是新手教师们记忆深处开心、愉悦的闪光点。

3. 教师自我层面

教师自我层面的开心与愉悦集中产生于教师拥有的良好的自我效能感与成就感中。自我效能感与成就感一方面来自教师自身对自我的要求与期盼,另一方面与外部环境对教师的反馈有密切的关系。新手教师这一阶段的成就感与效能感主要表现在教学专业知识、教学技能、学生管理与同事关系四个方面。当教师能顺利完成课堂教学任务,灵活处理课堂教学中的偶发性事件,能以学生理解的方式讲解教学任务,教师自身的自信心、效能感便会增强,教师的情绪也会更为愉悦;当教师的付出与努力如果能得到学生的喜欢、认可或赞赏,学生有进步;同事对教师有正面的反馈,便会增强教师的自信心,教师教育教学工作更积极。表5.3描绘了教师在拥有良好自我效能感与成就感时表现出开心与愉悦的情境脉络。

表 5.3　新手教师开心—快乐的情境脉络

维　度	例　子
自我效能	"自己所备的课、内容,有开头、有结尾地讲完了,很开心。"(TRF-3)
成就效能	"上课内容学生理解,作业做得比较好,会开心。"(TSF-2)
	"同学们互动时对所讲的内容有吸引,有收获,很开心。"(TRM-4)
	"在师傅的帮忙下,观摩课比赛获得了第一名,很有成就感,很开心。"(TRM-2)

上述教师们的话语揭示了新手教师自身积极情绪的唤起与维持,取决于教师自我效能感与成就感,取决于他人对教师的反馈以及教师对反馈的正面理解。从教师个体而言,提升教师个体的专业知识、学生知识、专业技能、社会情谊能力、课堂管理能力,有助于维持新手教师的积极性。

(二)惊讶—欣赏

惊讶—欣赏情绪的场景集中在学生的学习成果、学生对教师的反馈超出了教师的预期。传统观念里,教师是经验丰富的所有者、知识的传播者与技能的引导者,相对而言,学生是接受者、倾听者、学习者,于是,教师的责任便是传授、引导、教育学生。而现实中随着科技的发展,资源的富足,网络的便利,学生参加了许多教育活动,以致学生在某些活动与行为中,做出的成果有时比教师更有创意、更有想法,尤其是学生的社会情谊能力令教师们颇为惊讶。比如学生在老师生病的时候去看望老师,并给老师带早饭等行为。学生良好的学习成果、课堂表现会激发起新手教师对学生的喜爱,增进对教师职业的认同与承诺。

表 5.4　新手教师惊讶—欣赏的情境脉络

维　度	例　子
学习成果	"学生画的漫画非常好,立体感丰富,线条阴暗对比鲜明,真不敢相信是出自三年级学生之手。"(TSF3)
学习行为	"在没安排作业的情况下,学生能自主预习,非常惊讶。"(TSF1)
社会情谊	"教师节,学生们私下组织了一个集体节目,邀请老师参加,异为惊喜……"(TRF-1)

（三）沮丧—生气

沮丧—生气是新手教师负面情绪分类中最为明显的情绪特征,这一类情绪发生的脉络主要体现在师生互动中教师的教学管理目的或方式受到了挑战或阻碍,同事间的复杂关系和家长对教师的责怪,这三类情绪事件加剧了新手教师对教师这一职业的厌倦与不安,也削减了教师对教学的热情与动力,降低了对教师这一职业的认同与承诺。

1. 师生互动层面新手教师沮丧、生气的原因、脉络与后果

师生互动层面显示教师沮丧—生气这一类别有以下几个方面的具体表现:①学生行为与教师的意愿、期盼、情感、认知、投入等方面的一致性存有差距,教师对其学生的行为无能为力,教师沮丧、生气;②教育教学活动中教师的付出不被学生理解与接受,教师的教学行为或教学方式等得不到学生的认可,教师生气;③学生与教师之间存有隔阂,师生交流不畅,教师沮丧;④教师的权威受到学生威胁、挑战,教师制定的行为规范被学生践踏,教师生气。情绪的强度必定又镶嵌在情绪事件中,教师对情绪事件的体验与理解关系着教师之后的行为取向。为此,接下来透过情绪的实例,教师阐释情绪事件的话语,进一步了解沮丧生气情绪如何塑造教师发展。

故事一　付出没有回应,靠近却被排挤

陈老师,研究中的一位参与者,在某中学工作,已有两年的教学经验。她自述自己在工作期间,沮丧、生气情绪表现最为明显,主要体现在自认为为学生投入了大量的时间、精力、心力,却得不到学生的理解、支持与回馈。

"自己为工作付出了很多,同一问题讲了很多遍,学生就是无法改正,不能按我预想的方式发展。比如我是班主任,从刚开学到现在,我告诉大家不要乱扔垃圾,可总是会在班里看到乱七八糟的垃圾,学生看到了也不会去捡,我试了好多种方式,如自己捡、小组监督、安排值日等方式,他们总是无动于衷,我就比较沮丧。我认为这与他们的家庭习惯、家长素质有关系。"

另一个沮丧的事情,陈老师想走近学生,与学生沟通,试图增加对学生的了解,却被学生拒之门外,陈老师心里很尴尬,对"如何拉近与学生的距离"这一问题很沮丧。比如课下陈老师在教室外站着,正好班上有两个同学玩手机,陈老师就笑着上前问他们:"你们在玩什么啊?

学　生:"网络游戏,老师你玩过吗?"

陈老师:"没。"

学　生:"那你玩过××游戏吗?"

陈老师："没。"

学　生："老师你真落伍，连这个游戏都没玩过。"

顿时，学生们齐刷刷地看着陈老师，让陈老师很尴尬。陈老师想着给自己解围，笑着说："那你们可以教我吗？"

学　生："哈哈……老师，很简单的，你自己在网上找找。"

陈老师只好无语地低着头去了办公室。

故事二　学生行为不端，管不管？

李老师，大学刚毕业，在城区的某小学工作，起初工作时经历了诸多的生气事件，比如学生上课不安静，打闹，有学生一会儿钻到了桌子下面，一会儿拿颜料水往其他同学衣服上涂鸦，看到这种场景，作为教师，李老师不得不管，可学生却反过来顶撞老师："用你管？"嘴里振振有词地骂着脏话。于是，李老师很生气，大吼了一声，学生怕了，坐在了地上，毕竟还是小孩子，过后安静了很多。可后来家长找到学校，说李老师把孩子吓着了……李老师很生气，但也很无奈，只得向家长、学生赔礼道歉。至此，李老师对这个孩子的关注就少了。(TSF2)

故事三　糊弄与被糊弄

张老师面对学习懒散、不主动提问题、不完成作业的学生很生气，他讲："有很多学生相互照抄答案，糊弄我。起初我以为学生不会，就多讲几遍，后来发现学生还是没有改变。你们抄作业糊弄我，那我就不改作业了，你们不问我，拉倒，我讲完我的课，问不问是你们的事我也不管了。"(TRM-2)

故事四　信任遭遇欺骗，教师"大跌眼镜"

姚老师有一位学习成绩一直很好，日常表现比较乖的女学生以生病为由，瞒哄教师；教师信任学生，接受学生请求。事后，学生家长批评教师不负责，学校全校通报批评，绩效全扣。教师感到很不公平，内心充满了沮丧……该事件让姚老师认识到了"不能以性别、成绩为由轻易相信学生，涉及学生有安全隐患的问题，应首先和家长沟通；另外就是学生的事情最好远离"。(TRF-3)

上述四则故事都讲述了学生管理问题引发教师沮丧、生气的情绪，且这些负向情绪对教师之后的教学信念、师生关系、学生理解、对学生的教育教学行为指导以及教师专业发展等方面都产生了负面效应。回溯这些故事，会发现这些管理问题主要涉及学生不尊重教师，学生不完成作业，学生不良行为，师生关系边界模糊等内容,对应新手教师在管理中或多或少地存在着做事不周、教导无方、边界跨越等问题。相应地,新手教师面对学生管理问题事后采取的处理策略,大部分是被动逃避:要不保护自我,分摊责任;要不保持距离,减少关注;要不放任不管,漠视隐忍。对教师专业发展容易造成以下结果:①教师不自信,缺乏自我效能感与成就感;②教师的付出与回报不平衡,加剧教师的生气情绪,容易使教师疏远学生;③面对不公平对待后,教师对专业的认同与职业承诺严重降低,甚至容易使新手教师过早地步入职业倦怠。反之,学生的发展离不开教师的发展,当教师面临工作困境,情感耗竭时,学生的学习品质会随之降低,而学生的社会情谊能力也会相应地受到影响。

2. 与家长互动引发新手教师沮丧、生气的原因、脉络与后果

围绕师生互动的有效性,教师与家长的互动是教师沮丧与生气的第二大源头。本研究的资料显示,新手教师与家长互动存在以下几个问题。

(1)教师与家长的教育理念与行为难以达成共识

教师与家长本来是两个独立的个体,各自有各自的生活,但由于学生,家长与教师紧密地联系在了一起,他们有着共同的目标,即学生的进步与发展。教师与家长的关系如同一辆汽车的前后轮,同时向一个方向转动,朝一个方向使劲,汽车才能前进,速度才能越来越快。当教师与家长的前后轮有一方出现故障或反向转动时,汽车就跑不快或原地不动,难以前进,也难以达到预想的目的。当然两个车轮能否转动还取决于汽车本身的引擎,但假设汽车本身没问题的话,家长与教师最好的关系便是彼此配合,共同用力,帮助汽车向前疾驰。但在现实中,教师和家长的教育理念常常难以达成共识,会出现一方责怪、诋毁另一方的现象,以致汽车在前行过程中常常受阻。

比如有些家长认为学生的学习应该在学校,家长把学生放在了学校,有关学生的发展、学生的学习、学生的安全都应是教师或学校的责任;学生学习的结果与教师教学的水平和质量密不可分,教师应为学生的学习结果负责。也有些家长认为学生能学挺好的,当然学生自己不学也没多大关系,长大了都是打工,反正大学毕业也找不到工作。有些教师认为学生的发展与家庭教育、家长素质密不可分,学生发展的好坏某种程度上不由学校教师决定,反而由家庭因素、社会因素决定。因此,塑造好学生、好公民离不开家长的参与、支持与鼓励。也有些教师认为中小学学生的学业成绩不会决定学生一生的发展,相对学生的学习习惯、为人处事,学生的修养品德才是决定学生终身发展的关键要素。

由此,教师与家长在学生培养目标、学生期望、学生学习评价、学生行为习惯等方面存在观念性差异。而这些差异构成了教师与家长沟通过程中无形伸缩的张力,制约着双方的对话与合作。

家庭制约学生行为习惯的例子比如："学校花了一个学期的时间,培养学生'讲诚信、讲礼貌',学生整体行为习惯有了明显的提升,可暑假一过,1+1≤0。因为学生假期在家里,家长常常在学生面前'说谎',比如电话那头问'在哪呢?'家长明明在家,却说'在××,开会',学生耳濡目染地学会了'说谎',并认为'说谎'是获得利益的手段。有的家长平时在家有暴力行为,骂脏话、发脾气等,一个月后学生下意识地就会模仿了,向同学、向老师发泄。"(TRF-1)教师有了类似的经验后,在放假、开学时都与家长沟通,希望家长在家里多给予学生关注与支持,在学生面前要注意自己的言行举止。家长当着教师的面,都比较赞同,也答应了之后会注意,但从接下来学生的行为可以验证出家长根本没有落实。教师非常沮丧、生气。"我寄予学生过高的期望,学生却达不到;我希望学生在家里可以得到家长的正面指导,对家长也抱了很高的期望,可家长忙着在外赚钱,表面上认为为孩子着想,其实并没有关注学生。"(TSF2)"为了促进家长对学生学习的加入,我给学生留了家庭作业,与父母一起完成阅读计划、数学游戏等活动,可结果有的学生不但没有完成这些活动,他们的家长反而向学校反映,认为教师把作业留给了家长。"(TRF5)新教师们在生气情绪的催化下,认为家长对学生不管不顾的,我只是一名教师,我要管理那么多的学生,至于把他/她的孩子当自己的孩子吗?于是,教师放低了对学生的要求与期待,久而久之,有些学生成了课堂中的"边缘人",而教师对不能改变的事情也就习惯了陌生化处理。

从上述故事会发现,当下教师们在育人时可能存在一种偏差,认为教育的理念是导人向善,善的解读就是传播美好的、优秀的、大家公认的道德,采用的方式又偏重理论性说教,忽视对周围实际存有的不良现象给予深入剖析,缺乏实事求是的态度,使得学校教育中的品德教育、美德教育成了空洞的、虚假的、粉饰的话语。这样的结果会导致两个问题:一是学生们按照学校教育传授的理念,将美德践行于自身的行为中,在现实中上当被骗;二是学生们同样学会了这套空洞的说教,并运用这些善意的美德、说教的方式蛊惑他人,危害社会。导致两类行为的共同原因是人们认为教育活在编织的梦里,教育中的某些元素本身就是欺骗,教育的工作就是蒙上学生的眼睛让其走入"美好"的殿堂;而家庭是一个鲜活的小社会,家长在无暇顾及孩子成长的同时,对孩子撒谎、打骂……因此,学校教育将如何基于现实,结合现实,超越现实,使学生拥有辨识真善美的能力与践行能力,仍需进一步探索。本研究并不是要批评教师,也不是要赞赏家长,而是想作为教师教育者通过论述,启示当下的思想品德教育最好结合现实的具体情境,通过无声胜有声的方式启发学生如何在复杂多变的社会中拥有良知并灵活生存,这才是学校德育思考、努力的方向。

（2）新手教师就学生问题缺乏家长的长效支持

新手教师就学生问题缺乏家长的长效支持，这一维度有新手教师自身的原因，比如在与家长的沟通过程中缺乏相应的沟通策略，对学生背景、家庭情况、家长特点等方面缺乏相应的了解；但很大程度上与学生家庭背景有密切的关系，有一些复杂的社会性因素制约着家长的支持。学生生源复杂多样，有来自离异家庭的，有来自单亲家庭的，有父母在外打工的，有跟着爷爷奶奶住的，有来自移动式家庭的，即学生的学习地方随父母打工地方的改变而改变，也有来自传统式家庭的。不同家庭下学生的生存状态有着显著的差别，这些生存状态直接影响着学生的在校生活与学业成就。新手教师看到学生的不幸，内心充满了怜悯，想帮助却又不是长久之计。而有些学生受家庭影响留下的心理阴影，新手教师自己难以解开，家长又缺乏对教师的长效支持，使得教师很沮丧。

故事五　教师脆弱与无能为力

"班上有一位女同学，做事总是小心翼翼，连走路都不敢大步地走，班里同学认为她很做作。有一个月的时间发现她老咳嗽，我就问她，是不是身体不舒服。她起先不敢和我讲。后来我说给她爸爸打电话，带她去医院看看时，她几乎快哭了，不让我打电话。我感觉不对劲了。她和我讲，她是单亲家庭，她爸爸认为她是个拖累，经常打她、骂她，婆婆对她好点，但婆婆做不了主。我看她咳嗽得厉害，不去医院可能不行，给她婆婆打了电话，让婆婆多照顾一下，没想到婆婆来了没多久，她爸爸就来了。当着我的面，这位爸爸还是有礼貌的，把婆婆带回去了，告诉我有事找他。我说小孩子在学校很乖，很努力，成绩也不错，就是最近身体不太好。她爸爸笑了笑，说知道了。然后就走了……可这个小孩的咳嗽也一直没好，我带她去学校医院看了看，稍微配了点止咳药，也和学校汇报这个事情，也只能这样了……很沮丧。

"另外一个学生是离异家庭，家庭经济比较优越，缺乏父爱，他妈妈又过分宠爱他，但孩子心里有阴影，在学校把门踢破，经常拿别的同学的东西，而且是对着同学就说：'把你的水给我喝，把你的钱给我用。'其他小孩不给，他就要打架。我和这个孩子谈话不下 40 次，不起作用。后来请德育处老师与他谈，没效果，又请校长谈仍无效。和他妈妈谈，他妈妈也就说说他，之后他的行为也没有任何起色。他在作文中写道：'我恨妈妈，恨老师，恨学校。'看着他这个样子我很担心，后来问他不恨谁，他说最不恨自己。我尝试着让大家给他一些时间，让他做班委，给他鼓励，发现他的优点，但终究无能为力，作为他的老师我快崩溃了。而他过生日那天竟然在网吧里通宵，他妈妈给钱让他玩。我为了找他花了一晚上的时间……现在也不管了，只要他安安全全地待在学校里，我就欣慰了……"

(TSM2-3)

对故事五前一例中的学生,作为老师唯一的办法就是给予她更多的爱,让她对这个社会、对这个世界充满更多的希望;而对后一例的学生,教师经过努力,学生仍无法改变,无法挽救,于是教师放弃了教导,任由学生自生自灭。这两起例子都与学生的家庭环境有关,家庭的遭遇与不幸塑造了学生不健康的心理,而对学生心理的修复,光靠学校,靠老师的努力不能从根本上解决问题,只有家长改变观念、教育方式,与教师协同合作,或许才有可能发挥作用。经历了与不同家庭背景学生的沟通体验后,新手教师原来认为自己可以改变学生,可以解救学生,可以为学生的人生增添色彩的念想转向了:"我只是一名教师,一名普通的教师,我只能做好我自己的教学工作,其他的无能为力。"(TSM2-3)

(3)新手教师与家长沟通形式单一,缺乏沟通

新手教师与家长互动时出现沮丧生气情绪还表现在沟通形式单一。在中小学最为常见的沟通形式是教师与家长的单向沟通。教师通过家长会,送学生回家,家访或面对问题学生需要家长配合时,才会主动与家长沟通。而"请家长"是普遍的中小学教师与家长沟通的方式。这就造成家长颜面无光,不愿意来学校,更不愿意听老师的教导。相比之下,和家长开展实践性活动,请家长作为学校志愿者,一起和学生参与学校活动的机会与主题较少。不同类型的学校,由于学生生源的差异,学校组织家长参与活动的事项在有些学校中可以实行,而在一些偏远山区的学校,由于家长的传统意识,活动事项难以实行,一方面家长没有类似参与意识,一方面家长因工作繁忙不愿意光顾学校。也有一些家长会主动询问教师,与教师联系,但这些行为大多数集中在学生的学业成绩方面,尤其是小学考初中,初中考高中这一阶段。随着各类聊天软件、网络技术的发展,通过家校通、微信群、QQ群等,家长与教师的沟通联系方式较以往更为丰富,但是家长和教师间的合作平台仍未建立,家长和教师的关系仍然限于消费者与客服间的关系。家校难以形成合作互惠的联合体,资源相对匮乏,某种程度上限制了学生的发展。

(4)家长对教师职业的不尊重

日常中小学教师工作待遇相对其他职业而言处于劣势,大部分中部或西部地区教师每月的工资待遇在2000元左右,远低于一位搞家政的打工者,甚至都不如摆地摊的小贩们赚得多。随着物价上涨,教师们在买东西时比较认真。一位教师在买菜时碰到有家长在其身后讲:"老师很抠门,尤其是数学老师。"新手教师听到了心里不舒服。当新教师迎合国家减负政策,将作业相对减少后,家长又这样评论教师:"现在老师越来越懒了,不布置作业,下了班就找不着了。"消极的外界评论降低了教师的信心。生活中的困境促使教师对其职业产生厌恶

感。如果放弃教书,教师又心有不愉,因为他们是爱教学的,爱学生的;如果不放弃,教师没有应有的尊严。教育决策者认为改革成果不突出的原因在于教师不努力;学生成绩不好的原因在于教师不会教;学生行为不端的原因在于教师平时没有做好育人的工作;学生存在安全隐患的原因在于教师没有考虑周到。总之,教师和家长作为同一辆汽车上的前后轮,在现实中的关系并不尽如人意,更像是消费者与客服的关系——客服主动与消费者沟通,消费者是上帝,客服一切看消费者的脸色,尽可能地接受消费者的要求——以致家长忘记了自己本有的责任。陈老师举的例子是:"当教师看到学生坐在窗台上,认为存有安全隐患,请学生下来却无济于事,教师很生气,就直接过去把学生拉了下来,事后家长找学校,埋怨老师无理,学校、老师怕麻烦,息事宁人。家长不从自己孩子的角度思考,教育孩子,反而怪老师,教师感到教师地位低下,充其量就是一位保姆的角色,感到沮丧与悲哀。"(TSM4)

3. 与同事互动中表现出沮丧与生气的原因、脉络与后果

新手教师沮丧与生气的第三大来源表现在与同事的相处。新手教师刚进单位,担任着学习者的角色,一方面要熟悉学校环境与学校文化,另一方面需要应对来自专业知识、专业技能以及学生管理等方面的挑战,新手教师向学校有经验的教师学习是其化解危机、搭建关系网的一条重要途径。但在现实中,新手教师通常会遭遇一些令人沮丧生气的情绪事例,主要表现在:①老教师频繁地将个人任务推给新教师;②老教师不负责任,导致新教师承担了自己工作之外的工作,做不好还要担负着被责怪的骂名;③新教师出于礼貌、礼节接受一两次不愿做的工作,但对方长久地将其任务推给新教师做;④不同领导都在给新教师安排任务,而他们彼此不知道,新教师工作量巨大,难以应付,是接受还是拒绝,新教师很纠结,久而久之,新教师在初期工作的适应过程中感到很累。下面摘录两位老师的话语做例证。

"有一次,快期末考试了,需要上交的材料很多,非常忙,可老教师要我给她排练时放音乐,我想一排练一下午,而我的工作就是放音乐,按开关键,心里不舒服。但想到自己是新教师,放就放吧。可老教师没排好,我音乐放得早了,老教师很生气,我当时也很生气,虽然我没说什么,但我的表情老教师看得出。结果老教师对我的印象不好,认为我没有耐心,比较狂妄。"(TSF1)

"考试过后批试卷,老教师会说新老师年轻,有精力,多做一些吧,分配就很不公平,几乎所有的试卷批改工作都给了新教师。"(TSF-1)

类似上面的例子在访谈中,有许多老师都提及了,也就是说新教师普遍会感到老教师以引导、教导新教师为由,安排很多事情让新教师做,在安排的过程中老教师也没有适当的理由告知新教师,在老教师眼里,新老师来了就应该多做事

情,而新老师却要求平等与公平,认为"我可以做,但老教师不能压制"。

于是,随着时间的积淀,新、老教师之间的关系变得非常微妙。同事间的问候,有的老师认为是礼貌、友好的表现;有的教师认为问候可能是一种逢迎,尤其当普通新老师向组长、主任或校长等高级职务的领导问候时常被解读为溜须拍马;有的教师会将问候理解为有求于她/他;而有的教师又认为有事说事,没事无须那么多礼节,客套的问候反而显示出彼此间的距离。不同的教师仅仅对问候就有如此多不同的解释,当新教师在表达友好时可能遭到了后三种观念的诟病,因而感到自己无法融入同事,进而感到失落。社群文化的复杂性使得新手教师有时会感到很累,由此造成了一些教师对社群文化产生了不信任感,与其他教师相处时处处留心,将大量的时间与精力花在了猜测与怀疑上,久而久之,教师间缺少了坦诚与合作,教师成了装在"套子里的契诃夫"。

新教师与师傅的关系有好有坏,有一位陈老师自述与师傅的紧张关系,有时令她沮丧。新手教师刚进入单位,学校会安排有经验的教师作为新教师的师傅,帮助新手教师尽快适应学校环境,提升专业技能。师徒按学校制度的规定,可以相互听课,可与陈老师搭档的师傅却不愿意陈老师来听课。徒弟在走廊里碰到年级组长时开玩笑地说,听不到师傅的课。一句无心的话,却惹得师傅不高兴,埋怨她打小报告,新手教师很沮丧。她对同事间的相处越来越没有自信,认为"很多事情不是想象的那么简单,说话要谨慎"。

总之,沮丧—生气情绪作为新手教师情绪编码单位中频率最高的维度,主要源自三个层面的背景脉络,即师生互动、亲师互动(教师与家长),以及与同事之间的互动。师生互动层面,集中在学生管理工作与师生关系的挑战与应对;亲师互动层面,表现在家长对教师的不认可、不支持,家长对学生行为习惯的不关注以及学生复杂的家庭情况,教师因无能为力而感到沮丧;同事间的复杂人事关系,是新手教师缺乏信任感与安全感的主要原因,教师渴望简单、友好的社群文化。教师沮丧—生气的情绪体验促使教师对自我、对学生的期望降低,促使教师重新定位教师的角色与职业承诺。

（四）无能—焦虑—害怕—怀疑

新教师开启他们的工作生活时,总要经历一段痛苦的时光。他们如同被扔在了陌生的、要求严格的、不容许犯错的社会背景下,遭遇着学科知识不深入,专业实践技能不熟悉,学生不听话,课程资源相对短缺,工作繁杂的困境,他们原本自认为是救世主,带着强烈的热情与激情,投入工作中,试图改变学生,结果总是不尽如人意,他们伤痕累累,于是,对自己的能力、知识产生了不自信,情感受挫,对教学、对学生、对职业发展逐渐有了敬畏,对自我产生了无效感,后演变为无能感。无能感指教师在从事教学工作中感到自己缺乏应对工作要求与工作适应的能力。由于能力或知识的缺乏,教师便会感到焦虑、害怕,对自我、对专业、对工作自然而然会产生怀疑。因此,本研究将无能—焦虑—害怕—怀疑并入一个维度,这一维度主要与教师自我专业能力、专业技能、专业发展不足等内容有关,例子见表5.5。

表5.5　新手教师无能—焦虑—害怕—怀疑的情境脉络

维　度	时　间	例　子
教材与自我	课前	"课前,我会花大量的时间用于备课,写教案,设想在每一教学步骤,学生们可能会问的问题,以及我怎么回答。每节课的主题,我都会查一些课外资料以加深对学科内容的了解,并提前做完练习题。"
进程	课中	"上课时准备的内容用处不大。" "现在的学生说话不留情面,内心挺害怕与学生沟通。"
自我教学与他人评价	课后	"学生上课没听懂,放学后我会额外辅导,可同一问题讲过好多遍学生仍然听不懂,我怀疑自己的教学方式是否有问题。" "学校会安排新教师讲公开课、观摩课,每讲一次,几乎要用一个多月的时间准备,我感到既焦虑又担心:担心自己讲的内容学生听不懂;担心某句话说错,被同行嘲笑;担心自己设计的课程没有新意……"

教师产生无能—焦虑—害怕—怀疑的情绪主要是因为新手教师刚工作时比较理想化,过于关注自我以及他人对自我的评价。新手教师在工作初期,为了站稳脚跟,获得专业认可,往往会将绝大部分的时间投入在学生身上,并认为"关心学生,为学生好",就能帮助学生,了解学生,得到学生的支持。教师在课下设计好一堂完整的课时会认为能够把课讲好,而现实是教师准备得越详细,反而在课堂中运用得越少,教师就越有挫败感。探寻这一阶段的原因与新手教师师范教育培养的静态理念、思考方式与教学经验有关系,新手教师可以将课程的内容设计得很完美,也能运用最新的媒体技术作教学辅助,增加课堂的丰富性,但却忽视了课堂中鲜活的学生,忽视了课堂的动态生成,当课堂发生变化时,新手教师往往缺乏相应的灵活变通和创造能力,对问题的判断与对形势的预测缺乏实践经验,导致教学活动难以顺利开展。另外,教师在这一阶段过于关注自我,关注自己的课程设计、课程内容、教学步骤、自己对教材的理解等,往往忽视了学生的先前经验与学习现状,更不清楚学生的学习喜好。教师一味地用自己认为对的方式教导学生,反而在师生关系中产生了负面的僵持,进而对所持的教育理念产生怀疑。新手教师的焦虑—害怕还源于专业要求下的外界压力与自我表现的欲

望之间形成的张力，新手教师们试图通过在他人面前展示自己优秀的一面，获得外界对新手教师能力的认可，当然免不了来自专业方面的压力与挑战，所以有焦虑、担忧的情绪比较正常，但从该情绪的反应来看，可判断新手教师处在"生存阶段"，急需专业方面的支持与帮助来缓解教师的负向情绪，进而促进教师践行职业承诺。

综上所述，新手教师群体的情绪体验既有正向积极情绪也有负向消极情绪。正向积极情绪源于教学中学生对教师的感恩与回馈，同事的支持与帮助；而负向消极情绪主要表现为学生管理、亲师互动及同事间复杂的关系等导致的沮丧、生气与教师自我专业能力不足导致的无能、焦虑、害怕与怀疑等情绪。新手教师所展现的情绪体验与情绪产生的情境脉络可揭示出新手教师在此阶段面临的困境及其在困境中可能存在的阻碍其发展的隐患，为新手教师的专业支持可提供相应的依据和"对症下药"的处方。

二、新手教师经历的情绪困境

新手教师的工作体验与经历对其整个职业生涯的发展起着举足轻重的作用，了解新手教师的情绪困境，疏通新手教师的职业情感，对协调教师职业生涯与调动教师专业成长的积极性有重要的意义，也是活化教师社群文化，提升教师队伍建设的重要依据。本研究通过教师对自我情绪的叙述，展示了当下新手教师们在复杂情境下经历的复杂性情绪，揭示了新手教师们经历着的困境，主要有四个方面。

（一）过于关注自我，忽视了对专业、对学生的理性关注

回顾新手教师负向情绪产生的脉络，不难看到他们往往花费大量的时间与精力关注自我的生存状态。新手教师侧重关注自己的专业知识、专业技能、内在情感，即便他们认为自己在为学生好，他们认真备课、学习，走近学生，努力与学生建立良好的关系，但对目标设定、内容理解与讲解、互动的评判主要侧重于教师的个体意愿，以自认为为学生着想的方式、自认为的责任做着自认为对的事情，以致事与愿违。比如新手教师关注知识，企图将他们所讲的内容全部传授给学生，恨不得将它们全塞进学生的脑子里；而学生却关注学习内容的趣味与实用性，他们有他们特有的思维方式与先前经验，新手教师在此阶段的发展中常常难以考虑到学生的学习经验与学习兴趣。由于教材所呈现的内容体现着教材编制专家的思想，侧重知识的科学性、系统性与创新性，而新手教师则侧重知识的传递性，故而难以领会到教材编写者的设计理念与教材本身的意义，使得对教材中知识的理解与讲解少了一定的创新性、衔接性与人文性；相对而言，家长更关注

学生的成长,表现为既关注知识又关注能力,而且大部分家长会把学生成长的经历与成效归因于教师的能力。因此,不同主体关注点不同,新教师需调节所有主体的意愿,如果教师单单关注知识传授,关注自己的教学目标,结果可能会事倍功半。

材料中出现频率比较高的语句是:"明明想着要关爱学生,爱护学生,包容学生,现实却教会了教师对待学生要严厉";"明明想着自己会有选择的空间,现实中却感受到了工作的压力与疲倦";"好不容易成为教师,有自己的课程领导权时,却需要听取他人教学的经验与观点"。这些"理想与现实"的两难问题总是左右着新手教师,使其在自我和他我的情感世界中徘徊,也造成了新手教师情绪复杂的特点。雷诺兹(Reynolds)在其研究中也同样指出新手教师在课前会花大量的时间用于备课,他们知道完美的课堂设计与学生学习之间的重要性,试图花心思设计课堂,但是不知道如何设计才能符合学生的需要,以学生可接受的方式完成教学任务。由于缺乏经验,在课上新教师难以按照学生学习的方式把教学内容解释清楚,面对课堂混乱的情况,又容易设定一些条例或规则管理、约束学生,强制学生学习,结果使课堂管理未能见效。课后,新手教师缺乏对具体教学程序、方法的灵活理解与运用,对哪些内容需要反思,哪些行为重要,怎样改进可以促进自我的专业提升,很模糊[1]。但新手教师在此阶段充满了激情,他们想在工作中做出成绩,得到学生、同事、家长的认可,在工作上通常会投入大量的精力与时间,认为自己的努力可以改变学生,可以解救学生,然而,最终结果却适得其反。

富勒(Fuller)提出了教师周期发展阶段模式,认为教师不同发展阶段的关注点不同,大致有三个阶段,即关注自我阶段、关注专业阶段与关注学生与教学阶段[2]。也就是说,教师的发展呈阶段性发展模式,教师刚开始工作时首先是关注自我,比如关注自己对教学的理解、自己在课上的表现、自己对内容的传递等;之后逐渐开始关注到教学任务,分析哪些教学任务可能是重点、难点,各环节的教学任务与教学目标的关系等;然后关注学生对教学任务的理解,学生对教师个体的反馈,学生的学习需求,进而调整自己的教学等。大量的实证性研究证实了

---

① Anne Reynolds, "What Is Competent Beginning Teaching? A Review of the Literature," *Review of Educational Research* 62, no. 1 (1992): 1-35.

② Frances F. Fuller, "Concerns of Teachers: A Developmental Conceptualization," *American Educational Research Journal* 6, no. 2 (1969): 207-226.

该模式符合新手教师的发展特点①。康韦和克拉克(Conway and Clark)重新考察了富勒的教师发展模式,提出富勒的关注发展模式仍适合于当下的教师群体,提出新手教师的发展经历着由内而外、由外而内的旅程,从向内关注自我到向外关注任务、关注学生发展,从个人能力到管理课堂,再朝个体作为教师所具有的能力与个体幸福转向,进而升华对教学的理解,是改变自我的循环发展过程②。已有研究一方面解释了新手教师情绪波动所处的困境,即新手教师关注自我而忽视了专业、学生与教学等方面的需求,导致其在专业知识、专业技能、课堂管理等方面无法应对,自我效能低下,沮丧、生气,甚至是投入越多,浪费越多,折磨也越多;另一方面缩减新手教师对自我的关注,从指导他们关注教学、关注学生的角度缓解他们的负向情绪,对摆脱新手教师的现实困境具有一定的启示。

（二）入职后在专业发展方面缺乏适当的支持与指导

新手教师刚刚从象牙塔步入教学场景,面对鲜活的学生、工作的压力、身份的转变、陌生的环境、经验的不足、专业知识的转化、教学技能的生疏等问题,他们常会感到疏远、孤苦、陌生、恐慌、无奈,甚至是失望,他们需要入职后继续学习,也急需指导教师指导其专业发展。而在现实工作中,虽然教育部门、学校为新教师安排了一些培训工作,也为教师制定了师徒制度——经验型教师指导新教师,但新手教师们认为这些指导实质上发挥的作用并不大,仍然希望能得到更多的支持与指导,尤其是对于不同类型的问题希望有不同的指导教师。本研究在探索新手教师情绪样态时发现同事间的复杂关系,包括师徒关系,是影响教师负向情绪甚至是导致离职的主要因素,教师自我专业能力不足是产生无能、焦虑、害怕与怀疑等情绪的主要原因。这些证据说明了新手教师入职后在专业发展方面明显缺乏适当的支持与发展性指导。下面就"师徒结对"存有的问题做一说明。

师徒结对是中小学学校培养新手教师普遍运用的一条策略,也是教师培训中最为便利、省事、可行的一种培训方式。已有的经验与研究也证明了师徒结对对新手教师成长,对形成学校整体的学习文化氛围,构建学校合作社群,增强教师间的理解与交流等方面有重要的意义,于是,各级各类学校都热衷于师徒结对,并将其作为教师校本培训的重要内容,然而,在满腔热血的背后却忽视了师

---

① Virginia Richardson and Peggy Placier, "Teacher Change," in *Handbook of Research on Teaching*, 4th Edition, ed. Virginia Richardson (Washington, D. C.: American Educational Research Association, 2001), pp. 905-950.

② Paul F. Conway and Christopher M. Clark, "The Journey Inward and Outward: A Re-Examination of Fuller's Concerns-Based Model of Teacher Development," *Teaching and Teacher Education* 19, no. 5 (2003): 465-482.

徒结对同样会带来的一些问题。

(1)师徒结对给师傅增加了许多额外的工作压力与情绪劳务,师徒之间角色分工、相互评价、职业认同等方面的工作使得师徒之间关系紧张,新手教师难以得到应有的指导。作为结对的师傅,担负着支持、评价的责任,师傅在期间的身份认同首先要发生变化,作为教师教育者,在行为角色中要有相应的知识储备、经验、技巧;其次,还需有捕捉信息的高度敏锐力和深邃的洞察力,为新手教师所面临的复杂问题给予点拨,而这些要求与能力,全凭师傅自己摸索,因为师傅们也没有得到过相应的培训或资源,他们在辅导过程中难免产生不确定、困惑与担忧等情绪。当师傅在指导与批评新手教师时,师傅在语言表达方式方面比较谨慎,为避免遭到新手教师的怀疑,引起情感上的误解,影响之后的同事关系,师傅在某些方面并不会直接给予点拨,认为犯错是必经的,人只有在犯错的过程中,才能成长。师傅有时看着新手教师犯错又感到内疚。当新手教师不理解师傅的教导时,师傅又感到无奈。于是,有的师傅认为他/她只是一名教师,研究好自己的教学和自己的学生就够了,不愿意担当培训新手教师之责,更不愿意担任他们的师傅。师傅角色确实给师傅无形增加了责任与劳务,家庭、教学、学生管理、学校事务与教师培训等难以平衡,师傅感到劳累与疲倦[①]。当师傅不愿带徒弟时,新手教师会把问题归到自己身上而自责,对师傅也会产生误解,在社群中感到孤独与无助。新手教师专业成长方面实质上并没有真实地得到师傅的支持与指导。

(2)受年龄、经验、认知的差异影响,师徒在教育理念、观念、教学方法、对学生的认识与理解等方面存有不可协调的冲突,导致师徒结对没有切实地发挥应有的指导作用,比如:"师傅认为学生犯错时宜采用惩罚,而新手教师认为要关爱学生,应采取鼓励的方式;师傅在教学过程中要把控住教学的进度,学生问题在课下解决,当遇到班级管理问题时,师傅仅一句口号或一个眼神学生就很乖,而新手教师在课上总会遭到学生的打扰,甚至是捣乱,影响课堂进度,当新手教师学习师傅用眼色或口号暗示学生时,学生根本就不当回事,新手教师不得不大吼。"也就是说,师傅带徒弟的时候就一些观点、理念等问题并不能达成一致,彼此的行为结果也存有差异,但师徒并不会直接表达各自的想法,生怕影响彼此的面子,最终双方都采取隐忍或自己生闷气方式了结。

---

① Andrew J. Hobson, "Student Teachers' Perceptions of School-Based Mentoring in Initial Teacher Training (ITT)," *Mentoring & Tutoring* 10, no. 1 (2002): 5-20.

（3）有的师傅可以为徒弟提供一些实质性建议，但受面子、社会等其他因素的影响，师傅并不会直接指出，新手教师在不明白的状态下，仍然难以得到实际性帮助。调研中一位师傅这样评价他的徒弟："（徒弟）给学生课后补课，和学生谈心，大量的时间貌似花在学生身上了，以为自己很负责，很热心，很有爱，但一是徒弟忽略自己的提升，不将时间用在对教学工作的研究与反思上，一味地凭借加班加点不可能有成效，教师对教学内容研究不深入，内容讲不清，学生如何听得懂，在听不懂的基础上讲两次、三次、讲无数次，学生还是理解不了；二是徒弟的教学只关注自己的教，缺乏站在学生的思维层次上想问题，也就是说，我们老师讲课是要选择捷径的思路还是选择熟悉的思路，我认为老师要选择学生熟悉的思路去讲解，学生才能更好地理解、变通，才能真正地学会；三是徒弟认为课堂就要给学生自由，给学生表现个性的机会，而忽视了一堂成功的课还需要有良好的课堂秩序、必要的课堂管理，仍需一定的奖惩制度。现在学生很多样，比较复杂，不下真功夫，根本无法镇住学生。你貌似采取为学生好的方式，管理松懈，学生反而会认为老师无能，'蹬鼻子上脸'的事情时有发生。我常听到学生对着新老师说'回去想好了再讲''你能不能不要占用我们的时间''不用你管'等话语，新老师在下面也很委屈，以泪洗面的现象也时有发生。"师傅把一切看在眼里，在指导回应时却说："教师各自有其自己的教学风格，好的教师都在为他们自己的工作而努力，他们会自己反思总结的。"而新手教师却并不明白自己的不足，也不明白师傅的想法，在试误中总结，在试误中体验，在试误中成长。他们认为这样的成长太慢了，他们需要同事们的支持，需要师傅们的指点，而面对"无人问津"的现状，心里很无助，新手教师会认为师徒的关系仅仅是浮于表面而已，缺乏群体归属感，这些情绪加剧了新手教师的负面情感。

总而言之，新手教师刚入职时渴望在专业发展方面有所提升，尽快适应教育教学工作，他们渴望得到同事的支持与指导，抓住一切可学习的机会提升自己的教学实力，然而，在现实中，工作的琐事，同事间的冷漠，师傅的"有所保留"等，使大部分新手教师在专业成长中缺乏适当的、恰当的专业指导，包括教学任务、学生管理、沟通技能、学生心理与反思、研究能力等内容的辅导。因此，切实地调动新手教师的积极性，不仅需要新手教师个体的悟性与努力，更需要外在环境尤其是学校层面在专业指导、情感梳理上给予新手教师支持与指导。只有内外共同作用，才可能帮助新手教师较好地过渡并适应其专业发展，增进新手教师对职业的认同与承诺。

（三）难以与参与主体达成高信任、高合作的策略联盟

新手教师在工作初期由于自身专业能力的不足、环境的不适应以及缺乏相应的人际关系网络，加之，同事、家长、学生对新手教师的知识与能力持有怀疑，

新手教师的课程资源相对匮乏,他们误认为"教学是一种孤独的职业,教学中问题的探索、学习与解决属于个人自我的责任";他们所处的教师社群呈现着"巴尔干半岛"的状态,即教师们各自抱着自己的一亩三分地,有着各自的小团体,少有真诚交流的机会,新手教师一时间难以融入教师社群,不仅感到无助还会感到自己似乎是群体中的"多余者"。除了工作中例行公事时的交流外,群体间难以有触及心灵的情感性对话,在缺乏支持的氛围下,新手教师们感到压抑,致使新教师们容易进入封闭隔离、负向淡漠的怪圈中,从而背离他们当初纯真的理想,渐渐地屈从于现实的事务中,失去了对教学应有的理想与激情,逐渐成了现实的"应声虫",教师间的资源共享、共创与共赢①无疑受到了钳制。

策略联盟(strategic partnership)源于企业在面临国际竞争压力时基于本身资源及能力不足,期望通过合资、共同研发、交互授权、物流协议等方式,结合各自稀缺的有限资源,共同分担研发成本及风险,弥补自身在价值链中的短处,成为企业对管理变化做出反应的一剂良方。此处用在教师社群建设是因为不同发展阶段的教师群体有着各自的特点,不同教师身上有着各自的长处与短板,调节好教师社群中所有教师的长处与短板,整合教师们的资源,推进新手教师专业成长对教师整体队伍建设同样是一条有效的途径。但组建策略联盟的前提是需要参与主体的彼此信任,信任度越高,参与主体的关系网络越强,合作与互惠的机会就越高,彼此共享的资源越丰富,教师成长发展的空间就会越大。而现实中新手教师在工作初期与各类群体交往时,并非可以轻易地融入各类群体,同事关系、师生关系、亲师关系,是导致新手教师负向情绪的主要原因,也是新手教师从教育理想走向教育现实,转变身份认同与职业承诺的主要影响变量。从访谈的材料中我们发现,有些经验丰富的教师会将新手教师的努力学习认为是"显摆",新手教师努力后不成功又被认为是"不灵活",而新手教师认为一些经验丰富的教师"倚老卖老","压榨""欺负"新手教师;家长认为新手教师"无能,以学生不听为由推卸责任";新手教师会认为"家长不负责任,不管学生发展,家长的素质低下"。在缺乏沟通的前提下,参与主体彼此怀疑,合作、互惠、高效的教师社群联盟自然难以建立,这在某种程度上制约着教师们持续、健康、积极地发展。有研究证据指出,新手教师在前三年做着高消耗、高投入的工作,由于缺乏足够有价值的专业发展,新手教师在工作中会感到不适,30%～50%的新手教师在工作前三年会离开教师行业(Donaldson,2005)。本研究同样证实了过重的工作量与贫乏的工作资源会压制教师的工作情绪与工作动力,影响教师之后的专业发展

---

① 李子建、孙彩霞:《重新审视课程资源及其开发与利用:社会资本的观点》,《全球教育展望》2013年第9期,第11-17页。

与积极态度。同时本研究发现，足够的支持与适当的鼓励对新手教师的专业成长有至关重要的作用，而现实中学校侧重关注教师的个体知识与技能，很少考虑教师工作中的人际氛围与文化氛围，也少有利用教师社群文化与社群联盟的作用调节教师对工作的情感承诺，促进教师专业发展，因此，营造积极和谐的、互信互帮的合作联盟与工作文化氛围可能是激发教师活力与动力的有效渠道。

（四）评量工具缺乏适切性

教师在专业发展过程中有教师入职标准、教师专业标准，在教学过程中有课程标准，在工作结束后还有考核标准，但考察诸多标准的颁布与实施，会发现这些标准适用于所有的教师，没有针对不同发展阶段的教师建立适合其专业发展的标准。富勒（Fuller，1969）的研究证实了不同阶段教师所关注的内容存在差异。费斯勒和克里斯滕森（Fessler and Christensen，1992）经过多年跟踪，研究教师的发展周期，划分出教师发展的八个阶段，即职前准备、入职期、能力提升期、成长期、职业倦怠期、稳定期、消退期和离职期，并进一步证明了处于不同发展阶段的教师关注内容与关注程度有所差异，不同发展阶段的教师的需求也同样不一。

新手教师刚入职时都会带着强烈的热情与激情投入工作，正如徐继存教授所讲："每年都有一大批怀着对教学的美好理想走上讲台的青年教师，他们信心十足地想用自己的教学理念把自己塑造成一个有自己教学方式，尊重、热爱学生又受学生爱戴的好教师。"[1]但在现实世界，面对身份的转化，角色的多样，工作的压力，环境的适应，教学知识管理等方面的经验不足，课程资源的相对稀缺，新手教师专业学习、能力提升需要过程，需要时间，新手教师在此阶段关注自我的发展特点与现实工作的繁杂，无形中加大了新手教师的负向情绪，然而对新手教师的工作评量，却并不考虑新手教师的特殊性，所有教师一律按照统一标准统一考核。这一标准对新手教师而言可能具有一定的挑战性，甚至是新手教师情绪转变、职业承诺、离职的关键性变量。不同发展阶段教师的能力、知识、情感、需求、动机存有明显的差异，这就导致同一标准难以发挥应有的引导功能，难以调动起整体教师的积极性，更难以释放出教师们的潜在能量。新手教师有着超负荷的工作量与高压的工作要求，不切实的评量标准加剧了其工作投入与回报间的不平衡，随着时间的流逝，负面情绪的加剧，新手教师便会失去对教学应有的理想和激情，推卸自己应负的责任，对教学也就没有了激情，教学便成了教师的负担[2]。

因此，考虑教师个体成长背景和成长阶段的不同，相应的评价也应有所不同

①②　徐继存：《教学理想与现实的冲突：理解与超越》，《教育科学研究》2005 年第 12 期，第16-18 页。

或侧重。评价的目的一是客观反映教师工作上的业绩,二是促使教师专业得到不断完善发展①。而当前教师工作的评量标准尤其对新手教师的工作量既没能客观反映出其工作业绩,又没有起到促进教师专业持续完善增长的作用,反而降低了教师的积极性。鉴于此,完善不同阶段教师专业标准与考核标准有助于调整新手教师积极情绪,重新恢复或点燃教师们的积极性与主动性。

三、新手教师的情绪地图

基于上述文本的分析结果,我们可以得出新手教师在教育教学工作中的情绪变化主要表现在师生互动、亲师互动、同事间互动和教师自身与专业能力要求之间的张力等层面,勾勒出新手教师情绪地图,如图5.1所示。师生互动中学生如能对教师表现出尊重、关爱、问候,并在学习方面积极主动,教师便会表现出积极情绪。而当教师付出没有回应,试图靠近学生,却遭到学生排挤时,或是当教师在教育教学工作中面对学生行为不端、顶撞、威胁、谩骂、不尊重教师时,教师便会表现出失望与悲伤等消极情绪。师生关系是教师情绪距离最为亲近的维度,但两者间的互动关系脉络又是最为复杂的脉络,本研究中的质性材料就师生互动层面显示,新手教师的负向情绪明显大于正向情绪,究其原因关键在于新手教师过于关注自我,缺乏对学生的了解与理解,习惯以教师自己理解的方式关爱学生,却缺少了对自我的反思,以及对学生工作、教学经验的总结。

以学生为中介搭建的新手教师与家长间的关系距离比其他群体互动距离稍微远一些,但教师个体的专业要求与专业能力,尤其是沟通能力与社会情谊能力直接影响着新手教师与家长的关系远近,现实中新手教师的沮丧—生气情绪表现在教师与家长的教育理念及其指导下的行为难以达成共识,新手教师缺乏家长长效支持,沟通形式单一等几个方面。家长对教师的不信任与负向效应会加剧教师的负向情绪,进而产生教师对学生、对教师持续发展等方面的负面效应。

新手教师与专业发展的维度表现在新手教师在工作中的胜任力、自信心、成就感和效能感。当教师具备并能熟练运用专业知识、专业技能,灵活应对课堂教学中的偶发事件时,教师就会拥有较高的成就感与效能感,有着积极正向的情绪理解与情绪表达。积极情绪的效应会直接关系到教师个体的持续发展,增强教师的身份认同与职业承诺,在行为表现中尤其是师生互动层面会营造出积极愉悦的课堂氛围,有助于维持良好的师生关系,更有助于学生的学习与成长。相反,如果新手教师在专业能力方面不能胜任,不仅会影响教师周边的人际互动与

---

① 黄成林:《国外教师教育质量评价发展的研究及启示》,《清华大学教育研究》2006年第6期,第1-5页。

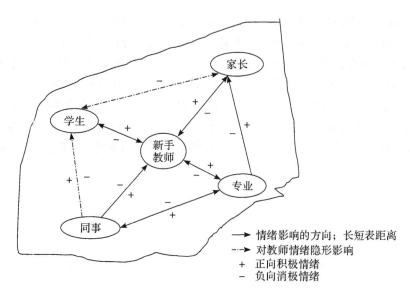

图 5.1 新手教师专业文化下的情绪地图

情绪氛围,对教师个体的自信心、认同感以及效能感都会产生严重的负面效应,教师个体也会处在消极悲观的状态中,这些消极悲观的情绪将遏制教师的创新、判断、理解等方面的发展,压抑教师积极的情绪氛围,进而对师生互动、课堂教学、同事相处都会产生一连串的负面情绪与负面效应。而教师专业维度的发展与教师个体的已有经验、教育背景、个体的性格倾向、教育理念等有密切的关系,但刚出任教师角色的新手教师们在刚开始工作时,缺乏知识的灵活运用能力,缺乏丰富的教学知识和熟练的专业技能,难免会出现消极情绪。但如果能得到恰当的指导和专业学习的机会,新手教师的负向情绪仍可转化为积极情绪,调动起持续发展的积极性。

新手教师与同事的互动维度,集中表现在师徒间信任与支持的程度。学校认为新手教师相对年轻,充满朝气,思维比较活跃,观念相对前卫,工作初期充满干劲;教龄大的教师们有着丰富的教学经验但也缺少教学助手,学校为建设优秀的教师梯队,希望能有年轻的教师们和他们一起分担。师徒结对、新老教师互助成为加强教师团队合作与提升教师质量的重要途径。刚入职的新手教师虽然在专业上有短板,希望能得到同事们的支持与帮助,但新手教师有自己的主见与判断,内心不愿意做对自己专业发展帮助不大的重复性工作,而现实中经验型教师为了锻炼新手教师的专业能力会分配一些适宜或不适宜的工作,彼此之间的差异性认知导致新手教师一时难以融入教师社群。新手教师常常也会面临不公正的对待、过多的工作量、频繁的重复性劳动等,增加了新手教师们的负向情绪。

专业中缺乏恰当的指导与支持，师徒关系紧张，同事间的淡漠更是加剧了新手教师的负向情绪，甚至会导致新手教师怀疑自己是否适合做教师，对教学产生厌倦进而有离职倾向。当新手教师的同事关系适应新手教师专业成长时，情绪地图便是一个积极的、正向健康的环境；当不适应专业成长时，情绪地图便是一个消极的、孤立冷漠的、相互制约的氛围。本研究揭示的新手教师的情绪环境存在着诸多的问题，尤其是参与主体间缺乏信任、合作与彼此的专业支持，新手教师发展的评量也缺乏适切性，导致目前新手教师的负向情绪地图亟须改进与完善。

第六章　经验型教师的情绪地图:现状与困境

受初期调查研究结果的影响,即初中教师比小学教师的负向情绪体验更为严重,10~19年教龄的教师的负面情绪与其他阶段教龄的教师存有显著性差异,因此,本研究在经验型教师的个案选择过程中,以10~19年教龄的初中教师为样本标准,选择了四位教师作为访谈对象,围绕教师现阶段的情绪体验及其情绪性事件展开访谈。为了保护参与者的个人隐私,遵循研究伦理,本研究分别以何老师、龚老师、冀老师、张老师为别名代替访谈对象,对应教师选择的编码分别是 TRFX1、TRFX2、TRMX3、TCMX4。四位老师分属不同的工作单位,其中何老师和龚老师位于西南边缘地区的县级初中,该学校所在区域少数民族居多,在文中何老师和龚老师的所在单位标示为 T1;冀老师的工作单位位于另外的一个少数民族杂居的农村地区,在文中标示为 N2;张老师位于西南地区中的一所城市中学,在文中标为 C4。经过多次访谈并对转录后的文本进行编码分析后,运用 Nvivo 10.0 软件进行聚类分析得出,四位经验型教师的情绪体验集中表现出一种情绪低落、身心疲惫的消沉、颓丧的状态;紧接着是失望、无奈与悲伤等情绪。为了进一步了解经验型教师在怎样的情境脉络下出现上述情绪性体验,接下来结合实例以"剥洋葱式"的分析方式进一步呈现经验型教师的情绪地图。

一、经验型教师的情绪地图:负向情绪主导,身心疲惫

(一)消沉、颓丧

经验型教师经历过了职业生存期与成长期,面对长久重复性的工作,此阶段的教师在教育教学工作中容易情绪低落,身心疲惫,最为明显且表达最多的情绪体验便是消沉与颓丧,具体表现为:①情感耗竭,工作敷衍;②愤世嫉俗,批判指责;③无成就感,发展停滞。而该维度下的情绪体验又是多重因素共同交织、共同作用的结果,既有教师个人的因素,也有社会环境因素的形塑,探究经验型教

师在怎样的情境脉络下表达消沉与颓丧,对避免或减轻经验型教师的负向情绪效应有重要的参考意义,也能更加准确地提供适合、支持该阶段教师发展的资源与策略。本研究的资料显示,该阶段教师的消沉、颓丧情绪与教育政策、学校文化环境、校长领导力、组织管理、薪酬奖罚制度、学生成绩、额外工作以及个人家庭经济限制等因素有必然的关系。也就是说,经验型教师的消沉、颓丧,不仅仅是个人在某个时间段的偶发性事件,还是在长期情境脉络下各种因素共同作用的必然结果。为此,深入情绪产生的具体脉络事件中,可以帮助我们更加清晰地了解经验型教师在怎样的脉络里经历了怎样的情绪体验。

1. 消沉、颓丧情绪与教师个体教学

随着课堂教学实践的积累,经验型教师的专业知识与专业技能逐步熟练,已基本适应工作所需要的专业能力,专业性挑战逐渐减弱,在摸索过程中形成了独立的教学风格与教学手段,于是,习惯后的教学模式逐渐淡化了教师的教学创新。多年来的教学经验与声誉的浸润,使教师的气质也越发彰显,教师的威严自然而然地显露在讲台上,教师的一个眼神学生都能体会到,于是学生管理工作渐渐地变轻松,工作相对没有了挑战,教师的消极怠慢情绪随之增加。消极怠慢的情绪表现可以从以下教师话语中得到体现。

"拿起课本按老套路教,也可以完成教学内容,学生又不懂。"(TRMX3)

"采用语法翻译法是因为相对容易操作,不用特别花心思。加上应对考试,做题、讲题,语言点、语法的讲解相对更多一些,教学手段就懒得换了。"(TRFX1)

"讲课方式填鸭式,主要是教师讲,学生听。英语课就是将课本上的内容翻译成汉语再让学生理解英语……效果不好……"(TRMX2)

"投在学生身上的时间少了,对学生的关注也淡了,反正学生成绩也提不上来……"(TRFX1)

上述材料从教学手段、教学投入与对学生的关注三个方面揭示了教师在教学方面的情感倦怠与消极行为。从教师们的话语叙述中很明显能感受到,教师们已意识到采用的教学手段并不适合学生的学习,也并不能达到良好的教学效果,但教师们就是"懒"得改变。教师自己也明白自己对学生的关注少了,投入的时间也少了,对学生成绩会有影响,但仍抱着"破罐子破摔"的态度,在行为上没有任何改变。总而言之,此阶段的教师对个人的教学,在情感上没有了激情,没有了兴趣,在行为上没有了创新的意念与改变的举动,对学生的发展,学生的感受早已麻木,这些特点基本可定性为此阶段教师步入了职业倦怠期。

2. 消沉、颓丧情绪与教师继续学习

随着基础教育改革的深入,教师学习、培训的机会逐渐增多,但对于经验型教师而言,教师的继续学习成为表面形式的应付,没有多大的提升与改进。

就国家培训(简称"国培")而言,何老师说:"由于我们地处偏远,国培主要采取远程网络的方式进行,说白了就是看视频。教师自己点开,自己放,学校要求教师必须看多少个课时,教师们点开,视频在那放着好了,看不看全凭教师自觉。很多时候教师并不能完全关注在视频上,看会儿就干其他的了。即便全部看了,也不会认真研究分析这些课好在哪里。国培就当完成任务,流于形式。"(TRFX1)由此,我们看到消沉、颓丧情绪下教师在自我继续学习方面同样是停滞的状态,教师自身对于继续学习缺乏内在动力与学习的激情,对外界的规定与要求采用"上有政策,下有对策"的敷衍了事之道,更难以认识到培训、学习的价值与意义,因此培训的资源也就白白浪费了。而就在教师们缺乏学习的内在动机与情感投入之时,外在的氛围与环境却没有采取一些积极性的策略予以补救,相反,使教师更消沉、颓丧了。

冀老师对培训的体验是:"在记忆中,培训每次都集中在暑假或寒假,由教育局委派老师来校组织大家学习,一般而言共三天,发一本书,第一天讲,第二天考试,第三天发证书,然后在继续教育培训证书上签字,培训就算结束了。有时上午讲,下午就考试,考试的题大部分在发的书里,于是,大家相互抄袭,及格就可以了……培训的内容记不得了,好像有个关于课程改革理念的……"(TRMX3)类似冀老师参加的这种培训方式在一些偏远地区并不是个案,培训本身就如同没熟的快餐到了饭点便使劲塞,至于塞的成效如何,用一张自欺欺人的试卷,签上"名字"就算结束了。对培训组织者而言,国家的任务完成了,对教师而言,也算应付完了一项工作,而谁才是培训的真正受益者呢?投入了大量的金钱、精力与人力,从组织者到参与者都将其看成是一项"花了钱,签了到"的任务,换来的结果是几乎连主题都记不清的零收益。

龚老师的国培体验是:"有参加过国培,为期有 3 个月或者 2 个月,地点在××大学,主要以讲座的形式居多,也有去市区听课、观摩课等活动……效果是扩大了自己的眼界,扩充了一些知识,了解了市区教师的讲课方式与学生学习方式,但回到我们自己的课堂上,我们的学生素质不一样……操作起来比较困难……"(TRFX2)令研究者欣慰的是,龚老师的国培体验对教师而言起码扩大了眼界,增加了知识,加深了对教学的认识与理解,对课改的实践情景起码有过真实的感知,即便在自己的课上操作困难,但仍会发挥一些作用。

分析上述教师们的三类国培体验,有教师缺乏自主学习的原因,也有缺乏外部环境支持的原因,亦有培训内容、培训方式与培训组织者的原因,在此阶段下缓解经验型教师的消沉、颓丧情绪可能需要从外部环境推动,来支持、实现内部的转变,尤其是理念的转变。之所以出现培训"零收益"与背后的价值理念有密切的关系。教师们认为:"不管课改如何改,考试评价体系不变,学生的卷面成绩是教师一切工作绩效的唯一指标,自主学习、学生参与等理念再好也不经用,真实的课堂不会有任何改变。"学校及教育部门领导认为:"改来改去考试不改,所以不管怎么改,大体还会是讲授法为主,与其理解不透不如不改,万一改了半天,又没成效,结果还不如不改。"正是因为片面地将课程改革的成效归结到了考试制度,归结到了卷面分数,即考试要考,教师就要教,学生就要学,讲授法、内容的讲解就不可能改变,于是,地方教育部门领导、学校、教师将改革所推出的培训理解为"洗脑"或"规定任务"而应付了事,难怪从地方教育管理者到一线教师都对课改提不起兴致。

教师除了国培还有纯理论学习与外出学习,纯理论学习主要由大学的教授或专家以讲座的形式教授一些理论知识。对于讲座的效果,老师们认为:"讲座的内容听起来还蛮有趣的,可是理论培训对教学实践的影响比较小,一方面可能和自身水平有关系,难以与理论找到结合点,另一方面理论本身没有关注实践。"(TRFX1、TRFX2、TRMX4)外出学习指学校每年会派一些教师外出去市区或其他省份的一些优秀学校里观摩。对于外出学习的效果,经验型教师们认为:"在观摩的过程中,很新鲜,很有兴趣,可回到自己的班级、自己的学校,就兴致全无。学校的环境不一样,学生的学习状态、基础不一,不过有些方法打算尝试一下,比如洋思中学的教学模式。"(TRMX3)而学校层面的教研活动比如听课、评课、议课,经验型教师认为最终也流于形式。比如:"有的教师上完课,讲优点还可以,讲缺点就不高兴了,下次去评,就不愿再说了。有的教师讲完后,提出了一些需改进的地方,可下次再去听时,却没有任何改变。所以评课说白了也没什么意义。还有教师安排上课,压根不备课,完全应付,一而再再而三地,听课、评课、议课就形同虚设了。"(TRFX1)

由此,我们可以得出:此阶段下教师的继续学习几乎是有名无实的假象,培训对教师的教学、实践,以及教师的理念并没有发生任何的改变,教师消沉、颓丧的情绪状态随着培训结束也没有得到缓解,反而加剧了。从教师们的论述中不难看出教师的消沉与颓丧不仅是个人的情绪,这些情绪与学习环境、学校文化有着密切联系,应该说是彼此共同形塑的结果。

(二)失望—无奈—心灰意冷—悲伤

经验型教师情绪体验的强度与频次除了消沉与颓丧之外,便是失望、无奈、心灰意冷与悲伤。教师的失望主要源于自己的教学达不到预期,具体表现在学生的学习行为、学生的学业成绩与家长互动等方面与自己的预期相差甚远;无奈,源自管理文化与领导者的专制、压制与强制;心灰意冷表现在学校管理层对教师人性的不尊重,对教师切实工作的不支持、不鼓励,对教师的声音不倾听。

悲伤表现在领导者、管理者以牺牲教师对职业的情感承诺换取所谓的"领导权力"，导致学校发展、教师发展表面平静而实际滞后。经验型教师认为教师是最有情感关爱的、最能展现人性光芒的一项自主性职业，而在现实中领导者为了展现其权力，不考虑教师的意愿，也不用活动本身的价值与意义吸引教师，总是用硬性规定、处罚条例压制教师，迫使教师参与，教师的自主完全受限，教师内心充满了失望、无奈、心灰意冷与悲伤等情绪。以下以冀老师的例子为代表论述此类情绪下的情境脉络。

1. 失望

"同一个学生，同一个问题，他们反复问，我反复讲，并确保每次讲解学生当时听懂了，但他们后面每次碰到类似的题还是不懂，我很失望。"(TRMX3)

"与家长互动非常困难，学生生源相对较差，家长对学生也不抱希望，平时学生有些事情需要与家长沟通，却很难请到家长，只有到了期末发放义务教育补助时，家长才会来，我很失望。当家长对学生都不寄予希望的时候，老师怎能对学生寄予更高的希望呢？"(TRMX3)

2. 无奈

冀老师的故事揭示的无奈情绪，一方面与人际关系中的应酬有关，另一方面与领导强制式的管理方式有关。比如酒文化下喝酒决定着同事间的距离。

"当地有喝酒的习惯，同事们平时闲下来或到周末的时候，常常一起喝酒。可是我不会喝酒，这边环境比较恶劣，也不敢多喝酒。同事们经常劝酒，我就象征性地与同事喝一点，但只喝一点同事们有意见，不喝也有意见。喝酒似乎决定着同事间的关系距离。喝得多，关系近，喝得少意味着彼此有隔阂。所以当有事需要同事帮忙，同事总会说'酒都不喝，没得帮'。很无奈。"(TRMX3)

领导采用规定性管理策略，强制要求教师服从，加剧了教师的负向情绪。"学校或教育部门组织的各类活动通知都是'要举行''必须参加''违者取消教师职称评定'。就连各类捐款，本应自愿，却规定什么样级别的教师捐多少钱，如果没交，就直接从工资卡里扣。学校对教师管得很严，一旦查到教师有怠慢表现，没有参加活动，也会扣钱，取消各类评定，而教师维持生活又需要这份工作，不得不服从，很无奈。"(TRMX3)

3. 心灰意冷

心灰意冷表现在学校管理者对教师工作的不尊重，对切实工作的不支持，以及对教师话语的漠视。"所带班级生源并不好，有些行为不规范的学生在学校里不太听话，性格怪异，调皮捣蛋，脾气相对不好，而往往这类学生的家长同样比较蛮横。但是学校又要求教师把这类学生管得服服帖帖。碰上这类学生，教师不好说，更不好过分地批评，学校却认为是教师无能，便给教师施压。有时候教师

去和管理干部解释具体的情况,却被拒绝,甚至还要挨顿批,也就不说什么了。"(TRMX3)

4. 悲伤

经验型教师的悲伤情绪在个人教学上出现的频率相对其他情绪少,但教师们却认为学校封闭的文化与强制的管理制度磨灭了教师本有的教学激情与教学热情,教师的行为动力不是发自教师内在需求和教师的自觉行为,而是在管理体制下被迫执行,教师与学校领导的关系成了"捉迷藏"的游戏,领导检查时一个样,领导走了另一个样。教师们在管理者面前表现得勤勤恳恳、兢兢业业,而管理者走后却是一片倦怠与沉闷。教师们习惯了伪装与应付,对教师的发展、学生的发展、学校的发展等切实性的问题没有解决感到悲伤。他们认为:"多年的精力投入难以转变学校的发展趋势,也难以看到学校的发展和希望,为此非常悲伤。"(TRFX1、TRFX2)从经验型教师的论述中我们可以看到教师们在内心里还是热爱教师这一职业的,他们对学校仍有所寄托,希望学校管理者转变领导方式、领导风格、管理模式,进而激发教师的发展动力。

二、经验型教师经历的情绪困境

上述研究结果显示:经验型教师内心集聚了大量的负向情绪,透过教师们对具体情绪及其情境脉络的叙述,不难确定,当前状态下大部分经验型教师处于职业发展的倦怠期或者说是消退期,具体表现在教师对职业的情感承诺明显降低,失去了对职业投入与持续发展的内在动机和信心,在行为上表现出消极怠工,过一天算一天,教师们的话语中又充满了抱怨与不满。这些情感认知与行为表现在具体的情境脉络中进一步证实了教师的负向情绪对教师的个人成长与职业发展,甚至教学质量会产生严重的负面效应。但在情境脉络中哪些核心要素影响着教师,使其长期处在负向情绪呢?

(一)教学过程中长期得不到学生的回馈与赞赏

文本材料主要表现出了三个方面:一是学生学习吃力;二是教师的教学手段与方法不适合所教的学生;三是家长和学生对教育不重视。

何老师与龚老师在西南边缘山区教书,当地学生有一大部分属于藏民,对于这部分学生而言,其母语是藏语,汉语是第二语言,英语已经是第三语言了。汉语学习本身对这些藏族学生而言已很吃力,以汉语为中介语学习英语可谓难上加难。正如两位老师所言:"学生的英语成绩一直没有起色。"而该学校的英语教学手段或教学方式又主要采用语法翻译法,大量的汉语信息需要学生加工,再用加工后的信息学习英语,学生感到非常吃力,于是放弃了学习。学生的学习结果主要靠卷面成绩作为评测，而评测时学生又是靠胡乱猜测完成选择题，教师的努力在学生的学习结果中很难得以体现。由于汉语是英语课堂中的公共语，这部分学生在课堂中与教师互动时，总是"沉默的羔羊"，教师为了课堂完整，不得不增加其话语量，操纵课堂使之运行。周而复始，教师累，学生累，彼此的激情就耗尽了。

还有一部分学生来自农牧区，他们的家庭大多以放牧和种植为生，代代传承，不管是学生还是家长，都认为读书改变不了他们的命运，毕业之后他们仍要与父辈一样继续放牧、种植，所以也不特别重视英语的学习。

何老师叙述道："曾经也花过心思设计活动，运用交际法通过让学生参与来提升学生的兴趣，但实施效果一般，也就是说不管你怎么努力，学生的成绩都不会有多大的改进。"(TRFX1)

（二）教师的工作缺乏上级领导的认可与鼓励

经验型教师有十多年的在校工作经验，或多或少地为学校做出过一些贡献，他们努力过，也奋斗过，得到过一些奖项或荣誉，也面临过一些挑战与困顿，但如果他们的工作得不到上级领导的认可与鼓励，他们就会感到沮丧，效能感、成就感也会随之消退。如果碰到上级领导总是习惯性地，在不了解具体事件背景下以批评或指责的方式指令教师如何做，怎么做，长此以往教师们会感到非常疲惫、伤心和失落，对自我的价值产生怀疑。何老师和冀老师是这样描述的：

"自己在教学中有优秀的时候，也有脆弱的时候。优秀的时候，没得到过管理者的赞赏或鼓励；不好的时候也没有人关心，就好像自己存在与不存在没有任何的意义。"(TRFX1)

"课堂教学中，如果学生有不集中精力听课、捣乱、打闹、说话或睡觉等行为被分管干部发现了，他们就会汇报校长，校长不考虑学生的特点与原因便在会上一味地责怪老师……"(TRMX3)

这些话语让笔者想到了这么一句话：无法成为"重要他人"，无法保持亲近时，一切显得客套、拘谨而无实质效果。

（三）学校管理僵硬，奖罚、问责等制度存有不合理

经验型教师的颓丧很大程度上与学校管理有密切的关系，教师们认为学校管理过于僵硬，缺乏对人的关注，缺乏对具体问题的弹性处理。具体到教师工作的奖罚制度、问责制度，又是依靠处罚和权力的压制以牺牲教师利益，一味追求管理，追求服从进而提升绩效，激起了教师内心的不服与不满，而在高压的管理制度之下，教师们有苦难言，只好通过对工作的怠慢、消沉，表达其内心的不满情绪。

1. 问责制度

学校以学生成绩作为教师考核问责的唯一标准,存有不合理之处,这些不合理加剧了教师教学工作的消沉与怠慢。一方面,学生的生源复杂,少数民族居多,文化差异、生活习惯差异、学习与处事风格差异等带来的问题都需要教师引导,光以卷面成绩不足以涵盖教师的所有工作量。另一方面,评价本身是为了验证目标是否达成,促进目标的完善,而当前评价却成了目标,一切发展围绕考试成绩运行,忽视了学校的育人功能,忽视了对学生综合素质的培养。"学校对教师的评价只看学生的卷面成绩,不管你花多少精力与心思调动学生的学习兴趣,纠正学生的学习习惯、行为习惯,抑或是与学生交流,化解学习障碍,如果学生成绩不好,其他都是白搭,成绩决定一切……"(TRFX2)

另外,学校的分班制进一步拉大了评价的不合理与不公正。学校按照学生的成绩划分了重点班与普通班,即成绩好的、学习习惯好的学生编入重点班,问题学生或者说是双差生编入普通班。这样,普通班教师在工作中自然比重点班教师吃力,学生的成绩也很难超越重点班,但考核教师的标准却是一致的。"学校的学生生源一直以来都不好,家庭条件、学习条件好的学生大多送到了县城,而仅有的生源,学校还按学生成绩的高低分出了重点班与普通班,重点班的教师教学相对容易些,而普通班的教师就学生学习习惯也需要花很长时间纠正,要提高学习成绩更是难上加难……但学校不管这些,学生行为不良,就认为是教师管理无方;学生成绩不好,就认为是教师教学无方……"(TRMX3)教师的工作得不到肯定,得到的反而是批评与责难,教师们感到委屈,自身又无能为力,在长期没有改变的状态下,教师对工作越来越没有激情,消极怠慢的行为也越来越多。

2. 管理制度

在唯成绩论的问责制度体系下,学校采用重处罚、轻奖励的管理制度,试图推动学校改进、教师改变,但在现实中反而限制了教师的改变与发展,耗竭了教师对工作的激情与感情。"十年来,不管教得再好,工资也不会涨。教得好没奖励,教得差要受处罚,只要不排最后一名就可以。罚钱不多,但会全校通告,影响教师的声誉,同时教师还面临去更加艰苦的环境教书的风险……"(TRFX1、TRFX2)面对教师的负向情绪,学校进一步加强对教师的管制,提出"校长要管住教师,教师要管住学生"的管理理念,并专门设立了分管干部小组,专门监察教师的教学工作以及学生的管理工作。"比如上课学生睡觉、说话、打闹,被分管干部抓到后,就扣教师的分,校长会在开会时批评,总结分管干部对教师的监察结果,教师很无语。如果校长对教师失去信心,还会罚钱,继而扣除绩效工资,教师如果没有改进就直接免去教师的课程,让其带一些辅助类的课程,这一做法对一些经验丰富的教师打击相当大。"(TRMX3)

"在这种管理体制下，教师们心中充满了不满，教学中也都应付了事，没有任何进取心。有的教师可以说走投无路了，绩效工资扣掉后，生活拮据，本学科的课又不让带，他们开始考虑另谋出路了"。(TCMX4)

从上述教师们的话语诉说中，我们看到经验型教师的负向情绪与学校"刚性"的管理制度、不合理的考评制度、缺乏生长性的奖励制度以及缺乏对教师人性化需求的关注与支持有很大的关系。教师的负向情绪已经促使一些教师直接离职，有的教师名义上教书，而大多数时间开始从事第二职业。比如，张老师自己开了一个教育类的小公司，冀老师与何老师选择了继续深造，跳出现有的困境，龚老师选择了调离学校。而一些教师，为了维持生计采取"捉迷藏"的策略，领导在，一个角色，领导不在，变一个角色，被迫应付。

（四）执行过多与教学无关的重复性劳动

经验型教师们反映日常教学中受教育政策和学校管理者能力欠佳的影响，教师们常常会执行很多与教学无关的重复性劳动。这些琐碎的、重复性的、低水平的工作耗尽了教师大部分自主时间，甚至是休息时间。教师自我发展、学习备课时间相对缩减。长久性的无关教学工作促使教师分散了对教学的关注，也分散了教师继续学习的精力，琐碎的事务使得教师感到无趣。尤其是"普九政策"实施的那段时间，教师特别累，颓丧情绪激化。老师们回忆道："'普九政策'的实施促使学生人数突然剧增，班级秩序大乱……班级纪律管理等问题阻碍了正常教学的实施，教师的教学工作转变为管理工作，甚至是守门人的工作，就是守住校门……白天教师担任教学工作，照顾并跟随学生的一日三餐，维持纪律，晚上教师要守夜巡逻，防止学生晚上逃出学校。"(TRFX1、TRFX2、TRMX3)也就是说教师白天、晚上都得工作，这样连续性的超负荷运转，使教师几乎没有了正常的休息时间。教师的工作内容被学生管理工作、守门工作所占据，而这些工作完全与教师教学事务无关。随着身体的透支，教师没时间也没精力备课，渐渐地远离了原本教书的本职工作，逐步放弃了对教学的关注与投入。

（五）同事间人际关系淡漠，缺乏彼此的信任与支持

学校封闭强制的管理制度、严苛的惩罚制度以及教师的不公正对待，形成了教师之间嫉妒、冷漠、不信任的文化氛围，同事间彼此内心设立了防线。加上民族文化与生活习惯的差异，经验型教师内心感到非常孤独，为了防止受到伤害，教师间很少交心，进而加剧了孤独与无助，教师个体没有了对集体的归属感与使命感，教师个体与环境形成了恶性循环，持续的无助与情感淡漠致使经验型教师对学校、对教学工作没有了激情与依恋，教师的消沉、颓丧之感也就越发明显，正如何老师所讲："大家不会在一起讨论、分享各自的经验，碰到难处相互间也不能

给予帮助,做得好,得不到赞赏,做得差也不好讲,讲也没用,甚至会引起对方的厌恶。"(TRFX1)作为教师个体,尤其是远离家乡只身一人为了工作来到陌生的地方的教师,经历过坎坷与磨难后体会到了人际间的淡漠。有教师这样说:"自己是外地人,在这边工作没有真正的朋友,很多事情只能自己憋着,因为和别人讲了,别人不仅不会帮你,可能会给你惹一些不必要的麻烦……"(TRFX1、TRFX2)在类似自保的观念下,教师的行为表现为:"教师们必须做的工作,做掉,不会再询问其他事务,彼此之间的交流也渐渐少了。"(TCMX4)

(六)校长观念滞后,缺乏强劲的领导力

学校整体文化出现压抑、被动、消极、冷漠的氛围与学校校长的领导力有密切的关系。一所学校发展的好坏,校长起着决定性因素。从四位经验型教师的叙述中,不难体会到四所学校都侧重于对教师、对学生的管理工作,忽视校长对学校发展、对教师发展的领导力。所谓领导力不同于管理能力,它是一种影响力,至少包括四个层面的内容,即愿景规划能力、决策能力、执行力与诱导力。愿景规划能力指校长在引导学校发展过程中,建构学校组织中所有成员的共同愿景,基于所有成员想要"创造什么的基本思考"形成共同意愿,进而使所有成员产生一体感,并凝聚在一起,朝着学校的共同目标奋进。共同的愿景既要符合先进的教育理念与办学理念,又要与组织中的每个个体结合,在实现共同愿望的同时,实现教师的个人愿望。在调研的四所学校中,校长在调动教师积极性、鼓励教师、凝聚教师、人性化地诱导教师发展等方面亟须改进,四位老师在各自学校的工作中都感到痛苦难熬,表现出强烈的消沉、怠慢行为。当问及何以改变教师目前颓丧的境地时,何老师说:"校长是学校的灵魂,校长的领导理念、领导风格不变,教师再想改变都难以与之抗衡。"冀老师认为学校校长估计五年内不会换,他想尽早离开这所学校,他说:"我怕被学校耽搁了,从目前的状态看,至少十五年看不到希望。"龚老师作为一名老教师,在反思自我的教学能力与当前教育发展的现实说:"十几年在这所学校里,没有什么长进,去其他学校,自己也没自信了,就在这边熬吧。"张老师在校外有了自己的公司,他说:"再过几年就可以退休了。学校如果能在奖励制度、职称评定、薪酬制度上有所改进,还是可以调动起教师对学校的投入与工作的积极性的。"从教师们自我论述的内容中,可以看到调动教师们的积极性与主动性需要从变革校长的领导力入手,在调整校长的领导策略,增加教师鼓励制度,改进学校文化氛围等方面努力。

(七)个人生活困境加剧了教师的怠慢与颓丧

大部分教龄 10 年及以上的经验型教师在这个阶段,儿女正好读高中、读大学,其花销相对较高,加上当前物价上涨,还要担负房贷、车贷等费用,使教师们

感到入不敷出。相对其他行业，教师们认为教师的工作太辛苦，"朝五晚九"，精神上没有回报，物质经济上也得不到应有的回报。他们刚工作时想着之后会有改变，但工作了十多年，工资未涨，奖金未变，反而增加了处罚制度，他们感到心力疲惫。以下截取了访谈教师们针对当前经济困境提到的想法。

何老师代表了此阶段教师们普遍的一个观点："当前这个阶段面临着房贷、车贷，和孩子上学等问题，事务多了，经济负担也大了，潜意识地影响着日常的教学，也影响着情绪的变化。"（TRFX1）

少数一部分教师"决定考研，希望通过再教育提升自己，跳出当前学校中的困境"（TRMX3）。

有男性老师表示："生活拮据，考虑另谋出路。"（TCMX4）也有一部分教师由于"生活所迫，只得服从，伪装情绪"（TRFX2）。

从这些想法与做法中，不难看出教师们个人的薪酬在维系家庭生活时出现了困境，这也是教师们不能安心工作的一个潜在原因。因此，适当地增加教师工作的薪酬补贴，维持教师基础的物质生活所需，是教师能够从事教学工作的前提。

鉴于以上的分析与阐释，发现经验型教师的负向情绪并不仅仅由教师个体主观因素或心理因素所决定，而是个体与学校文化环境、组织制度、社会环境等相互作用动态生成的结果。调动经验型教师的积极情绪，重新焕发他们对教学、对专业的热情与激情需要从个体与社会两个方面共同努力。教师消沉、颓丧的情绪表面上看属于个人心理的一种短暂反应，但这种反应作用于教师的工作行为时却发挥着不可估量的负向效应，严重影响着教师的专业身份认同与职业承诺，影响着教师专业发展。研究也显示出教师的消沉、颓丧情绪并不仅仅是教师个体内在情感的外显形式，它是学校文化、组织环境长期积累形塑的结果，教师情绪决定着教师个体行为、个体认知与个体意愿，也决定着教师群体文化与学校发展的走向。学校的发展、学生的发展离不开教师对教学的投入、对学生的关爱、对学校的奉献。因此，化解教师与学校的僵局有必要从化解教师情绪入手，通过扭转教师情绪的各种策略进而实现教师转变，推进学校变革。教师的消沉、颓丧情绪与失望、无奈、心灰意冷、悲伤等情绪紧密联系着，某种程度上讲，消沉、颓丧是失望、无奈、心灰意冷、悲伤等情绪的升华。经验型教师在消沉、颓丧情绪之前必定经历了失望、无奈、心灰意冷、悲伤等情绪，而分析这些情绪可以让我们更加清晰地看到教师情绪的历时性变化。

三、经验型教师的情绪地图

教龄 10 年及以上的经验型教师在情绪体验方面以负向情绪为主导，其中消沉、颓丧是该阶段教师情绪特征的主要表现,继而是失望、无奈、心灰意冷与悲伤等情绪。教师的负向情绪会严重影响到教师的教学、教师的专业发展、教师对工作的投入状态以及教师的生存状态,而教师的负向情绪不能单单归到教师个体的心理反应或短暂的情绪表征,这些负向情绪是社会环境、学校文化、学校组织管理、各类制度等与教师个体共同作用的结果,而这一结果又是一个连续性的动态生成的长久累积的形塑结果。教师的情绪状态反映了教师个体的精神面貌、行为动机以及发展意向,同时也反映出了学校在发展过程中面临了诸多深层的发展问题,譬如在领导理念、发展规划、组织管理、课程建设与教师队伍建设等方面亟待改进,同时也暴露了我国农村偏远地区教育领导的缺失与教育发展的滞后。

基于本研究的研究材料,勾勒出经验型教师的情绪地图,如图6.1所示。图6.1显示此阶段影响教师情绪变化的因素集中在学校组织文化对教师的影响,具体包括校长领导力、组织管理、社群文化、学校愿景等方面内容,教育政策、教育管理者对教师情绪的影响主要通过校长对教育政策的解读,校长与教育管理者在实践中就教育政策的应用对教师目标、专业发展等方面产生效应。图6.1中,"+"表示正向积极效应,"-"表示负向消极效应。一所学校的发展离不开校长的领导力,校长虽不能直接影响教育政策的实施,不能直接决定教师的教学质量与学生的学习成就,但校长的角色、校长的领导力、校长对教师专业发展和组织文化等方面的作用间接地影响着学校的发展、教师的发展和学生的发展。校长领导力是一所学校组织文化的关键要素。本研究的材料同样显示,校长领导力直接影响着教师的发展动力与工作绩效,教师们经历的不同故事体现出了不同校长在学校愿景规划、组织管理、社群文化三方面的领导力有显著性差异。校长领导力强,学校会有长远发展的愿景规划,且能协调好教师群体利益,调动教师们的积极性,在组织管理层面刚柔并济,社群文化呈现信任、积极、合作、互惠与彼此支持的氛围,教师队伍拥有持续专业成长的动力;相反,校长领导能力欠缺时,难以兼顾全体教师与学生的利益,难以达成共同发展的愿景,在组织管理方面惯于运用行政命令或指令规范约束组织成员,在社群文化方面表现出猜疑、压抑、抵制等不良氛围,教师人际关系冷漠,负向情绪显著,教师专业成长容易表现出得过且过、消极怠慢的态度与行为。此类教师的情绪地图以负向消极效应为主导,正向积极效应为辅。

其中,校长领导力、学校愿景、社群文化、组织管理如同一个循环彼此形塑,但是校长领导力、学校愿景、组织管理共同形塑了社群文化,即便社群文化会有反作用但终究受制于其他要素。

本研究又进一步指出,经验型教师就组织管理层面进行理解,认为当下奖罚

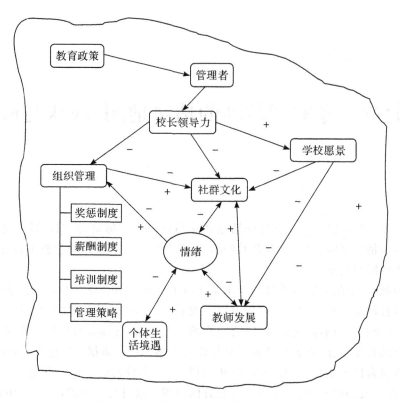

图 6.1　组织文化下经验型教师的情绪地图

制度、薪酬制度、培训制度等已影响了教师的情绪变化,改变了教师的专业信念、情感承诺,此阶段教师由于已脱离生存期的考验,可以应对教学,但对专业的反思,对专业的持续学习与投入明显降低。组织文化是制约经验型教师发展的根本原因,而这些因素在实践培训或教育政策中却很少予以考虑。

　　经验型教师们的负向情绪图景向我们展示了一个有待持续改进的窗口。正如衣俊卿所言:"人生在世总是生活在苦难与困惑的处境中,一种困难解决了,新的困境便会出现,人类困境不可能一劳永逸地彻底解决。因此,我们需要用批判的、反思的、分析的、反省的、检讨的、自我批判的精神回望我们文化环境中的悲欢离合、喜怒哀乐、善恶美丑,寻求解脱,进而使得我们的处境越来越好。"鉴于此,综合经验型教师在当下教育教学工作中体验到的情绪及其情绪脉络,尝试性地勾勒此阶段下经验型教师们的情绪地图,试图为完善、搭建、营造经验型教师群体的积极性情绪文化氛围,调动教师积极性与主动性提供依据。

第七章 专家型教师的情绪地图:现状与成因

本章主要考察专家型教师的情绪体验与情绪体验脉络,意图通过了解专家型教师的情绪体验、情绪理解及其经验、策略为新手教师及经验型教师找寻可供借鉴的思路与启示。

为此,选取的专家型教师的样本基于以下标准:首先,要有丰富的教学经验,长期担任教学工作,至少有 20 年及以上教龄;其次,退休前一段时间渴望专业发展,对专业发展负有高度的责任,有较高的职业承诺,有较高的专业标准,能够应对复杂的教学工作,有着广博的学科知识和教学知识。依据上述标准,本章研究对象需符合以下条件:①教龄在 20 年及以上;②学校的骨干优秀教师或特级教师;③在学校、同行、家长、学生中有良好的口碑。通过校长引荐,经初步访谈后,最终确定了四位专家型老师作为研究对象,在遵循研究伦理的基础上,征得参与者的同意,以别名和代码代替教师的真实姓名,分别是陈老师(TSM2-4)、王老师(TSM2-5)、赵老师(TSF3)、孙老师(TRM1)。访谈大纲围绕教师如何理解情绪概念、教学工作中的情绪表现、情绪性事件,以及教师处理情绪的策略等主题,展开与专家型教师的对话。经过各位参与者同意后将录音转录出文本,运用扎根理论的资料分析方法,结合三级编码,使用 Nvivo 10.0 软件辅助分析,总结出了专家教师情绪表达的聚类维度。

一、专家型教师的情绪状态:积极愉悦,富有成就感

从专家型教师自述的话语文字中,我们将表现出的情绪状态的词,进行编码聚类,形成了图 7.1。从图 7.1 可以发现专家型教师在面对教育教学的关键性情绪事件时总体情绪体验表现为开心、积极、乐观、满足、自信并富有成就感。但也流露出了一些负向性情绪,比如无奈、沮丧,再次回到文本语境中我们发现专家型教师所描述的无奈和沮丧等负向情绪仍是一种积极乐观、健康自信的情绪表现,它体现在了专家型教师对职业、对学校、对教师队伍群体发展的强大使命

感与责任感。他们的焦虑与动力正是作为教育者的使命感与责任感,它们在情绪的冲突中,问题的冲突中,发挥着自身积极的贡献,推动专业的发展。比如:"学校领导对文件精神领会不到位,苦了老师们跟着指令重复来重复去地做些与教学无关的无用功,感到很沮丧"(TSF3);"现在改革过于频繁,专家引领有时候不切实际,教师们也是有知识无思想,形式多于实质,随大流、跟风、怕担责,这种做法在教育中不应当提倡"(TSF2-5);"信息化推动教师更好地教,我们很多时候却成了信息时代的附庸,离开了课件就不会讲课,没有可视化的图像,课就不够档次?"(TRM1)……从语义上,我们可以看出专家型教师对教育有着满腔的热血,也有着强烈的使命感和责任感,面对教育中的一些乱象,专家型教师感动焦虑和苦恼,但最终他们共同认为:"要尽余生的力量来感染我们的教师,总要为教育事业留下些什么……"(TSM2-4;TSF2-5)总而言之,他们能够有效地控制、管理好自己的情绪,对自己的专业身份有较强的认同,有较高的职业承诺,效能感强,自信、乐观,自认为能够引领教师队伍。

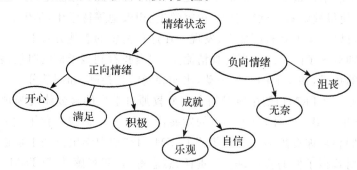

图 7.1 专家型教师情绪状态的聚类群

二、专家型教师积极情绪状态的成因

专家型教师之所以呈现出一幅正面积极的情绪图景,最显著的特点是他们能够运用情绪实现教育教学目的。对专家型教师而言,情绪如同道具,他们可以根据不同场合、不同主体的心理特征表达适宜的情绪。专家型教师表现出积极愉悦、乐观满足的情绪脉络与教师对学生的关爱、对教学的热爱以及师生互动中的成就感密不可分。他们能及时发现学生的成长变化,欣赏学生的优点,包容学生的缺点,针对学生的偏差可以及时地以学生接受的方式进行再教育,学生心服口服,师生关系非常融洽。教师的自信与成就除了源自与学生的互动和游刃有余的教学,更重要的是源于教师对教学持久的创新能力、组织能力与问题解决能力。专家型教师总是以"问题解决为导向",能够解决教育中的各类难题与困境,并能带领教师群体创建活动、组织活动、研究课题、开发校本课程，以理性的判断力分析、评价教育中的现象与问题，始终在专业中处于引领者的角色，有着强烈的使命感与责任感。专家型教师们的关注点不仅是自己的课堂、自己的学校，他们还关注整个基础教育的发展，关注着中国教育的发展，并试图通过自己的努力推动中国教育的发展，其胸襟与胸怀已超出了对自我利益的关注。已有对"专家型教师的特征"的研究结果也有过类似的阐释，即专家型教师热爱教师职业，关爱学生，具有超强的问题解决能力、灵活变通能力，以及利他精神[1]等。本研究在此基础上还发现专家型教师的积极情绪与教师专业的自主判断、"必要的健忘"以及对学科专业的热爱与投入有重要的关系。

（一）积极、愉悦源于良好的师生关系

良好的师生关系首先需要教师对学生表现出喜爱、欣赏、理解、支持与包容。专家型教师在教育教学工作中积极愉悦的情绪关键在于拥有良好的师生关系。而师生关系的维持最为重要的前提就是教师自身对学生的喜爱，正是教师对学生的喜爱，使得教师易于欣赏学生、包容学生、积极地等待学生，学生的一点成长与进步都可以轻易地被教师捕捉、发现。在这种情感的表现方式上，小学阶段的专家型教师对孩子的喜欢体现为真情流露。"当我看到孩子们的时候，就如同看到了自己的孩子，孩子们的一举一动，比如和老师打招呼，和同学分享一颗糖，看着就很开心。"（TRM1）初中阶段的专家型教师对学生的喜爱体现为理性欣赏。"现在的学生都很有个性，每个学生的发展特点不一样，激发出孩子们的闪光点，这些孩子们会给你意想不到的收获。"（TSM2-4）"初中学生正处于叛逆期，但他们身上折射着孩子们的善良、担当、责任、意志等，让我很感动。"（TSM2-5）

其次，专家型教师认为提升学生学习成绩与改善学生的行为表现并不容易，需要长久、持续、反复地努力，在实践中不断尝试、不断创新。专家教师们能够承认教学的不易与学生改变的艰难，也更容易接受学生的不足，能够等待学生的成长与改变，寻求办法鼓励、支持学生，协助学生改进，因此，学生的不良行为几乎难以真正影响到教师的情绪。孙老师讲："毕竟是孩子嘛，他们的行为习惯、行为表现的改变需要一定的过程，学生犯点错误很正常，不可避免，大人很多时候明明知道应该怎么做，但在实际行动中总是跟不上想法，何况一个孩子，所以不管怎么样我都会保持积极乐观的态度面对我的学生。"（TRM1）

再次，专家型教师善于运用恰当的情绪改善师生关系，实现教育目的。生气都是假生气，当课堂秩序混乱或学生提出一些不合理的要求时，教师一个眼神学

---

① Rosetta Marantz Cohen, *A Lifetime of Teaching: Portraits of Five Veteran High School Teachers* (New York: Teachers College Press, 1991).

生就领会了。王老师讲："班上同学在教师节前准备了很多气球，在我进门的时候给我惊喜，我其实内心有所准备，但在学生面前我会表现出非常惊奇，显示出我非常高兴。"(TSM2-5)陈老师同样指出："学生实验做得确实很好，我内心很开心，但不愿意让他们发现，为了不使学生产生自傲，我会表现出淡淡的微笑；有时学生经过了很长时期的努力，虽然结果一般，但这时我会表现出特别开心的样子，鼓励学生。"(TSM2-4)

最后，专家型教师能保持积极、愉悦的情绪状态有一个共同的策略就是拥有"必要的健忘"能力。每个人生活在现实中总会遇到磕磕绊绊，不可能所有的事情都能如愿，专家型教师也不可避免。但当问到专家型教师如何处理教学工作中不开心、沮丧的负面情绪事件时，他们的共同答案是忘记，将那些不愉快的事情全部忘掉。王老师讲："每天都是新的开始，生命这么短，为何要和自己过不去，不愉快的事情在回家前统统扔掉。"(TSM2-5)孙老师同样认为："不管发生什么事情，开心是一天，烦恼也是一天，那还不如开开心心地过。解决不了的事情烦恼也没用，该做什么做好就可以。其他的事情忽略不计。"(TRM1)科恩(Cohen)对城市中拥有 25 年教龄的熟手教师做的一项民族志研究同样得出，"必要的健忘"是熟手教师成功的一个重要特征①。也有学者将"必要的健忘"与"努力、勤奋"等品质联系在一起，认为它是保证教师克服困难、继续前进的动力②。陈老师进一步解释道，"必要的健忘"不是堕落、颓废、绝望、放任问题，而是折射了专家型教师有可行的办法或能力影响周围环境，他们有足够的自信认为通过努力他们最终会获得成功，而不开心是短暂的，沮丧、失望只会影响自己，影响周围的人，所以乐观地、勇敢地接受问题，面对问题，解决问题，是他们健忘能力的基础。

（二）热情、开心源于教师对所教学科钻研的自觉

四位专家型教师表现出一个共同的特点，即都对所教学科非常热爱，他们对学科学习与研究投入的兴趣是其持续学习的主要动力，也是化解困难、维持激情的主要方式，亦是教师工作中的自我保护。

陈老师所教科目是物理。他考虑到初中学生的抽象思维能力刚刚开始被激活，又缺乏对生活经验的敏感，对于纯粹抽象的原理，学生很难理解，陈老师自己

① Rosetta Marantz Cohen, "What It Takes to Stick It Out: Two Veteran Inner-City Teachers After 25 Years," *Teachers and Teaching: Theory and Practice* 15, no. 4 (2009): 471-491.

② Salvatore R. Maddi, Deborah M. Khoshaba, Michele Persico et al., "The Personality Construct of Hardiness: II. Relationships with Comprehensive Tests of Personality and Psychopathology," *Journal of Research in Personality* 36, no. 1 (2002): 72-85.

也不愿意就原理教原理。他认为实验是物理学习与研究的最好方法。于是,他自己创建了物理实验室,收集了各种日常的废弃材料,结合自己的专业发明了很多小实验,而这些小实验一方面与人们的日常生活密切关联,另一方面与学生们学习的各类物理原理直接相关,学生们在他的带领下,将物理实验与物理原理掌握得都非常好。学生们也养成了观察生活,收集材料,自己实验研究的习惯。他说:"我在学科中所取得的一些成绩与我对物理学科本身的喜爱有密切的关系。我喜欢研究,喜欢实验,所以我会把我的时间分成两份,首先是教书,然后就是学习。我有一个自己的实验室,平日我会收集一些材料,自己做一些仪器供学生们日常学习所用。我也会关注物理界的最新动态,学习与研究会让我陶醉在个人世界中,我也因此少了很多不必要的烦恼。"(TSM2-4)

王老师所教科目是英语。他是当时学校里唯一一名英语专业毕业的教师。他是毕业后直接分配到了农村,一直在××学校工作。王老师把英语看成是一门语言工具,英语的学习需要在具体的文化、时代背景、语境中运用,由于农村条件资源有限,王老师20年来一直订阅《21世纪报》,坚持听VOA(美国之音广播电台),观看欧美电影,保持与时代的接轨。王老师说:"初中英语如果仅仅停留在课本的语言点与语法上,学生是难以真正学会的。英语最重要的是交际,是运用,英语的听、说、读、写能力都需要提升,对初中生而言,听是学生学好英语的利器。为了让学生们接收到地道的英语,我会想办法利用网络资源给学生增加学习佐料。在日常教学中,我尽量用英语授课,让学生们自己体会英语词汇的意义。身为一名英语教师,其实自己也是一名学习者,为提升自己的英语水平,了解英语国家的文化,我常常看英文小说、杂志、欧美电影……这些课外的内容能够丰富我的生活体验,也能让我的课堂保持新鲜。"(TSM2-5)

赵老师所教科目是语文。她喜欢研究民国老课本,尤其喜欢丰子恺的儿童漫画集,以及一些国外的儿童绘本。她认为小学语文最大的特点是要激发学生的阅读兴趣,使学生养成良好的阅读习惯。儿童文学、儿童绘本有助于打开学生的想象力,提升学生的思维。因此,赵老师会把大量的时间用在对儿童文学的揣摩上,还开发了以群文阅读为特色的校本课程。她说:"我喜欢看书,喜欢把时间与精力用在所教的学科上,喜欢扩展一些课外内容用于教学。"(TSF3)

孙老师所教科目是数学。他也同样表达了类似的观点:"教师首先要爱学生、爱所教的学科,不同阶段、不同时间对所教内容的领悟不同,在其位就要谋其职,就要自觉地研究所做的工作,提升自己。"(TRM1)

上述四位专家型教师都将钻研专业学科以及在钻研过程中获得的满足感作为教师成长的内在动机和内在奖励,这不仅丰富了教师的专业素养,而且也减轻了教师的负向情绪。为此,一些缺乏外在奖励、发展资源有限的学校可以通过调动教师对专业研究的自觉,改善学校组织文化。杜威曾指出,教师要想成为课堂中真正有智慧的领导者,首要的条件就是对所教科目有充分的准备,这里的准备就是指对学科的自觉钻研。教师的学科知识一定要超越课本知识,教师才可能回答好学生的问题,解决好预期的事件。教师对学科钻研的热情才能蔓延到学生的学习行为中①。四位专家型教师成功的教学事件验证了教师对学科钻研的热情、对学科的充分准备,可以在学生学习中产生情绪感染,即教师开心,学生开心;教师沮丧,学生也随之沮丧。

(三)自信、成就源于教师对教学的专业判断与专业自主

"我是谁?"是好教师成就好教学,必须回答的问题。四位专家型教师在访谈中都认为,在教学中有所成就的教师必须对自我教学、自我课堂有较强的专业判断和专业自主能力。专业判断需建立在教师对教育目的、教育伦理的遵循,对学科知识的把握,对自己与所教学生的深入理解的基础上。好的教学需要将教师的情感、教师的特性渗透在教学中,需要教师具备自主的课程领导能力。"课堂是教师自己的,学生是鲜活的,教师也是个活物,教学如同一个流动体,充满了无法预测的波浪,教师要根据具体的情境做出及时的决断。"(TSM2-4)每个教师都有其自有的特点,教师需要创造自己的教学风格与教学模式。教学不存在复制,更不存在照搬,学生不同、情境不同,教师的教学方式亦不同。课改实施了十多年,在"学生自主""小组合作""先学后教""不学不教"等理念下,全国出现了九大教学模式,基于九大教学模式又拓展演化出了很多模式,可怕的是许多学校、许多教师直接套用模式并强制在课堂中实施,导致一些班级出现"放羊"状态,学生成了实验品,耽搁了不少学生的发展。教师越教越不会教,甚至出现了集体性倦怠。

在专业判断上,陈老师感触颇深:"有段时间接到上级领导通知,学校要实行全面改革,全校强制实施小组合作,学生自学,教师导学,面对全班60多号人,小组合作就连重新摆桌子都成问题,摆好后,中间的空间特别小,教师很难走下去。有的同学听课扭着脖子,一节课下来孩子们身体也不舒服。我就变通了一下,学生们组成小组,在课后以小组的形式做预习、做实验,上课直接汇报实验与结果,课上我主要听学生的问题、结果,给予讲解。课上学生只需要换好位置,以小组的方式坐在一起,不用移桌子。学生的学习兴趣与学习效果都不错。"(TSM2-4)

赵老师主要教小学低段语文。学生以8~9岁的居多,这些孩子们处于识字阶段,缺乏进行合作学习的知识储备、技能储备与策略储备,一味地实施小组合

---

① John Dewey, *How We Think* (Boston: D. C. Heath, 1910).

作、学生先学不切实际,因此,赵老师仍以教师教、带着学生练习的模式为主,适当地给予学生一起合作的机会,锻炼学生的自主学习能力,适当使用小组合作。她说:"作为教师,首先要对自己的学生负责,学生们来学习,来我的课堂上,我就要让我的学生学习到一些东西。学生太小,在一起很难有真正的讨论,至于学生合作,只有在活动中告知学生怎么做才能实现合作。"(TSF3)

本研究引用两位老师的例子,不是要反对课改的一些做法,也不是提倡教师们反对上级的规定,而是强调教学具有特殊性,需要教师通过专业自主判断,把教学理念与个体情况、班级情况、学生情况结合起来;对"先进"的教学模式学会变通、改造、发展,"为我所用"。好的教学需要教师拥有专业自主能力与自主空间。教师专业自主指教师在专业伦理规范下,依其专业知识,对专业任务能够做出专业判断与决定而不受外力干预,它需要基于赋权、知识、伦理、环境四个方面实现专业自主的可能①。因此,教师专业自主需要从赋权、知识、伦理、环境等四个方面努力,但本研究揭示了专家型教师在教学中的自信、成就与成功源于教师对专业的自我判断与专业的自主能力。古德拉德(Goodlad)也曾提出,教师在教学中需要将专业自主放在首位,并要求赋权教师,赋权学生,才有助于真正实现教师的教与学生的学②。教师专业自主,为教师留有自主判断空间,有助于提升教师的课程领导力与教学品质。

而教师专业自主、专业判断能力的评估基础是问题是否解决,问题解决是由一定情景引起的,按照一定的目标应用各种认知活动、技能等,经过一系列的思维操作,使问题得以解决的过程。解决问题牵涉问题本身的性质、解决问题所需要的知识、处理的态度和方法以及结果的认定。专家型教师处理教育教学问题具有丰富的经验与智能,其态度与方法决定了专家型教师的问题解决能力。他们表示在当前教育教学中还没有碰到过特别棘手的难以应对的问题,也没有经历过特别异常的情绪波动。正因为专家型教师面对问题和困难通常采用"问题解决型策略"且最终达成了预期结果,以致专家型教师对自我的判断能力越有信心,越有资本寻求专业自主,其成就感与自信增加了专家型教师的愉悦情绪。

(四)成就、满足源于教师的影响力与学校的支持

能成为专家型教师说明这些教师在教育教学工作领域中,至少在本单位得到了同事们对其专业能力的认可,拥有着良好的声誉与荣誉,此时教师们在工作中已不仅仅关注自己的教学,他们更有意愿为学校、为教育做出更多的贡献,发挥更大的影响。通常,专家型教师会将自己多年的教学经验与领悟向其他教师

---

① 李茂森:《教师专业自主:何以可能与如何可能》,《教育发展研究》2008年第2期,第48-51页。
② John I. Goodlad, *A Place Called School* (New York: McGraw-Hill, 1984).

推广,并形成以自身为核心的专业发展共同体,共同解决教育教学中的问题。专家型教师在学校大多担任着教育科研工作,牵头带领学校的教师做一些课堂教学的尝试。比如陈老师牵头的初中实验物理教学小课题;赵老师牵头的群文阅读课程设计研究;王老师牵头的初中生听说能力的培养研究;孙老师牵头的学校"绿色课堂""绿色文化"的营造研究。只是对课题的理解,专家型教师与教育科研的研究者有些不同。

陈老师讲:"我主要以初中物理小实验为核心,找一些真正愿意做事的老师,自愿形成一个团队,主要解决教学中的实际问题,向一线初中物理教师推广使用。而不像纯粹学术类的课题研究,需要遵循固定的科研程序。"(TSM2-4)

孙老师说:"作为学校高层团队的一员,既要关注教师团队的成长与发展,也要关注学生能否健康、快乐地成长。经过多年工作的积累与打磨,我认为办好一所学校,管理好一所学校需要有文化引领,需要有良好的文化环境。因此,在学校领导的支持下,我主要探索'绿色教育',以引领学校教师与学生的发展。"(TRM1)

两位个案教师都揭示了一个现象,就是专家型教师更愿意将自己的能力、经验向外推广,他们关注自我对他人的影响,愿意作为引领者组织、构建教师学习社群与研究社群,创造有益于教师教学、学习工作的积极文化。

相对地,学校的组织文化环境为专家型教师提供了施展教师意愿与能力的平台,学校领导乐意听取专家型教师的建议,支持并鼓励专家型教师推进学校教师专业发展以及一些校本教研的活动。表现在:首先,学校领导赋权给专家教师组建研究团队,担任相应职务,并提供场地以及经费支持等。比如,"学校为开展群文阅读计划,购买了很多儿童读物,并与其他学校搭建了长期的合作关系,增加了教师间的沟通与学习。学校还聘请了一些研究儿童文学、教育学的专家指导研究计划,我们所做的努力与学校领导的信赖有密切的关系。"(TSF3)"学校会经常派我外出观摩学习,并与周边市区的优秀学校共同举办教研活动,开展教研比赛,为学校教师创造了外出学习的机会。"(TRM1)

其次,学校的文化发展、变革离不开专家教师的引领与参与,当专家型教师在学校变革中的某些决定上能发挥一定作用时,教师们会感到很有成就。"我在这所学校已经待了20多年,见证了学校各个阶段发展的轨迹,对学校的文化、各任领导、学校发展现状比较了解,学校变革经历的大大小小事件我也一同体验过,当碰到学校文化建设、学校管理更迭等,领导们会询问我的建议,我内心很满足,很有成就感。"(TSM2-4)

总之,情绪是个体根据自我目标的重要性对事件进行的有意识或无意识的评价。当事件符合个体目标方向发展或其结果满足个体目的时,个体便会表现出积极情绪；当事件阻碍个体目标的实现或事件的发展有违个体意愿或目标时，个体便会产生负面情绪。同时，情绪又是在个体与环境的互动中产生的。互动结果与预期目标的一致程度、个体对一致性的评估、情景的归因决定着情绪的表现形态，不同的情绪效价与形态体验进而影响着个体的行为意向与行为表达。专家型教师的积极、乐观、满足与成就等情绪体验及其情绪脉络与专家型教师个体的专业知识、道德品质、情绪智能、经验判断等有密切的关系，同时也与积极支持、宽容祥和的外部环境有直接的联系。

从对专家型教师的情绪地图的成因进行剖析，我们可以发现专家型教师积极情绪的经验策略有：①教师要善于在合适的场合下运用、表达适当的情绪实现教学管理；②教师善于接受学生的弱点，承认教学的复杂与不易；③教师热爱所教的专业并自觉地钻研学科；④教学过程中善于把自我判断与自主领导放在首位；⑤以"问题解决"为导向增加教师专业知识与情感智能；⑥专家型教师愉悦积极、自信乐观的情绪体验离不开学校领导层面的支持。因此，学校管理者应尊重教师不同发展阶段的不同需求，应本着开放、有序、弹性的管理制度，为教师发展提供鼓励机制与支持环境，才能更好地调动教师的积极性。

三、专家型教师的情绪地图

专家型教师整体上情绪相对稳定，主要以正向情绪为主，这与教师们的教学经验、人生发展阶段存有一定的关系，但如果深入分析该阶段教师群体表现出的情绪特征，仍可以发现诸多的相似之处，这些相似之处可为改进教师社群文化，创造资源，提升教师发展动力，完善教师队伍建设等方面提供借鉴。回望对专家型教师情绪及其情绪状态的研究得出，专家型教师的积极情绪不仅源于教师个人的情感素养与教师个体的调节能力，还源于专家型教师拥有良好的工作环境与和谐的组织文化，并能得到各方面的支持。这些支持有资源、人际、声誉等方面的外在支持，还包括激发教师内在发展与其存在意义的各类实现自我的平台。专家型教师良好的情绪地图是教师个体与社会环境因素互动作用的结果。为了更好地理解个体与社会环境互动之间的关系脉络，图7.2勾勒了专家型教师的情绪地图。

如图7.2所示，专家型教师的积极情绪地图是教师个体与教师工作环境即学校各方面的社会组织文化要素共同形塑的结果。专家型教师有着丰富的教学经验、教学知识与教学能力，在师生互动方面能以学生需要的方式、喜欢的方式、可理解的方式关爱学生，引导学生，赢得学生对教师的尊重、认可与赞赏，师生关系融洽；在教学方面，专家型教师善于对自己所教学科进行钻研，能自觉持续地学习、思考专业，能解决工作中的各类问题。就教学工作而言，专家型教师很少

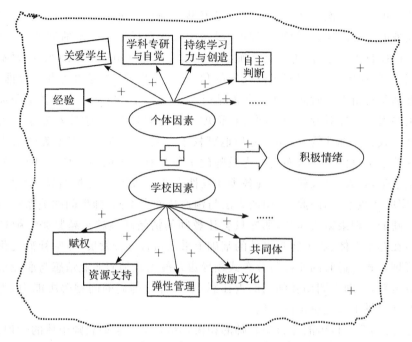

图 7.2 专家型教师的情绪地图

经历工作中的挑战与威胁,情绪相对比较稳定且积极情绪占主导。面对教育改革、学校变革,随着教学经验的积累,专家型教师们或多或少地经历并体验过一些变革类事件,他们对变革的理解、变革的实施与变革产生的效应已有自己的判断与思考。他们能在扑朔迷离的冲动中找准师生发展的方向,也能适当地做出符合变革又符合师生发展的决定。优秀的专业品质促使专家型教师在应对问题时游刃有余,在情绪调节与情绪表达等方面的情绪智能也相对技高一筹。

学校社会文化方面同样为教师的发展提供了非常大的支持与帮助。诸多专家型教师在自述积极情绪和情绪调适时共同提到一个关键性要素,即在发展过程中得到了学校、同事们的鼓励。鼓励有助于降低教师的负向情绪,增加教师的发展动力与支持。通常鼓励有两种形式,即赞扬与积极回馈。在实践中运用两种鼓励形式,一是提升教师们的自信心,二是传递彼此间的信任。人际关系相对融洽,彼此合作、互惠,共同发展的机会就越多,环境中的正能量也就越多,有助于夯实教师们对教育事业持续发展的信念,也更能增加教师们的存在感与效能感。其次,在资源方面,专家型教师相对其他阶段教师会得到更多支持。比如当专家型教师对教学中的问题或疑问产生困惑时,能组建相应的课题团队,能组织教研活动,比其他群体教师亦有更多学习展示、外出交流的机会。在经费问题方面也比其他群体教师更容易得到资助,便于将时间投入在教学工作中,投入在教师专业发展上。再次,在学校工作中,专家型教师拥有更多的自主权,他们能够根据任务的重要次序、时间紧凑程度,以及个人的选择做出一定的调整,在某种程度上可以自主决定,因为这类教师群体在学校中通常担任一定的职务,要不就是威望、声誉比较高,他们充当着领导的角色,对于琐碎、重复的杂事有权推脱,这样有利于将精力与时间用于专业的钻研。一定的自主权是专家型教师积极情绪的主要因素。针对专家型教师某种程度上拥有的自主权,学校对专家型教师的管理方式偏向弹性管理,并会适当地赋权于专家型教师。专家型教师认为弹性管理并不是放任、无序,而是因为教师的工作具有一定的灵活性,教师所教的对象是学生,是人,是人就会出现各类偶发性事件,不同学生性格迥异,学习方法多样,家庭环境不一,因此,采用的方法与沟通技能也不同,师生间的关系难以用统一僵硬的管理束缚或命令,那样只会让教师的情绪环境越来越紧张。弹性管理是指在尊重个体、尊重客观事件的基础上采用适合学校发展、教师社群文化营造的管理方式。适时的赋权与分布式领导也是凝聚教师们职业情感与职业承诺的有效策略,有助于调动教师们的责任意识,发挥教师们的问题解决能力,为教师的发展提供了自主决定的空间。

总之,图7.2显示的专家型教师的积极情绪是受专家型教师个体的知识、能力、经验、钻研自觉、个体自主判断等几个核心要素共同影响的,同时社会文化因素比如对专家型教师赋权、资源支持、弹性管理、鼓励文化、同事间的专业共同体等为专家型教师的发展同样提供了重要的支持与帮助,这些要素的相互编织与共同作用使得专家型教师在专业发展方面保持着持续发展的动力与积极乐观的情绪。这些核心要素共同构成了专家型教师专业发展的积极情绪地图,警示着构建积极情绪环境的重要性,即教师的情绪不是教师个体的心理反应,教师的情绪揭示着学校的社会文化,是学校社会文化的形塑。调动教师们的积极性与主动性,转变教师的观念,提升教师持续发展的动力机制需要从教师个体与教师所在的文化环境两方面同时给予支持与鼓励。

第八章　教师的情绪调节策略:现状与启示

　　了解了中小学教师群体的情绪体验后,有必要考察教师在经历情绪事件时或经历情绪事件后,是如何调节其情绪的,运用了哪些情绪调节策略。回答这些问题对于我们理解教师情绪产生的效应,构建适合教师情绪需求的社会支持路径有重要意义。已有研究证明,教师具有较强的情绪调节能力,可以减少工作倦怠,提升工作满意度。教师积极的情感体验在教学和工作中容易得到更多的情感性支持与策略性帮助,有助于创建积极的课堂学习环境,促进学生正向情感的养成,增加师生对学校的依恋,提升师生学习动机与工作成就[1]。因此,本章主要探讨所选样本中教师们运用了哪些情绪调节策略,并结合已有的研究讨论这些情绪调节策略产生的影响,为提升教师情绪调节能力提供一些启示。

一、情绪调节及其分析维度

　　情绪调节是指个体对情绪发生、体验与表达施加影响的过程,同时也是运用弹性策略调整个体情绪,进而有效管理与掌握个体情绪,对情境做出适宜反应的能力。情绪调节的目的是根据社会文化情境下的情绪表达规则,在具体情境下能够掌控个体情绪从而在合适的情境下表达合适的情绪以满足双方需求,维持正面社会关系的互动。为此,可得出情绪调节至少包括三个层面:一是个体内在情绪的调控与管理;二是在相应文化环境下识别他人情绪、理解他人情绪、影响他人情绪;三是情绪调节离不开情绪规则与情绪劳务两个概念。专业、工作、群体组织为达到既定目标,组织内的成员无法完全依据自己的方式来表达情绪,而必须遵照组织的规范来调整自己的情绪表达方式,这套规范就是组织中的情绪规则(emotional rule)[2]。戈夫曼认为,个体对他人的情绪表达如同表演者站在

---

①　卢家楣:《情感教学心理学》,上海教育出版社,2000,第259页。

②　吴宗祐:《组织中的情绪规则及期社会化》,硕士学位论文,台湾大学,1995。

台上对观众表演一般,台上的表演要遵循预先确定的行为方式来进行,这称为角色①,而埃克曼将这称为"展示规则"②。霍克希尔德(Hochschild,1979)批评"展示规则"层次太浅,并进一步提出,"情感规则"指个人致力于改变内在的情感,使伪装出来的情绪仿佛真情的自然流露,此时意识发生了变化,伪装的情绪成了"我自己"的一部分。台湾学者李安民等(2012)认为教师这一职业有其特殊性,教师在情绪表达过程中还存在真实的情感即真情流露,他们将真情流露也归到了情绪劳动中③。由于情绪规则主要用于专业规范、工作组织规范或社会文化规范中,教师的情绪调节主要聚焦在展示规则与情感规则两个维度。正是由于专业、工作或文化环境、组织制度等方面的规范要求与个体真实情感表达存有差异,教师需要情绪调节。而按照组织规范所做的情绪调节的工作,就是情绪劳动(emotional labor),又名情绪劳务。德纳姆(Denham)将情绪调节的内涵分为三个构面:一是情绪构面,指感觉类的情绪;二是知觉认知构面,指对注意到或引起情绪的刺激给予解释、理解与评价;三是行为构面,即运用不同的策略处理所体验到的情绪④。

综上所述,分析教师情绪调节能力的框架可从两个维度三个构面给予全面考虑:①个体心理层面的情绪调节与管理。②组织社会文化互动层面的情绪调节与管理。基于两个维度的统领,每个层面包括情绪构面、知觉认知构面与行为构面。前一维度在操作中指个体内在情绪的管理与调控,比如教师非常生气,在操场上通过跑步发泄生气情绪,该维度下的情绪构面表现在教师生气;知觉认知构面表现在教师受到了领导的批评误解,并认为与其沟通解决不了问题;行为构面表现在跑步发泄生气情绪后决定,在以后的工作中,不做"出头鸟"。后一维度在操作中侧重专业规范下的情绪调节与调控,比如教师在上课前接到一电话,得知女儿生病住院了,而临时找不到其他老师代课。教师在课堂上,虽然内心非常焦虑、紧张,但她仍要表现出开心、愉悦之情。此维度下,教师的情绪构面表现在教师真实的情绪是紧张、担心,但展示的情绪却为开心、愉悦;知觉认知构面表现在教师认为不能把这么多孩子扔下不管,女儿在医院此时有人照顾,教师专业规范中明确规定教师要调节情绪,课堂上要展现给学生积极、愉悦的氛围;行为构面表现在教师继续上课,将紧张情绪调整为愉悦、开心情绪。

---

① 欧文·戈夫曼:《日常生活中的自我呈现》,冯钢译,北京大学出版社,2008,第 17 页。

② Paul Ekman, "Expression and the Nature of Emotion," in *Approaches to Emotion*, eds. Klaus R. Scherer and Paul Ekman (Hillsdale, NJ: Lawrence Erlbaum Associates, 1984), pp. 319-344.

③ 转引自李安明、黄芳铭、吕晶晶:《台湾小学教育人员情绪劳务量表之发展与编制》,《测验学刊》2012 年第 9 卷,第 451-486 页。

④ Susanne A. Denham, *Emotional Development in Young Children*(New York: Guilford, 1998).

二、情绪调节的类型

已有情绪调节的相关研究主要集中在心理学研究领域，在这一领域中最早的情绪调节理论源于精神分析理论，该理论否定情绪的积极作用，认为情绪如洪水猛兽，而个体情绪调节的任务是使自己尽可能少地受消极情绪左右，通过对行为和心理的控制降低消极情绪体验。之后，格罗斯基于正常人群经验和有关实证研究，提出积极情绪和消极情绪均可以主动调节，他认为首先，情绪调节不仅仅是降低负向情绪，还包括负向情绪、正向情绪的增强、维持、降低等多个方面；其次，情绪调节有时是显意识的，有时是无意识的；再次，情绪调节没有必然的好与坏，在一种情景中是好的，在另一种情景中可能是差的，但有不同的影响效果[①]。格罗斯(Gross)之后提出了情绪调节模型，即在情绪发生过程中展开，在情绪发生的不同阶段，会产生不同的调节策略，情绪调节模型在情绪反应的前后把情绪调节分为先行关注情绪调节(antecedent-focused emotion regulation)和反应关注情绪调节(response-focused emotion regulation)[②]，在此基础上，提出五种情绪调节策略：情景选择、情景修正、注意分配、认知重评和表达抑制。情景选择指个人趋近或避开某些人、事件与场合以调节情绪。情景修正指应对问题或对情绪事件进行初步的控制，努力改变情景，比如遇到尴尬境地，个体努力改变令人尴尬的事情等。注意分配是关注于情景中许多层面的某一或某些方面，包括努力使注意集中于一个特定的话题或任务，避免离开原来话题或任务。认知重评主要通过改变对情绪事件的理解，改变对情绪事件个人意义的认识来降低情绪反应。表达抑制是一种反应关注策略，发生在情绪产生的晚期，主要通过抑制将要发生或正在发生的情绪来降低主观情绪体验[③]。

拉扎勒斯和福克曼(Lazarus and Folkman)提出了两种情绪调节策略：一种是以问题为中心，即通过使用问题解决策略试图改变情境或去除问题威胁，从而降低个体情绪紧张程度；另一种是以情绪为中心，即不关注实际问题情况而采用行为或认知调节策略。但研究结果发现，过多使用以情绪为中心策略应对问题的个体，表现出较高的抑郁水平，而倾向使用问题为中心策略的个体，在任务不

---

① 转引自王振宏、郭德俊：《Gross 情绪调节过程与策略研究述评》，《心理科学进展》2003 年第 11 卷第 6 期，第 629-634 页。

② James J. Gross, "Antecedent- and Response-Focused Emotion Regulation: Divergent Consequences for Experience, Expression, and Physiology," *Journal of Personality and Social Psychology* 74, no. 1 (1998): 224-237.

③ 程利、袁加锦、何媛媛等：《情绪调节策略：认知重评优于表达抑制》，《心理科学进展》2009 年第 17 卷第 4 期，第 730-735 页。

可控制的情况下表现出较高的焦虑水平①。

弗雷德里克森（Fredrickson）的研究指出负向情绪持续的时间越长，身体健康状况会越差，积极情绪是身心恢复的重要因素。于是不将积极情绪与积极情绪体验作为情绪体验的分类而是将其作为应对消极情境的工具，经过实验证明，积极情绪有助于缓冲消极情绪带来的压力，使个体恢复正常水平②。

近几十年来，心理学、行为科学、精神病学、保健科学和认知神经科学等对作为情绪调节策略的正念冥想做了许多临床研究，得出正念冥想可以调节个体的负向情绪，促进个体正向情绪，对身心具有显著干预效用的结论。正念是个体有意识地注意维持在当前内在或外部体验之上并对其不做任何判断的一种自我调节方法。正念冥想是一组以正念技术为核心的冥想练习方法，主要包括禅修、内观、正念减压疗法、正念认知疗法等③。邢采与杨苗苗收集了注意训练对调节情绪的证据，论述了分心策略可以有效地减少烦躁、抑郁的症状，而沉思反而会导致个体产生更多的负面情绪，且持续时间更长④。

鉴于以上对情绪调节策略的总结与归类，心理学领域强调个体对情绪的控制与管理，主要的情绪性策略有情景选择策略、情景修正策略、注意分配策略、认知重评策略、表达抑制策略、问题解决策略、积极情绪策略、正念冥想策略、沉思策略等。社会组织行为学领域强调个体与社会环境、人际关系的互动，因此在情绪调节方面偏重外在环境对个体情绪调节的作用，比如通过外在的支持达成个体的预期目标，通过专业规范约束教师的情绪表达，促使教师做出所要求的情绪，具体有表层演出、深层演出等策略。综述已有相关情绪调节策略的研究可为之后分析本研究不同教师群体采用的情绪策略奠定一定的理论基础。

三、教师群体采用的情绪调节策略

运用深度访谈、阅读教师日志等途径收集研究资料，再对资料文本进行转录、编码、聚类分析后得出，我国教师群体集中采用自我调节和他人协助两种方法调节情绪，而通过社会文化、组织制度、环境支持等协助教师调整其情绪的策

① Richard S. Lazarus and Susan Folkman, *Stress, Appraisal, and Coping* (New York: Springer, 1984).

② Barbara L. Fredrickson, "The Role of Positive Emotion in Positive Psychology: The Broaden-and-Build Theory of Positive Emotions," *American Psychologist* 56, no. 3 (2001): 218-226.

③ 陈语、赵鑫、黄俊红等：《正念冥想对情绪的调节作用：理论与神经机制》，《心理科学进展》2011年第19卷第10期，第1502-1510页。

④ 邢采、杨苗苗：《通过注意训练调节情绪：方法及证据》，《心理科学进展》2013年第21卷第10期，第1780-1793页。

略相对比较少。教师们自我情绪调节使用的策略按频率从高到低排列依次为：隐忍接受、转移注意力、表达抑制、认知重评、问题解决、沉思冥想等。他人协助的情绪调节策略一般表现在问题解决上。以下主要阐述教师群体对情绪的自我调节策略。

（一）隐忍接受

隐忍接受指将情绪隐藏在内心，勉强忍耐，改变不了现状，就只好被动接受。在经历各类情绪体验后，当被问及"通常会使用哪些方法调节情绪"时，绝大部分教师们在访谈中都谈到了隐忍接受。其中新手教师和经验型教师占比最高，17位访谈教师中共有13位提及采用了隐忍接受的策略，下面节选了一部分例子作为代表。

"教师这个职业就是这个样子，没有办法，即便有情绪也得忍着……"（TRF4）

"碰到不开心等消极情绪，又能怎样，忍受、接受呗……"（TRFX1）

"学校下达任何通知、要求等，不管你心里愿不愿接受，总而言之都要接受……"（TRMX3）

"有些事情不好说，说了不会有任何改善，反而还破坏彼此的关系，忍吧……"（TSM2-3）

"工作中的许多不愉快离不开与学生、家长、同事间的关系，这些关系很多时候不是讲道理就能讲清楚的。作为老师要学会忍受……"（TSF2）

大部分教师选取隐忍接受的方法调节自我情绪，这与我国传统文化存有密切的关系。隐忍谦让是中华民族的传统美德，儒家的内圣、道家的守柔、佛家的慈悲都具有"忍"的内涵。比如："退一步海阔天空，忍一时风平浪静""有所忍才能所成"。《尚书》中周成王告诫君陈说："必有忍，其乃有济；有容，德乃大。"孔子的"小不忍，则乱大谋""君子无所争"，老子的"天道不争而善胜，不言而善应"，以及佛家的"六度万行，忍为第一"等都在告诫后人要"隐忍""谦让"。"忍让"已成为人们心中"君子"拥有的重要品质之一，"忍让"逐渐成了人们生活处事中不用言说的习惯与原则。教师作为文化的代言人，担当着文化、知识、美德的传承，"忍让"在无形中成了教师们的一种习惯。另外，我国教育体系内有严格的等级管理制度，不同的等级代表着不同层次的权力，比如国家层面有教育部，省部级有教育厅，地方区市县有教育局，然后是各类中小学，学校校长通常由上级教育部门领导任命，校长的业绩考核、评价也受上级部门领导考核，而学校骨干教师又由校长任命，这就形成了从上到下严密的"等级制度"和"层级制度"。"官本位"的思想加剧了下级对上级的服从，职员对领导的服从。同时，下级对上级的服从也是党内组织的重要原则，因此，"隐忍服从"在我国特有的政治体制与传统文化的塑造下,成了教师的处事风格与处事策略,于是"隐忍接受"策略是教师们采用调整情绪频率最高的策略也就不足为奇了。

教师采用"隐忍接受"策略作为情绪调节的效应却比较复杂,表面看暂时隐忍可以调整或控制好情绪,但不是长久之计。因为"隐忍接受"在表面看来可抑制住个体的激烈情绪,暂时也可缓解教师情绪体验的强度,但从长远看却增加了教师对事件认知与行为构面的负向效应。比如龚老师讲:"在强硬的管理制度面前,教师们虽然内心都充满了抱怨、倦怠、厌烦,但为了生计这些教师不得不接受这样的环境,学会两面的生活方式,即领导在,表现出勤勤恳恳、认真严谨,领导一走,就感觉逃过了一劫,开始了私下的应付……"(TRMX3)龚老师的例子揭示了"隐忍接受"实质上没有解决教师与学校的实际问题,却使两者间形成了恶性循环:一是学校领导不信任教师,试图通过严格高压的管理制度推动教师工作;二是教师自主受限,负向情绪越发激烈,教师隐忍、抑制真实情绪表达,在行为态度中却越发被动与消极。教师的发展与学校的发展如同捉迷藏,彼此制约。

(二)转移注意力

在"隐忍服从"的思想下,教师们为发泄心中的消极情绪,常常采取转移注意力的策略,本研究中教师通常有以下几种方式转移注意力:有教师化悲痛为食欲;有教师会通过体育锻炼发泄情绪,比如打球、跑步、练瑜伽等;有教师通过参加娱乐活动调节情绪,比如打牌、唱歌、逛街、跳舞等;有教师通过做其他的事情努力遗忘情绪。这些策略都可归入转移注意力维度。格罗斯曾将转移注意力划分出了分心、专心与沉思三个维度[1]。在本研究中,教师们转移注意力的目的是通过参与其他活动,投入另外的场景或事件中忘记造成原情绪的问题与情景。这些策略对暂时调整教师情绪起到了一定的作用,某种程度上有助于化解教师的消极情绪。但对于教师所处的境遇或挑战没有做出任何改变,也就是说,教师通过转移注意力隐忍了不幸处境,被动地接受了外界与自我的不平衡,在行为上却并没有解决实际问题。从长远来看,转移注意力还可能会产生更多的负面性情绪体验。比如程老师的一句话:"他爸妈都不管,我作为老师为何这么上心,生气浪费我的身体与精力,老师也是人,我也需要有我的生活……"(TRFX1),此类的归因并没有真正解决学生存有的问题,反而学生有可能还会出现类似的问题,再次加剧教师的情绪波动。

(三)表达抑制

表达抑制指抑制将要发生或正在发生的情绪表达行为,从而削弱主观情绪

---

① Gross, "Antecedent- and Response-Focused Emotion Regulaton: Divergent Consequences for Experience, Expression, and Physiology."

体验。情绪体验有积极情绪体验，也有消极情绪体验。在现实教育教学工作中，教师经常会采用抑制情绪的策略，兴奋激动时抑制，悲观痛苦时也抑制。比如："年长教师推卸责任，让新教师承担不该承担的责任时，新教师尽管心里不愿意，存有厌烦情绪，但仍须抑制住自己的情绪，微笑应对。"(TSF2-1)陈老师的一个例子是："当教师高呼坐在窗台上存有安全隐患的学生时，家长责怪教师对其孩子高呼时，教师很无奈，但面对家长咄咄逼人的气势，教师仍须抑制自己的负向情绪，并向家长和学生道歉。"(TRF-1)也有当学生取得非常好的成绩时，教师内心很激动却抑制了开心的情绪表达，以防止学生骄傲。当学习组织管理刚硬，缺乏人文关怀时，教师虽有话说却采用了表达抑制的策略，他们认为："说也是白说，说了只能让自己陷入更加不利的境地，于是形成了集体被'奴役'。"(TCMX4)

（四）认知重评

认知重评源于对情绪产生的认知理解，情绪被认为是个体依据个人所关注或个人所认为重要的目标对事件有意识或无意识地进行评价的结果，当事件的发展和所关注的目标一致，会产生积极的情绪，目标受阻便产生负面情绪。因此，通过重塑目标，重新理解情境，重评过程与结果或降低个体目标，换位思考等认知策略，有助于降低情绪体验，消减负向情绪体验。下面是教师运用认知重评，降低了负向情绪体验的两则案例。

"刚开始工作时，生气是真生气，在学生面前表现的也是真情绪。现在，生气时表现出来没那么生气，高兴时也没那么高兴。老师就是无私地教学生，对学生不需要要求每样都特别棒，老师不需要暴露自己真正的情绪……"(TSF2-1)

"学校要求教师中午看学生吃饭，我感到很滑稽。上完课本来就很累，中午稍微休息一下却还要看学生吃饭。那么大的孩子了，吃饭也要看，起先我很苦恼。但过了几天，我发现学生们虽然大了但吃饭时也会闹，会有不珍惜食物、剩饭的表现。从学校的角度思考，教师看学生吃饭，一可以避免学生吃饭打闹，浪费粮食，二可以增加教师与学生的交流机会。这样想也就接受了。"(TRF3)

格罗斯及其同事做了大量的实证性研究，就认知重评策略与表达抑制策略对降低负面情绪的效果进行对比得出，善于使用认知重评策略的个体，其幸福感、抑郁度和满意度等反映心理健康水平的指标较高，而使用表达抑制的个体其心理健康水平较低。之后，他们的研究又进一步证明了抑制消极情绪表达会增强教师的消极情绪体验，抑制积极情绪表达会降低积极情绪体验。认知重评策略比表达抑制策略从长远来看就降低负向情绪而言，更为有效。

（五）问题解决

问题解决指个体对问题情景按照一定的目标，应用各类认知活动、技能等，经过一系列的思维操作,使问题得到解决的过程。情绪调节中的问题解决策略指个体针对情景中存在的问题,经过一系列思维认知活动,比如逻辑推理、经验启发等策略最终通过对问题的解决达成预想目的或满足工作需求从而降低负向情绪经验,以增进积极情绪。访谈中专家型教师相对其他群体教师运用问题解决策略调节情绪的频率要高些。接下来以参与者的例子说明教师们如何运用问题解决策略调整情绪。

"事情要一件一件地来。先让自己平静下来,有序地列出哪些事情重要,哪些次要,先做哪个,后做哪个,一步步做。"(TSF3)

"任何事情都会有不顺心,关键是要想办法解决,在我看来发脾气没用,问题不会因为我心情不好就不存在了。比如学生听不懂时,我会想是否是自己的教学方式不对,学生存在怎样的问题,我存在什么问题,最终解决问题。"(TSM2-4)

上述例子指出教师们会运用问题解决的办法作为情绪调节策略。比如分步排序、因果分析等。已有的研究指出,同样都是解决问题策略,但问题的理解与问题解决的程度,不同教师因为年龄、教龄不同可能存有差别。一些研究证明,随着年纪的增长与情感的成熟,受辩证性思维、成熟度、经验等因素的影响,对问题的理解深度与层次、归因会存有差异,必然影响情绪调节与应对问题的判断,结果也会存有差距,并得出比较年轻的成年人更倾向于选择基于问题或认识分析所有的问题,而稍微大一些的成年人则倾向于灵活运用情感共鸣的方式应对问题[1]。深入理解专家型教师的问题解决策略发现,专家型教师确实更善于运用学生所接受的关爱、鼓励和幽默等情感性策略实现其教育目的。比如王老师的例子:"很多时候,教师标榜'为学生好'实现教师的目的,缺乏学生理解'教师为他好'的共情。从学生的关注点切入,运用幽默的方式恰到好处地指出学生的问题有助于问题的解决。"这也解释了为什么专家型教师在教育教学工作中"很少有情绪",他们善于运用问题解决策略调节情绪,而对于新教师而言,关爱、鼓励等策略反而会加剧师生间的冲突与矛盾,对教师情绪调节的重要启示是关注问题解决的层次。

新手教师的情绪调节策略还表现为在他人协助下解决问题可消减负向性情绪体验。比如陈老师说:"我的教育方式如果学生不听,我就会问同事,也会问班委,有时候班委也能提出很多看法,学生的建议比较起作用。"另有教师讲:"师傅在教学、生活中都给予过很大的帮助,比如如何做班主任,如何与家长沟通,遇事

---

① Fredda Blanchard-Fields, Heather Casper Jahnke, and Cameron Camp, "Age Differences in Problem-Solving Style: The Role of Emotional Salience," *Psychology and Aging* 10, no. 2 (1995): 173-180.

如何化解，师傅都会帮忙。"从例子中我们看到他人协助对化解教师情绪有一定的积极影响，但在本研究中涉及他人协助下解决问题的话语内容相对比较少，仅有的内容主要集中在新手教师容易获得他人协助解决问题。

（六）沉思冥想

沉思冥想属于注意力调节情绪的范畴，侧重通过放松使个体神经、大脑、心脏等产生变化，进而缓解情绪，降低压力。本森博士的一份报告说冥想可引起一系列"放松反应"，会引起体内生理的变化，比如代谢、心脏跳动率、呼吸、血压和大脑化学物质变化等[①]。冥想在东方尤其是佛教中通常又称"打坐"。大量的心理学、神经科学、医院等的研究证明冥想可以使个体平静，促使活动的降低以及增加放松，进而调节情绪。本研究中也有教师们提到沉思冥想可以帮助教师调节情绪，减少负向情绪体验。王老师讲："每碰到不顺心的事情，我都会找个安静的地方，沉思冥想一段时间，不顺心的事情也就过去了。"张老师说："冥想可以让自己身心放松，增加舒适感，每天我都会用1小时的时间练习瑜伽，其中有20分钟的时间用于冥想，几乎每天都要锻炼1小时，这样会让自己的心很静，乱七八糟的事情也就忘了……"这两个例子揭示了一部分教师们会采用冥想作为情绪调节策略，但冥想与情绪，冥想与不同情绪刺激下的环境有怎样的关系，访谈中的教师并没有给予一些解释。任俊等学者运用正、负向情绪刺激图片测试冥想与情绪效价之间的关系，得出冥想可降低被试者对负向情绪图片的情绪反应，同时冥想也可以降低被试者对正向情绪图片的积极评价。这些研究证明，对于外部施加的正、负向情绪刺激而言，冥想训练的调节作用可使人们的情绪反应趋于平和[②]。其他临床健康心理学领域证明，冥想能够减轻生理和心理痛苦，改善应对能力，提高主观活力。有关冥想的各类训练在心理精神疾病中得到了良好的疗效，比如焦虑症、抑郁症等（Miller，Fletch，and Kabat-Zinn，1995；Segal，Williams，and Teasdale，2002）。这些研究从侧面证实了冥想有助于教师的情绪调节。

四、教师情绪调节策略的现状启示

通过对教师群体使用的情绪调节策略进行调查，笔者发现教师总体上认为情绪调节是教师个体的责任，需要自我控制。因此，教师们习惯采用自我情绪调节策略，相对他人协助支持类的调节策略较少。在自我情绪调节策略中普遍采

---

① Herbert Benson，"The Relaxation Response：Therapeutic Effect，"*Science* 278，no. 5344（1997）：1694-1698.

② 任俊、黄璐、张振新：《冥想使人变得平和——人们对正、负情绪图片的情绪反应可因冥想训练而降低》，《心理学报》2012年第44卷第10期，第1339-1348页。

用"隐忍接受"居多,其次是"转移注意力"、"表达抑制"与"沉思冥想"。不同专业发展阶段的教师运用情绪调节策略会反映出不同的倾向,本研究中专家型教师,即20年及以上教龄、校内骨干、在业界享有美誉的教师,通常善于运用问题解决策略调整他们的情绪,并能灵活运用情绪智能处理各类情绪性问题。新手教师在本研究中呈现出较为复杂的情绪问题,但通常采用"隐忍接受"、"转移注意力"、"表达抑制"与"认知重评"策略。这些情绪性策略在某种场合下有助于缓解教师的情绪体验,但已有的研究认为采用认知重评策略和问题解决策略从长远看比其他情绪性策略的影响效果更为深远①。然而,当认知重评策略趋于正向评价时才会增加积极性情绪体验,增进积极性效果;当认知重评趋于负向评价,却易增加负向性情绪体验,强化负向效应。因此,认知重评作为情绪调节策略还需根据情景考虑如何归因减轻负向效应,进而增加积极情绪体验与积极效应。问题解决策略比其他情绪调节策略就问题、处境转变会更为彻底,但问题解决具有一定的层次性,不同教师对问题的理解与对问题的应对能力决定着问题解决策略实施的效价。当以"问题解决"为导向时,个体实际应对能力难以达到问题解决需求,会增加教师的自卑感与无能感;当个体能力、知识、行为路径能应对解决问题的需求时,不仅可降低个体负向情绪,还可以增加教师的成就感、效能感,增加教师的正向情绪,进而调动教师教学工作的活跃动力。为此,情绪调节一方面需要给予教师适宜的环境,另一方面还需增强教师的专业知识、专业能力,提高教师的专业行为能力。

总而言之,本研究对中小学教师采用的情绪调节策略进行研究,暴露了如下问题:①教师群体中绝大部分采用"隐忍接受"策略,从长远看,会抑制个体在组织文化中的改变与创新;②长期"隐忍接受"与"表达抑制"容易使教师们产生负向归因与负向效应,教师们易于安于现状,消极懈怠;③单单依靠自我调节,而外部环境、资源等方面不加以支持,教师、学校都难有深入的改变与改进。因此,可从丰富中小学教师情绪调节策略,建构教师们积极的情绪地图入手,规避中小学教师的负向情绪问题。

---

① 程利、袁加锦、何媛媛等:《情绪调节策略:认知重评优于表达抑制》,《心理科学进展》2009年第17卷第4期,第730-735页。

第九章 教师积极情绪地图的支持路径

人人皆有情绪,每时每刻皆在表达情绪。但是,在合适的时间、合适的地点、合适的情景,面对合适的人用合适的方式表达适度的情绪却并非易事。

积极情绪指在追求适度与适切的过程中,人们能够主动地调适情绪、激励自我或激励他人,并能始终怀着一颗向善的心努力前行。何为善?《易经》认为善乃中正,即不偏不倚,阴阳平衡,和谐共处,共生共长。积极情绪地图就是一幅正向的、可持续发展的,并能激励人们秉持善念伦理之德行,共生共长向前迈进的文化关系图。根据本研究的结果,我们不难发现教师的情绪变化不仅仅是教师个体对目标达成度的一种心理或生理反应,还与教师工作的组织文化、人际关系、校长领导力、薪酬待遇、教育政策等社会性因素有密切的关系,并且这些社会性因素引发的教师情绪在教师职业发展生涯中往往还起着决定性作用,这些因素通过教师情绪这一中介又与教师个体因素交互,作用在教师专业认同、教学效能、职业承诺等认知、情感维度,进而影响教师的专业发展与学生的成就。课程改革与学校变革又进一步加剧了教师的情绪变化,因此,在变革无时无刻不发生的当下,如要构建教师积极情绪地图,可以从教师的个体维度、社会性维度以及个体与社会互动维度展开,结合教师情绪的产生机制、影响因素、结果效应与调节策略几个方面深入探讨,可为教师教育、教育政策、教育管理等方面提供一些启示。

一、积极情绪地图的建构机制

社会心理学家们认为情绪是由多变量组合产生的一组心理或行为反应,它包括评价、主体体验、心理改变、情绪表达以及行为倾向等内容①。从这一角度看,情绪产生的过程起源于个体对情境的评价。而在现实情绪发生时,情绪又受情景刺激形成两类反应,一类是无意识的直接反应,一类是经过深思熟虑后的有意识反应。无意识的评价被称为初次评价,有意识的评价被称为重新评价或二次评价②。初次评价的任务主要考察结果与目标的相关度或一致性,结果与目标越一致,主体便会有越多的积极性情绪;结果与目标背离越大,主体负向情绪越明显。重新评价是对可能阻碍目标的对象或主体产生的情绪再归因,对潜在问题、将来期待等深层次问题的再评价。重新评价相对于初次评价持续的时间会长一些,且经过思考的、有意识的情绪对之后的行为倾向同样会有重要的导向。本研究聚焦教师重新评价或二次评价对情绪产生的影响。因为,评价与个体目标、个体期盼、个体资源、个人经验、人生发展阶段、生活状况、情绪智能以及个体专业知识、专业技能等方面有关。同一情景下,同一事件可能会使教师产生不一样的情绪,有的教师表现出开心,有的教师表现出悲伤,有的教师可能麻木,有的教师却激扬四射。但经过本研究的结果分析,我们发现在同一发展阶段的教师群体中透过情绪表达有一些共性的特点,尤其是在教育问责制度以及课程变革背景下,教师对具体生存中的目标、计划和结果会出现相似的情感态度与困境需求。比如,新手教师都会经历复杂混合的情绪体验。复杂的情绪刺激着新手教师重新确立自我在群体中的位置与角色,重新形塑了教师对专业发展的认同与承诺,以及新手教师有提升自我专业能力的诉求。相对地,经验型教师则表现出了稳定的负向情绪,并且这些负向情绪要归因于社会环境因素对教师个体交互的影响。总结访谈中三类群体教师的情绪体验和产生情绪的情境脉络,图9.1勾勒了本研究中教师积极情绪地图的运行机制。

如图9.1所示,教师的情绪样态是由教师个体因素与社会环境因素共同作用、相互形塑的结果。教师个体因素包括教师的性别、教育背景、教学经验、个体性向、个体家庭的支持以及专业知识与能力等。教师的社会环境因素主要有宏观层面的教育政策;学校层面的校长领导力、学校组织结构与文化;社会层面的社会期待;以及教师活动层面的人际关系与学生背景等。当社会环境因素对教师个体提出的期待、要求与任务能够适应教师个体应对能力时或者社会环境要

① Ira J. Roseman and Craig A. Smith, "Appraisals Theory: Overview, Assumptions, Varieties, Controversies," in *Appraisal Process in Emotion: Theory, Methods, Research*, eds. Klaus R. Scherer, Angela Schorr, and Tom Johnson (New York: Oxford University Press, 2001), pp. 3-19.

② Klaus R. Scherer, "Appraisal Considered as a Process of Multilevel Sequential Checking," in *Appraisal Process in Emotion: Theory, Methods, Research*, eds. Klaus R. Scherer, Angela Schorr, and Tom Johnson (New York: Oxford University Press, 2001), pp. 92-120.

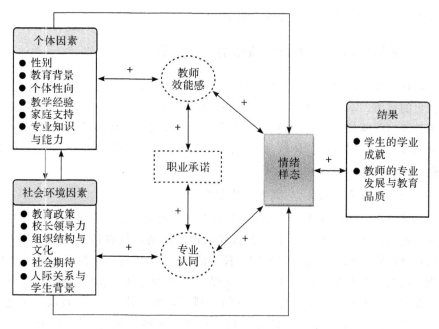

图 9.1　教师积极情绪地图的运行机制

素能够帮助教师个体实现其个人目标时,两大要素交互便会产生积极效应,进而增加教师效能感与职业承诺;当教师个人要素与能力作用于社会环境因素,如能得到周边环境要素的认可、支持与鼓励时,便容易产生积极效应与积极情绪,进而形塑教师的身份认同与专业认同,增强教师的职业承诺。相应地,当教师情绪处于正向积极的状态时,有助于激发教师维持良好的效能感与职业承诺,提高教师对专业的认同,进而完善教师个人因素与社会环境因素的相互调适。由于教师情绪样态的双向影响,情绪作为教师教育工作实践中的中介变量导致的结果会直接影响学生的学业成就和教师的专业发展与教育品质。本研究中的专家型教师证实了积极的正向情绪与学生学业成就、教师发展及教育品质成正相关。

受个体目标、期盼层次与人生发展阶段的影响,外加社会因素对任务难度的要求,教师在认知层面和行为层面与目标、期待达成度会产生效能感,而此时的效能感与教师的情绪调节能力、自我能力与环境支持等方面有密切的关系。而教师的情绪调节能力属于情绪智能的一部分,因此,当教师个体知识、能力以及情绪智能满足任务要求,教师能体察并善于运用个体情绪智能与认知智能达到教育意义时,有助于其维持积极"向善"的正向情绪。社会环境要素为教师个体乃至教师群体的积极情绪提供了实现的空间与可能。依据本研究三类教师群体表现出的情绪特征及其发展困境,接下来从教师个体层面以及社会环境层面为构建教师积极社群提供一些建议与启示。

二、主体视角下教师积极情绪的支持路径

教师主体层面是指为构建良好的社群文化和积极的情绪文化，教师主体需要做出的努力。本研究分析了三类教师群体的情绪体验，了解到新手教师与经验型教师当前所处的现实困境，以及专家型教师积极情绪体验的影响脉络，接下来从共性角度依据不同群体教师的特征分别论述，以期为教师专业发展、教师教育提供一些参考性建议。

（一）增加自我情绪意识，提升情绪智能

情绪意识（emotional awareness）是指对自己或他人所拥有的情绪或情绪变化的了解与认知。海恩（Hein）根据自我意识层次的高低将情绪意识分为六个层次：了解情绪、承认情绪、识别情绪、接受情绪、反思情绪和预测或干预情绪①。而当下的教师教育及教师培训体系认为情绪是教师个体短暂的心理反应，并将情绪及情绪引发的一系列问题与任务归结到了教师个体身上，一直以来对之并没有过多关注，而教师个体对情绪也只是理解为个体经验的积累②。这就容易导致以下几个问题：一是教师们难以识别自己及他人的情绪、情绪表达、情绪意义，难以管理好自己的情绪，更难以运用适合的情绪策略解决问题，最终导致身心受挫。这一问题在新手教师身上表现得尤为明显，比如教师难以识别出学生的情绪，师生间的尴尬事件屡屡出现，教师生气、无奈。二是教师们缺乏对情绪调节策略的认知与了解，大部分教师选择隐忍接受、自我抑制。这类调节策略从长远看，不利于彻底解决教师们的情绪问题，反而会加剧教师对自我的怀疑，甚至对周边环境产生误解，破坏积极的文化氛围。因此，要提升教师自我的情绪意识与情绪智能，首先要了解情绪，了解自己和他人的情绪，识别情绪；其次要反思自己与他人情绪表达的意义，反思具体情境中情绪的接受度，预测可能发生的情绪，及时做出情绪改变，缓和冲突性情绪，才能化解负向情绪，营造出积极的情绪氛围。

具体在实践操作层面，增加自我情绪意识离不开反思、倾听、述说这三个重要环节。首先，反思是提升情绪意识与情绪智能不可或缺的环节与能力。反思包含两层意思：一是反方向思考，既要站在对方的立场，从对方的角色、对方的背

① Steven Hein, "Emotional Awareness," accessed March 4, 2015, http://eqi. org/aware. htm.
② Marieke Pillen, Douwe Beijaar, and Perry den Brok, "Tension in Beginning Teacher's Professional Identity Development, Accompanying Feelings and Coping Strategies," *European Journal of Teacher Education* 36, no. 3 (2013): 240-260.

景思考其话语表达的意图与处境,又要批判性地从另外的角度思考事件、情境与主体;二是反省式思考,指的是内省,即通过回溯事件客观地重新评价事情,找准问题,解决问题,改变自己,提升自己。其次,倾听其他教师的情感故事,在倾听的同时,一方面了解到自己所遇到的问题,其他教师同样经历着,可增加自信与效能感;另一方面他人的情感故事可能在自己未来的教学中也会遇到,可以起到一定的警示作用。再者,教师们彼此述说情感故事与情绪性事件,可以在共同讨论分享的过程中寻找到解决之道,有助于提升教师自我的情绪智能。

情绪智能(emotional intelligence)的概念是由萨洛韦(Salovey)和迈耶(Mayer)两位学者提出的,指个体监控自己及他人的情绪和情感,并识别、利用这些信息指导自己的思想和行为的能力。换句话说,就是指识别和理解自己和他人的情绪状态,并利用这些信息调节行为、解决问题的能力。某种意义上情绪智能体现在五个方面:①认识自身情绪的能力。就是能认识自己的感觉、情绪、情感、动机、性格、欲望和基本价值取向等,并以此作为行为依据。②妥善管理自身情绪的能力。就是指对自己的快乐、愤怒、恐惧、爱、惊讶、厌恶、悲伤、焦虑等体验有自我认识、自我协调能力,比如能自我安慰,或是查明自己烦恼的问题,找出问题原因,建设性地解决问题等。③自我激励。就是指面对自己欲实现的目标,进行自我鞭策、自我说服,保持高度关注、热情与自制。④认识他人情绪。就是对他人的各种感受,能"设身处地"地快速地进行直觉判断。了解他人的情绪、性情、动机、欲望等,并能做出适度的反应。⑤人际关系的管理。就是指在人际交往中,从对方的语言、语调、表情、手势、姿势等来做判断,捕捉对方的真实情绪、情感,而不是对方"说的什么"①。高情绪智能是指对情绪进行管理,使之适宜、有效地表达,使人们能朝着共同的目标一起高效舒心地工作。从本研究的访谈中可以看到,专家型教师拥有较高的情绪智能,他们能够在不同的情境脉络中表达出适宜的情绪,也能够运用情绪调动参与者们朝着共同方向努力实现其目标;而新手教师的情绪却通常受自身原因所左右,起伏波动较明显。已有研究论证,经验与年龄会影响情绪智能,一般而言教龄越长、年龄越大,教师的情绪管理能力越强②,但如果年轻教师在其工作前或在工作初了解情绪管理或情绪智能,受到情绪智能相关课程的训练,新手教师的情绪波动及负向情绪仍可以及时得到调适。从访谈教师们的自述中也不难得出,经验型教师负向情绪的形成不是一日而筑的,而是长久积累塑造的结果,这一过程虽与社会环境有密切的关系,

---

① 《情绪智力》,http://wiki.mbalib.com/wiki/情绪智力,访问日期:2015 年 3 月 5 日。

② James J. Gross, Monisha Pasupathi, Laura L. Carstensen et al., "Emotion and Aging: Experience, Expression, and Control," *Psychology and Aging* 12, no. 4 (1997): 590-599.

但也说明了教师们个人的情绪智能同样需要提升。

(二)完善教师自我的专业能力、专业知识与专业情操

终身学习、持续学习、共同学习已成为当下教师学习与发展不可或缺的三大支柱。构建积极情绪地图实则就是创造一个积极良好的、能激发教师们保持持久学习动力与学习活力的支持环境,而这一环境效能又取决于所有教师们所具备的专业能力、专业知识与专业情操。上节在积极情绪地图的运用机制中指出当社会环境对教师个体提出的期待、要求与任务,个体有能力应对,或者当个体要素与能力作用于社会环境要素,如个体能得到周边环境要素的认可、支持与鼓励时便容易产生积极情绪与积极效应。因此,个体专业能力的提升对构建积极情绪地图具有重要的意义。然而,专业的能力并不是与生俱来的,它与教师具备的专业知识、专业情操密不可分。专业知识是专业能力的基础,专业情操是教师专业能力发展的指向标。当下教师到底需要具备怎样的能力与知识,教师们应朝怎样的方向发展?我国教师课程标准、教师教育标准等文件对此有所规定,但在操作层面仍然比较模糊,且标准往往是国家对教师要求的最低标准,这就难以发挥好对教师职后发展和继续发展的导航功能。

2000年,美国国家研究协会(United States National Research Council)整合了多年学习理论研究的成果,发表了一篇有关现代教与学的基本原则,该原则可为教师能力发展提供一定的借鉴[①]。

· 理解概念深层含义。事实性知识与程序性知识只有当人们获得后才能够在合适的情景中运用,在新的情景下进行调适、运用才算有效。因此,教师要有能力引导学生理解概念的深层次含义,使其将所学到的事实与程序迁移到现实生活中。

· 学为主,教为辅。大量的研究结果得出,对于深层次知识的理解与运用单靠教师教,即便教师教得再好也难以达成目标,深层次性的、复杂性的、操作性的问题必须依靠学生自己参与到活动中,并通过自学才能达成,因此,当前的课堂应是以学生自主学习为主,教师教学为辅。

· 创造学习环境。学生学习为主,教师教学为辅并不是说教师不教,教师的工作是创造学习环境,引导学生学习,引导学生将所学知识与生活实践相结合解决生活中的复杂性问题。

· 搭建学习者先前知识。了解学生已有经验、已存知识,运用学生已有概

① R. Keith Sawyer (ed.), *The Cambridge Handbook of the Learning Sciences* (New York: Cambridge University Press, 2006).

念促进学生新知,消减学生迷失概念①,调动学生学习兴趣与学习能力。

· 意识到反思的重要性。通过交流、写作、艺术类展示等方式表达建立的知识更有助于学生学好,而学生交流、表达、展示等方式实则是提供了反思、分析知识的机会与平台。教师的工作在于创造机会,编制活动,激发学生参与、反思。

这些原则为教师们专业能力的提升提供了指引。面对当前知识信息迅猛发展,教师的责任已不是简单地对过去知识或已有知识进行直接传递,教师需要有对复杂性概念的深层次理解,需有创造性思维创造新知、生产新知,能够客观地评价自己和学生所读的内容,能够引导学生清晰地表达各自的想法与观点,能够整合、运用、创造资源,教师的专业知识已不能只是学科知识或教学法知识,而更强调教师的个人知识、实践性知识、情景化知识、技术性知识以及学习者知识。这些专业性知识的获得不仅需要教师个体经验的积累与自我反思、创造,还需要借助教师社群共同努力。因此,社群文化、合作交流、学习共同体成为教师专业提升的有效策略,构建积极正向的情绪地图便成了教师社群文化、学习共同体得以建立实施的载体。

结合本研究的访谈结果,我们可以发现不同教师群体关注的发展内容有所不同。新手教师侧重于学科知识、教学知识与教学技能方面的提升,经验型教师关注组织文化环境对教师发展的支持。然而,在专业能力与专业发展方面,经验型教师虽在学科知识、课程知识乃至教学知识上已具备了课程实施的基本条件,但对于创造性地将知识融入现实世界,设计适合学生发展的活动,激发学生参与、运用、实践所学知识的能力仍比较欠缺,教学能力仍有改进空间。鉴于此,教师们自我的专业知识与专业能力都有待进一步提升。

教师专业情操是指教师对教育工作、对自身角色与作用的深刻认识而产生的使命感,以及对教师职业道德规范认同而产生的责任感与义务感。访谈中的经验型教师经过多年教学的历练反而对教师职业的使命感渐渐消退,他们认为:"再怎么努力也没多大的效果"(TRFX1),"语法翻译法在学生学习中起不了多大的作用,但懒得改"(TRFX1、TRFX2),"培训课程大多是形式,看看视频,听听课,然后带着书做一份考题就算培训结束了"(TRFX3)……通过这些教师反馈不难看出教师们对教育工作的消极与怠慢,对学生未来发展的漠视与不负责。造成这些观念的原因有很多,但不可否认的是,教师们的专业情操需要加强。而加强教师专业情操,提升教师的专业情感不仅需要教师个体的反思与反省,还需要外部环境的支持。

————————

① 孙彩霞、钱旭升:《概念卡通:消减儿童科学概念的理解偏差》,《基础教育》2011年第4期,第56-61页。

（三）调整心态，积极主动地靠近他人、信任他人与他人合作

访谈中，我们不难发现不同群体中的教师彼此之间或多或少地都存有不信任之感，这种不信任直接阻碍了教师间的合作与交流，使教师们失去了很多本可能共同学习与共同发展的机会，同时也加剧了教师群体间的竞争与冷漠。比如调研中某学校的老师在自述师徒关系时，作为徒弟的新手教师认为师傅的教导理念过于传统，不适合当前的学生，却又不得不听取师傅的建议与指令，徒弟感到自主受限，在行为上表示怀疑，而师傅却认为"徒弟太过理想，理念太过简单，所谓的为学生好不过是爱表现，费时费力不出成绩"（TSM2-4），对徒弟不抱有过高期望。于是，师傅漠视徒弟的困惑与发展，认为徒弟只有试误才会领悟；而徒弟却认为师傅对徒弟有意见，师傅有所保留。于是，师徒间长久缺乏沟通，彼此不信任，结果导致师徒关系较为冷漠，负向情绪加重，难以形成有效的师徒学习共同体，彼此丧失了各自的专业成长机会。在经验型教师群体中，何老师谈到校本教研活动时，同事间同样难以形成信任他人及与他人合作的氛围，她说："当评课时，即便指出老师的某些不足，讲课的老师也不会听取，甚至会认为是对她个人有意见，为此，讨论时该说的不说了，校本培训也只是形式。"（TRFX1）这两则案例充分说明，信任是人际关系形成、维持、延续的关键性因素，也是教师社群支持的主要变量，只有高信任的社会文化才会拥有高效能的集体合作。而如何才能建立起高信任的学校文化与人际关系？

首先，每个个体要认清自己的定位、自己的职责、自身在集体中所担负的角色，反思自我，调整心态，调整情绪，激励自己往好的方向、善的方向思考，使自己保持积极乐观的心态；其次，认清他人的职责与角色，欣赏他人、靠近他人、理解他人、同情他人、包容他人、赞赏他人，当每个个体心里都装有他人，装有集体之时，意味着人际信任也就迈出了第一步。在行为层面上具体表现为：①个体要努力提升自身的专业能力、判断能力、批判反思能力、观察思考能力与独立能力；②改变观念，善于与他人交流，养成分享、共享的习惯；③倾听他人、理解他人、包容他人、等待他人，培养自身的共情力；④肯定他人的努力，赞美他人的成就，鼓励他人的意志，支持他人成长；⑤善于听取他人的建议，有意识地学习他人的优点，更好地完善自己。

（四）提升社会能力，完善个体的情绪地图

构建高层次、高能量的积极情绪地图则需要社群内的个体教师在增强个体智力资本的同时，提升个体的情感资本（emotional capacity）或情绪能力。已有研究指出，增强个体自信心、自控力、自我意识、自我调节、同理心、忍耐力等有助

于完善个体的情感智能[①]，但最近研究得出情感智能的提升与个体的社交能力、社会资本有重要的关系[②]。也就是说，成功的、优秀的教师不仅需要有智力资本、情感资本，还需具备较强的社会资本。对于学校，以社会资本的观点搭建学校内、外关系网实现资源互通与交流，不仅可以增强发展智力资本的课程资源，而且可以利用各种课程资源整合资源，创造资源[③]；对个人而言，个体有意识地搭建个人的社会网络同样可以增加个体的智力资本、社会资本，丰富个体的资源渠道。赫文和多纳认为场域内人际关系联系越多，彼此就越信任，相应地合作机会就越多，彼此互惠的效益就越多[④]。而当信任、合作与互惠与个体的情感资本相互作用时，产生的正向情绪将有助于加强社群关系的紧密度和合作力度，扩大社群资源网络。可以说，信任是合作的前提，合作是互惠的条件，互惠是牢固关系网的纽带，情绪是关系的黏合剂。因此，相对个体而言，提升自身情绪能力的同时需加强个体的社会资本，在扩大自身社会资源网络的同时完善个人的情绪能力，进而建设积极的个人情绪地图。

如何加强个体网络的持久性？在实践操作层面，个体可以通过主动组织、参与集体活动，贡献自己的智慧与才能，展示自己在集体中的价值。研究发现，经验型教师在工作十年之后产生倦怠很大部分原因在于他们很少有机会参加到学校的集体决定中，难以感受到自己在学校存在的意义。新手教师需要融入学校集体，需要得到同行的接受、认可与赞赏，而在实践中大部分老师却习惯低调行事，或观望，或随大流。这就导致两类群体中部分教师丢失了在群体中的领导权，丧失了群体中的话语权，久而久之，游离在教师社群之外，成为社群的边缘人。因此，不管是新手教师还是经验型教师，首先要自己把握好适当的、可能展现的机会，表达自己，展示自己，让他人了解自己，而教师们愿意主动参与、组织集体活动，一方面有助于增加彼此沟通与交流的机会，拉近教师群体间的距离，另一方面有助于增强教师的集体意识、集体荣誉感与使命感，推动教师共同发展。

---

①　John D. Mayer and Peter Salovey, "What Is Emotional Intelligence?" in *Emotional Development and Emotional Intelligence: Implications for Educators*, eds. Peter Salovey and David J. Sluyter (New York: Basic Books, 1997); Daniel Goleman, *Emotional Intelligence: Why It Can Matter More than IQ* (New York: Bantam, 1997).

②　Craig R. Seal, Stefanie E. Naumann, Amy N. Scott et al, "Social Emotional Development: A New Model of Student Learning in Higher Education," *Research in Higher Education Journal* (2010), accessed June 10, 2015, http://www.aabri.com/manuscripts/10672.pdf.

③　李子建、孙彩霞：《重新审视课程资源的开发及其利用：社会资本的观点》，《全球教育展望》2013年第9期，第11-17页。

④　肯尼斯·赫文、托德·多纳：《社会科学研究的思维要素》，李涤非、潘磊译，重庆大学出版社，2008，第100页。

三、组织视角下教师积极情绪的社会支持路径

情绪是个体与社会环境互动的结果，亦是互动的过程，同时情绪又形塑着互动过程。因此，分析教师情绪时不能简单地将其归因为教师个体的心理反应或短暂性的情绪表现，教师情绪的变化，尤其是稳定持久的情绪与社会环境因素有着重要的关系。因此，构建持续积极健康的教师情绪地图，需要社会环境中各个要素齐力配合与支持。从社会组织层面构建教师积极的情绪地图就是针对透过教师情绪反映出的一系列教育问题，从社会环境、组织文化、政治制度的角度为改善教育生态，促进教师专业发展，提升教育品质，亟待做出的努力。回顾三类教师的情绪体验尤其是负向情绪脉络下教师的情绪事件，其主要暴露了六个方面的问题：①教师政策方面缺乏恰当的实施策略与政策监管策略；②教师评价制度方面缺乏客观的识别方式与鼓励办法；③校长领导方面缺乏强劲的领导力与多样化组织管理策略；④松弛、竞争、孤立的教师社群关系难以形成高层次的教师学习共同体；⑤教师教育课程缺乏适切性，难以满足教师实践需求；⑥学校缺乏教师专业成长与发展的资源与平台。鉴于此，构建积极健康、持续正向的情绪地图可从以下几个方面着手。

（一）丰富教育政策的实施策略，完善政策实施的过程监管

通常，国家通过待遇、制度、荣誉等影响个体或团体的行为从而实现政策目的。政策研究者或政策实施者通常习惯性地将注意力集中在使用这些资源后，政策实施的结果是否与政策的目的相一致，或者进一步关注个体或团体如何回应政策，哪些因素可能会影响政策的实施，却少有关注政策在实施环境下可能会产生怎样的影响以及诸多不同政策下实施策略的相似性。笔者在倾听教师们情感叙事时发现，教师们在回应教育改革政策实施时都谈到了"服从—执行"，但在执行过程中教师们的情绪却发生了变化。比如，有教师认为"一些政策就是瞎折腾"，"不管怎么改，结果都差不多"；有教师认为"上面让怎么做不得不做，结果就是教师遭殃，学生遭殃"；也有教师认为"方向是好的，但没条件、没资源"；有教师回应教师培训就是"形式"，甚至有"交钱，买题，考试，所有项目一天搞完"的现象……诸多的话语体现了教育政策实施中只关注到了"执行"却忽视了"执行的环境与执行的效果"，政策的实施策略关注到了运用规则或规定下达的指令，关注到了实施者与实施部门拥有的权力，却较少关注到资源投入后的回报与效果，以及政策达成所需的能力及其培养。也许，实施者都有所关注也有所运用，但调查中发现，鲜有人将多种政策实施策略有效地结合起来，以至于教师们感受到教育政策、教育变革在实施中只有强制性的命令，缺乏支持条件。麦克唐内尔与埃

尔莫尔（McDonnell and Elmore）总结了政策实施的四种经典策略即指令策略（mandates）、诱导策略（inducements）、能力建构策略（capacity-building）和改变制度结构策略（system-changing）①。施奈德和英格拉姆（Schneider and Ingram）在沿用四种经典型策略的基础上又增加了象征策略、激励策略和学习策略②。他们认为政策性话语往往比较笼统模糊，在具体实践中缺乏具体的指向，但又需代表公众意愿，因此实施政策话语须运用象征性策略，容易有弹性空间。激励策略包括积极回馈、物质奖励、情感支持等，有助于调动参与者的积极性。学习策略指如何提升政策相关的行为。研究政策在实施环境下可能产生怎样的影响，不同政策下使用的实施策略有哪些相似之处，有助于政策实施者增加相关的策略知识，在具体适宜的环境下选择、运用、组合政策实施策略，进而发挥政策的最大效益。

另外，根据对教师们的自述进行话语分析发现，我国政策实施虽侧重强制执行，但在执行过程与执行效益上缺乏应有的监管，以致花费了大量的时间、精力、物力、财力却难以实现政策目的。比如，某老师讲："教师培训就是讲形式、讲过程，没有经过系统培训，发本书讲讲考题，买本答案做好题就算结业了……"（TRFX3)类似这样的培训现象在其他地区可能也存在，这些问题的共性便是政策实施过程缺乏必要的监管，继而引申出谁来监管、怎样监管可以促进教师教与学，可以促进学生学习和教育品质提升。而这方面的研究有待进一步探讨，也为继续研究该话题留下了新的空间。但加强政策实施的监管，完善政策监管措施将有助于政策效益最大化，进而促进教师专业发展与学生学业成就。

（二）改革教师的评价方式和评价制度

从本研究调查的样本来看，教师们的负向情绪显著反映出一个共性的问题，即教师评价制度与方式需要改进。教师们认为，"以学生考试成绩作为教师工作效绩的唯一指标，不公平，不公正。考核指标并不能涵盖教师的所有工作量"。"不同发展阶段的教师用同样的评价方式、同样的评价内容与同样的评价标准不利于调动教师的积极性，促进教师的专业成长。"经过实地访谈，结合已有的一些文献得出，教师评价制度与评价方式确实存有不合理之处。社会、科技、网络信息发展如此迅速，诸多的要素影响着学生的学业成绩，比如所处的区域文化、家庭经济、父母受教育水平、学生学习资源、社区的教育活动、学生自己的学习习

① Lorraine M. McDonnell and Richard F. Elmore, "Getting the Job Done: Alternative Policy Instruments," *Educational Evaluation and Policy Analysis* 9, no. 2 (1987): 133-152.

② Anne Schneider and Helen Ingram, "Behavioral Assumptions of Policy Tools," *The Journal of Politics* 52, no. 2 (1990): 510-529.

惯、爱好与自学能力等或多或少地影响着学生的学业结果,教师们普遍认为"学生是学出来的,不是教出来的"。言下之意,以学生学业成绩作为标准化的教师评价指标不能有效地识别出哪些是优秀的教师,哪些是差劲的教师,另外,标准化评价难以揭示出不同类型的教师在哪些方面可以改进,如何进一步激发各自课堂教学能力提升的潜能。相对不同专业发展阶段的教师,新手教师的专业需求与经验型教师的专业需求存在差异,专业能力也各有所侧重,同样的标准,对新手教师而言可能会是很大的压力,而这些压力增加了新手教师的负向情绪,进而降低了新手教师的专业认同和职业承诺。适用于新手教师的标准可作为一种压力推动新手教师的专业成长,但相对于经验型教师而言,此标准可能要求较低,难以调动起积极性。当前诸多教师反馈的负面迹象,警示着教师评价制度和评价方式亟待改进。

最近西方教师教育研究也关注到了教师评价这一话题,他们认为以学生学业成绩为教师的标准化评价方式存在诸多缺陷,难以有效地支持教师更好地改进课堂教学,推动教师专业成长,并且亦有研究证实了以学生学业成绩作为标准评测教师工作质量,并不能有效地调动教师的工作动力,提升学生学业成绩,相反会产生意想不到的阻力[①]。这与本研究中经验型教师的叙述不谋而合。美国、英国等一些发达国家采用了标准化评价和增值型评价(value-added evaluation)相结合的办法增加教师评价的效度与接受度。增值型评价指观测学生在校期间发展的增值来评判教师在其中的工作绩效,这一评价方式有助于排除学生个人以及学生家庭等因素对学生学业成绩的影响。增值型评价需要通过前后观测评估学生在没有任何外力下自我成熟的程度。美国密歇根州在芝加哥地区试图通过改变教师评价方式促进教师专业效能与学生学习效能的提高,在增值型评价中加入了对教师教育教学及反思讨论等方面的观察性数据。经过一年的试验,大量的数据显示出教师专业效能与专业成长有了明显的提升。美国芝加哥地区教师评价报告显示学校对教师评价运用的观察方法有明确的指导框架、维度、内容以及内容的区别度,便于观察者观察,同时便于教师们反思自己在具体教学行为中有待改进的不足与提升方向[②]。而对于观察者,需进行专门的

① Alyson Leah Lavigne, "Exploring the Intended and Unintended Consequences of High-Stakes Teacher Evaluation on Schools, Teachers, and Students", *Teachers College Record* 116, no. 1 (2014): 1-29.

② Susan E. Sporte, W. David Stevens, Kaleen Healey et al. "Teacher Evaluation in Practice: Implementing Chicago's REACH Students," *UCHICAGO CCSR Research Report* (2013), accessed July 20, 2015, https://consortium.uchicago.edu/publications/teacher-evaluation-practice-implementing-chicagos-reach-students.

培训并获得相应的资格才可以评价教师。这些前沿性的评价方式为我国教师评价、学生评价改革提供了一定的启示，也为深入研究教师评价方式与评价制度提供了思路。

我国学者同样提出，教师专业发展是教师内在结构不断更新、演进和丰富的过程。教师专业结构、不同发展阶段持有的观念、知识、能力、专业态度和动机，以及不同发展阶段教师的专业发展需求等都有不同的侧面[①]，因此，教师专业结构的发展水平、教师专业发展的程度也应有不同的等级，那么，教师的评价方式与评价标准根据教师专业发展特点，也应是一个阶段的、连续的、多样的发展过程，而不是一个统一、固定的静态文本。虽然不同地区、不同学校会依据特定情境的需要对教师以及评价标准的认知和理解发生相应的变化，也会随情境的变迁、主体的认知变化，对标准重新调适、再度开发[②]，但不管如何调适，评价的方式与结果都会呈现出渐进式、连续性的特点。因此，根据不同教师发展阶段，教师评价标准和方式有待进一步完善，这一做法一方面能公平地对待不同发展阶段教师的工作绩效，另一方面为教师后续能力的提升起到一定的导向作用，使评价不仅仅具有甄别功能，还有改进和引导功能。

任何改革、政策的实施与评价必定在具体的脉络场景中展开，需要结合具体脉络分析判断，但其评价的理念、背后使用的策略、思路、价值仍存在一定的互通，值得深入研究。囿于本研究目前只能关注到教师情绪及情绪反映出的现实问题，教师情绪反映出的教师评价改革问题将作为未来进一步研究的话题。

（三）加强校长领导力，实行多样化组织管理模式

校长是一所学校发展的灵魂，评判一所学校发展的成功与否首先要评判校长的领导力。美国学者萨乔万尼（Sergiovanni）指出，就维护和改进优质学校而言，校长比学校中任何其他职位拥有更大的潜力[③]。可见，校长的素质与能力对一所学校发展而言具有重要的意义。校长领导力，是校长影响师生实现共同目标的能力[④]。郑燕祥教授分析校长领导力的内涵时，提出了五个向度，即结构领导力、人际领导力、政治领导力、文化领导力和教育领导力[⑤]。其中结构领导力指校长经过深思熟虑，发展出明确的目标及政策，使成员为后果负责，并提供合

① 王娟、王嘉毅：《教师专业发展中校长的影响作用——以三个农村小学校长为个案》，《西北师大学报（社会科学版）》2008 年第 45 卷第 5 期，第 105-109 页。

② 孙彩霞：《区域间高中综合素质评价标准的比较研究》，《基础教育》2014 年第 1 期，第 52-57 页。

③ Thomas J. Sergiovanni, *The Principalship: A Reflective Practice Perspective* (Boston: Pearson/Allyn and Bacon, 2006).

④ 赵明仁：《论校长领导力》，《教育科学研究》2009 年第 1 期，第 40-43 页。

⑤ 郑燕祥：《教育领导与改革新范式》，上海教育出版社，2005，第 292 页。

适的技术支持,以计划、协调及实施学校的政策和工作;人际领导力指校长支持成员、助长合作、鼓励参与,提高他们的责任感和满足感,并鼓励正面的人际关系;政治领导力指校长强调并鼓励专业发展及教学改进,诊断教育问题,对学校教育事宜给予专业意见及提升;文化领导力指校长富有激情、具有魅力,并能影响个人和团队的使命、价值及规范的学校文化。教育领导力来自校长的专业知识。校长作为实践者,在课程与教学领导中为教师的教育教学在思想、知识和技能上提供具体的指导。根据五种向度的能力组合,可测量出校长领导力的强度。校长领导力强表现为支持及鼓励教师积极参与,有明确的发展目标与实施策略,有强烈的责任担当,能推动团结合作,能化解矛盾,能启发创意,能鼓励教师专业发展与教学改进。校长领导力强会带来高组织效能、高组织文化、积极的校长教师关系、高决策参与、高教师士气、高满足与高积极情绪;校长领导力弱则表现出负向关系[①]。

依据校长领导力的内涵与五种向度能力类型,考察、调研校长领导力对教师情绪的影响时,发现某些调研学校的校长领导力相对较弱,严重阻碍了教师积极情绪、教师专业发展及教师教学实践。比如,龚老师认为他的情绪性向转变与校长的换任有直接关系。龚老师叙述前一任校长领导下的教师群体的情绪状态是"累并快乐着";而后一任校长领导下的教师状态反而是"痛不欲生"。教师们的"痛苦"表现在"校长过于关注管制而忽视对学校、对教师发展的领导";领导风格过于保守体现在对待教师发展方面,取消了教师们与校外教师交流与学习的项目,剪断了教师们持续再发展的学习机会,缩小了教师们的发展空间。对学校未来发展的愿景,龚老师讲:"五年内不会有任何变化。"其言外之意是,校长没有对学校未来发展做出顶层设计,至少可以说没有将学校的发展愿景与教师的发展融于一体;对采取的组织管理方式,龚老师认为最能体现的三个词是"管制"、"服从"与"惩罚"。教师们的行为特点是:"面上一套,私下一套。领导在,伪装积极;领导不在,消极怠工……"这一案例从不同维度,揭示出了校长的"五向度"领导力层次都相对比较弱,当前校长的领导水平难以应对学校变革与教师发展需求,也难以透过校长的言行举止影响师生,使其拥有正向积极的发展动力,进而教师们的负向情绪越来越显著,教师的身份认同与职业承诺逐渐降低。为此,构建教师的积极情绪地图首先需提升校长的领导力;其次,校长作为个体必定在能力、技能等方面存在某方面的不足,尤其是对于偏远农村地区的校长,在资源匮乏的背景下,改变组织管理模式,赋权于在校师生,学校合力调动师生积极性,可能是扭转学校负向文化的一条有效路径。

① 孙锦明:《中学校长领导力研究》,博士学位论文,华东师范大学,2009。

基于对教师情绪现状了解,探寻提升校长领导力的对策与建议,发现构建教师积极的情绪地图需要由校长强劲的领导力来影响教师、鼓励教师朝正面积极的方向发展。提升校长领导力不能归咎于校长个体,而是需要改善校长管理制度、提升校长专业化水平、明确校长角色、制定校长专业标准以及校长专业培训等外在系统和校长主体的自我管理、自我学习、同伴互助、校际联系、深入实际、勇于探索等内在系统,共同努力。同时,研究者们需要系统思考、深入研究校长领导力的内涵、结构、角色与校长专业化等方面的理论性问题,以专业化指导、专业化引领提升校长领导力。

　　对于校长领导下的组织管理模式,本研究调研的材料显示,学校仍以"权变领导"为主要取向,而非多种领导取向并存。当今学校的发展需要建立在责任共享、资源与机会共长的基础上,凝聚团队集体智慧来应对高度复杂、精细多变的知识社会,从而提升学校品质与教师发展。少数精英式领导已难以应对日新月异的复杂局面,单一行政权力式的管理方式也难以凝聚起身为"知识人"的组员,笔者认为分布式领导模式可能有助于改变学校消极被动的文化困境。分布式领导强调领导及领导的影响分布于有结构的组织关系中,以组织中种种联合力量的形式达到整体效果,它的意义是开放专门知识、想法,通过每个人的参与寻找最佳途径,组织中的每个人不一定是决策者,但每个人都具有专门的知识,通过彼此的合作与信任赋权给所有人,使其工作更加有效能、有效益、有意义①。分布式领导重视领导实践,重视学校领导者、追随者与情境三者的交互作用,而不是领导者个人知识、技能的成果。分布式领导的核心要素——信任、合作、赋权、共享、共长——是构建教师积极情绪地图所追寻也是所必备的要素,分布式领导下的管理方式有助于教师积极情绪地图的构建。但是,现实中的学校实践与管理相对复杂,而不同管理模式有其特定的场域,各有优点与不足,所以单靠一种管理模式不可能解决学校中的所有问题,需要多种组织管理策略共同实施,分布式领导亦非最佳的领导处方,研究者只是基于自己已有的一些经验做一点设想与描述,还有待在具体实践过程中进一步验证。

　　(四)营造信任、支持、鼓励、共享、反思的教师社群文化

　　人们的有效学习源于彼此的交流、阐释、表达与合作。建立信任、互惠、合作的专业学习共同体,营造友好、亲近、互助、共享的社群文化是搭建教师积极情绪地图的重要策略,也是教师持续学习与持续发展的重要平台。其中专业共同体强调通过建立起的社会关系创造共享的文化,共同承担学习的责任;社群学习强

①　梁东荣、张艳敏:《英美澳分布式领导研究透视及其启示》,《比较教育研究》2007年第7期,第22-26页。

调从社会关系中获得知识、分享知识进而改变或丰富群体的理解与实践。积极健康、持续共享的积极情绪地图既需要有良好的教师学习共同体作为载体，又需要以社群学习为抓手相互共享知识、获得知识，形成群体共有的理解方式、实践行为以及话语体系。而两者的建立都需要以信任、合作与互惠为前提。信任包括人与人之间彼此尊重，相互理解，相互坦诚，给予安全感、同理心，情感上能产生内在共鸣，从而产生担当意识与行为。互惠是人际持续交往的必备条件，是可维持教师成长发展所得的利益，它包括物质、金钱等，更包含着情感、精神思想、工作思路等方面的惠利。正是共同体中人与人之间信任、互惠，才有后继持续合作的意愿与动力①。李子建等人以中国为背景，验证了教师专业合作学习共同体和教师间的相互信任关系与群体合作效能和学生组织承诺都有密切的关系②。

所以共同体及其文化建设需要以信任、合作和互惠为基本原则。而信任的搭建不是一句口号或一句呼吁，信任是一种能持续交往的直觉与判断，它源于对主体原有信念的理解与阐释，对他人、自我的认同，对关系亲疏远近的感知，以及互动中友好、信赖与互助的体验。高信任往往意味着高成就，它会表现出高动机、高合作；相反，低信任意味着教师易倦怠。试想，在学校中如果不相信同事所说的，不认同同事所理解的内容与观点，如何从同事身上学习，又如何建立合作？如何建立信任？斯克里布纳（Scribner）的研究认为，校长是教师社群文化的"守门人"，校长的支持、鼓励是教师们高动机、高效能的重要来源③。考德威尔和卡里（Caldwell and Karri）认为，领导与教师可以建立相应的契约或合同，增加信任④。西亚尼等（Ciani et al.）的研究得出，教师对专业共同体的感知，尤其源于同事的信任、合作、支持等方面的鼓励，可提升教师的自我效能和工作热情，更好地促进课堂教学⑤，这就意味着营造鼓励支持的文化，增加教师们的自信心与效

① 李子建、孙彩霞：《重新审视课程资源及其开发与利用：社会资本的观点》，《全球教育展望》2013年第 9 期，第 11-17 页。

② John Chi-Kin Lee, Zhonghua Zhang, and Hongbiao Yin, "A Multilevel Analysis of the Impact of a Professional Learning Community, Faculty Trust in Colleagues and Collective Efficacy on Teacher Commitment to Students," *Teaching and Teacher Education* 27, no. 5 (2011): 820-830.

③ Jay Paredes Scribner, "Teacher Efficacy and Teacher Professional Learning: What School Leaders Should Know," (paper presented at the annual convention of the University Council for Educational Administration, St. Louis, MO, October 30 - November 1, 1998).

④ Cam Caldwell and Ranjan Karri, "Organizational Governance and Ethical Systems: A Covenantal Approach to Building Trust," *Journal of Business Ethics* 58, no. 1 (2005): 249-259.

⑤ Kieth D. Ciani, Jessica J. Summers, and Matthew A. Easter, "A 'Top-Down' Analysis of High School Teacher Motivation," *Contemporary Educational Psychology* 33, no. 4 (2008): 533-560.

能感会产生信任。

本研究从教师的自述中发现教师们同样渴望拥有信任、支持、鼓励、共享的社群文化,教师们目前的情感困境很大部分源自自我劳动得不到同事的认可与鼓励,专业发展得不到同事支持与帮助,以及工作中人际关系的冷漠与孤立。因此,搭建信任、互惠、合作、友好的社群文化需要每个教师共同努力,同时也需要学校尤其是学校领导、校长发挥带头作用,积极为教师们创造、搭建共同学习的机会与平台,通过各类鼓励策略、情感反馈或赋权行为增加教师角色与教师效能,从而调动教师积极性。另外,开拓多渠道的信息沟通平台与学习平台,建立教师参与、批判、反思和实践的鼓励机制,适时听取合理意见、反馈,是社群文化注入新鲜力量的重要途径,也是改进学校文化与学校变革的重要路径。由于教师原有教育信念、认同、知识结构以及个体经验存在差异,在共同体与社群建设的过程中必然也会存在诸多的观念、价值观或行为上的差异,甚至可能会引发一些冲突。哈格里夫斯建议改革者(领导者或管理者)尽可能地与教师、与地方进行沟通,为教师留有消化和学习的空间,尽可能地在结构、组织、教学、评价等方面辅助教师,为教师腾出与学生接触、互动的时间,提升师生的效能和效益[①]。这样,教师在实践中才有时间去思考、去批判、去创造、去反思,领导者适时地听取实践中合理的反馈,及时修正或完善现有的不足才会使社群朝正面积极的方向发展。也只有处理好支持与批判、信任与反思、鼓励与施压之间的相互作用,才能营造出信任、积极、支持与共享的社群文化,促进教师积极情绪地图的形成。

(五)教师教育课程体系应增加情绪智能等方面的内容

教师的工作是一项情绪性劳动,积极情绪能够增进教师的工作投入与学习动力,激发教师的创造力、判断力,营造良好的课堂环境,建立和谐的师生关系。教师只有拥有积极健康的正向情绪,才会对学生、对学校、对职业产生有强烈的认同感、责任感、归属感与成就感,才能对教育教学工作、学校变革有真正而持久的投入,也才能保持身心健康的幸福生活。反之,教师持续拥有过多的消极负向情绪不仅不利于工作的顺利开展,而且对工作、对周边的人际关系容易产生倦怠和厌恶,也不利于教师自己的身心健康。另外,情绪智能、认知能力、社会能力、专业能力是教师发展必备的四大能力。教师四大能力的高低决定了教师的效能层次与优秀程度。因此,培养教师不仅要重视教师的专业知识、专业技能等方面的专业能力与认知能力,还需关注教师的社会能力与情绪智能。社会能力强调教师搭建、维持、经营关系网并透过关系网获得资源;情绪智能强调教师的情绪

① Andy Hargreaves, "Mixed Emotions: Teachers' Perceptions of Their Interactions with Students," *Teaching and Teacher Education* 16, no. 8 (2000): 811-826.

知识、情绪意识、情绪表达、情绪调节和情绪运用。当下教师的职前职后教育,主要侧重培养教师专业知识、专业技能、专业发展等方面的专业能力与智力能力,也有少量的课程涉及教师间的沟通与交流、校际或区域间教师学习的合作与研究,却鲜有关注教师情绪及对教师情绪能力的培养的课程,更缺乏对教师教育能力培养的系统课程。

本研究也进一步证实了当下职前职后教育中几乎没有开设相应的情绪课程,教师们仅有的情绪认知,绝大部分是在漫长的试误中跌跌撞撞地积累而成的。如果教师间缺乏互动的机缘或平台,那么,这些积累的经验与知识也就只属于教师个人了,这就不利于经验与知识的继承与传播,导致教师情绪知识、情绪调节策略与能力相对贫乏。为此,本研究呼吁教师情绪能力的培养应纳入教师教育培养目标。开设培养教师情绪智能的课程,有以下几种方式。

(1)培养情绪智能,关键是培养教师的同理心与共情力。同理心指站在对方立场设身处地思考的一种方式,即在人际交往过程中,能够体会他人的情绪和想法、理解他人的立场和感受,并站在他人的角度思考和处理问题。共情力是指设身处地体验他人处境,从而达到感受和理解他人情感的能力,它包括协助对方处理情绪,帮助对方从负向情绪中走出来的能力,让对方看到事物的其他可能性,以及提升以后遇到类似情况的处理能力。教师的同情心与共情力是教师教育伦理的基础,也是教师这一职业对教师的特殊要求。试想碰到一位缺乏同情心与共情力的教师,对待遭遇困境与挫折的学生,漠不关心;对待取得成绩的学生,不加赞赏;在学生有不良行为时,暴力指责;在学生探索求知时,贬低打压,这对学生、对教育是多么可怕与不幸的事情,而这些行为在教育现场却又时刻发生着。所以培养同情心与共情力是教师拥有高层次情绪能力,培养学生高层次社会情谊能力的基础。

(2)情绪能力的培养在课程教学中适合以案例或故事的形式体现。情绪产生于实践,又作用于实践。情绪离不开个体与周边环境因素的互动,离不开具体的情景脉络,所以情绪智能的相关课程应体现具体的情景与活动,案例与故事是讲述情绪事件的有效教学手段。案例或故事可从三方面准备:一是收集一些教师缺乏情绪能力造成不良后果的案例;二是收集一些引发教师情绪困境的案例;三是收集优秀型或专家型教师的档案资料。三类资料的用意分别是强化、反思教师们的情绪智能,借助集体的力量讨论、解决共性中的问题,增加教师们的情绪经验,领悟专家型教师的使用策略,化解教育教学中的"不愉快",建立和谐的师生关系。

(3)以工作坊、圆桌会议、校本培训或一些专业类集体活动的形式,为师范生、在职教师搭建情绪经验的交流平台,增强情绪性实践。这一形式可以是正式的，也可以是非正式的，目的是通过讲述各自的情绪性事件或情绪性困惑，增加教师们对情绪性实践的理解，同时，借集体的力量共同研讨情绪性事件，缓和个体的情绪困境。在此类形式下开展课程，参与者会有安全、舒服之感，在宽松自由的环境下，教师们才有可能暴露出自己的情绪，彼此交换、疏导、调适情绪。

总之，笔者呼吁加强教师情绪智能、教师情绪调控与表达等方面的培训，将情绪调控等方面的课程融入教师职前职后教育中，通过调研收集实践中的典型案例，在案例的基础上结合理论分析，与教师们共同探讨、挖掘有关情绪的实践性知识与技能，暂且可以解决一线教师的一些燃眉之急，为丰富、扩展教师情绪研究成果提供一些辅助。

四、小　结

教师情绪及其变化不仅仅是教师个体对目标达成度的一种心理或生理反应，教师的情绪变化还与教师工作的组织文化、人际关系、校长领导、薪酬待遇、教育政策等社会性因素有密切的关系，并且这些社会性因素引发的教师情绪在教育职业发展中往往起着决定性作用，这些因素通过教师情绪这一中介与教师个体因素交互作用在教师专业认同、教学效能、职业承诺等认知、情感维度，进而影响教师的专业发展和学生成就。本章勾勒了教师积极情绪地图的运行机制，并根据运行机制从教师个人主体的视角与社会组织的视角分别提出了教师积极情绪地图的建构策略，可以归纳为以下两点。

第一，从教师个人的主体层面完善积极情绪地图，首先，需要增加教师对自我情绪的意识，提升情绪智能；其次，需要完善教师自我的专业能力、专业知识与专业情操；再次，教师应调整个人心态，积极主动地靠近他人、信任他人及与他人合作；最后，提升个人的社会资本，利用多重人际关系网完善个体的情绪地图。

第二，从社会组织层面完善积极情绪地图，可以丰富教育政策的实施策略，完善政策实施的监管过程，改革教师评价方式和评价制度，加强校长领导力，实行多样化组织管理模式，营造信任、支持、鼓励、共享、反思的教师社群文化。最后，呼吁将教师教育课程体系纳入教师情绪智能培养。

结　语

　　本研究以课程变革为背景,基于教师在专业实践中所遭遇的情绪之实、情绪困境以及教师情绪已有的研究不足,提出研究问题及相应的研究目标:践行课程变革的过程中,一线教师在教育教学工作中存在着怎样的情绪样态,哪些因素影响着教师情绪样态以及不同情绪样态对教学实践、专业发展乃至课程变革有怎样的影响,透过教师的情绪自述发现教师们存有怎样的情绪困境与情绪需求,应如何建构教师积极的情绪地图,支持教师更有效能、更加幸福地教与学。随之,在文献述评的基础上,进一步聚焦本研究的分析框架、研究对象与研究方法。依据教师情绪是社会环境与教师个体共同形塑的结果,本研究从教师个体、社会、教师个体与社会交互的三个维度探寻教师情绪样态及其变化的成因,以教师效能感、身份认同、职业承诺作为教师情绪效应的中介变量,观测教师情绪对学生、对教师、对教育品质的影响,勾勒了教师情绪地图的分析框架。

　　综合问卷调查、深度访谈、话语分析与叙事探究等方法对我国西南地区教师群体的情绪状态进行分析发现,教师在教育教学工作中的积极情绪要高于消极情绪,但消极情绪仍比较显著,教师在不同的职业发展阶段表现出不同的情绪状态。新手教师情绪状态复杂多样,正向情绪与负向情绪交织并存;经验型教师负向情绪尤为显著;而专家型教师的情绪状态以正向情绪为主。在情绪样态的成因方面,新手教师的情绪及其变化源于师生互动、同事关系以及教师自身的专业效能;经验型教师的情绪变化主要源于社会性因素,比如校长领导力、学校组织管理、奖罚问责制度、教师社群文化、重复性劳动与回馈等;专家型教师的积极情绪不仅源于教师个人的情感素养和个体的调节能力,还源于专家型教师拥有良好的工作环境与和谐的组织文化。在情绪产生的效应方面,积极情绪会增加教师教学动力,促进教师专业成长、学生学业成就,以及营造良好的学习文化氛围;相反,负向情绪会导致教师职业倦怠、身心疲惫,以及产生离职倾向。从教师们采用的情绪调节策略来看,教师们长期习惯于"隐忍接受""表达抑制",这就抑制了教师个体在组织文化中的改变与创新。透过教师所暴露出的情绪困境与一系列的教育问题,研究者建构了积极情绪地图的运行机制,并从教师个人主体的视角和社会组织视角提出了构建教师积极情绪地图的策略建议。

总体上,本研究回答了研究之初提出的几个问题,研究视角、研究过程与研究发现具有一定的创新性,增加了课程变革下一线教师们情绪样态及其脉络的实证数据,了解了不同专业发展阶段教师的情绪表达与情绪困境,进一步证实了教师的情绪不单单是教师个体对目标达成度的暂时的心理或生理反应,它与组织文化、人际关系、校长领导力、薪酬待遇、教育政策等社会性因素亦有密切的关系,并且社会性因素是教师情绪转变的关键性因素,也是教师拥有负向情绪的动因。这就启示教育研究者、教师教育者、管理者应关注教师情绪及其变化,重视教师情绪所揭示出的情绪困境与教育困境,及时调适、适时地创造支持、鼓励教师积极发展的情绪环境,提升教师的工作效能与专业成长,进而推进课程变革的内涵式发展。

尽管本研究对教师群体的情绪状态做了初步分析,但样本只限于西南地区,还有待对不同区域、不同学校类型的教师情绪状态做全面的调查、比较。加之,囿于笔者的学养与研究条件,研究的问题侧重于教师情绪地图的形成脉络与影响效应,对情绪地图的理论建构与理论提升有所欠缺。在研究设计与研究方法尤其是质性分析等方面还存在一定的劣势,对研究所得的结论缺乏解释深度。虽然就教师们所揭露出的教育问题提出了些许对策和建议,但就如何使建议在实践中具有可操作性等还有待进一步验证。另外,本研究将教师情绪的范围限定在了教育教学活动、师生互动等专业层面,而缺乏从社会整体背景对教师情绪影响的分析。教师不仅是专业发展中的人、教育者,还是家庭人、社会人,所以,研究教师情绪需要将教师置于更为广阔的社会、家庭脉络中,未来研究将增强社会与家庭等要素对教师情绪影响的探讨。

参考文献

Anon. 2014. New Research Says There Are Only Four Emotions. [2014-11-08] http://www. theatlantic. com/health/archive/2014/02/new-research-says-there-are-only-four-emotions/283560/.

Arnold, M. B. 1960. *Emotion and Personality*. New York: Columbia University Press.

Bandura, A. 1978. The Self System in Reciprocal Determinism. *American Psychologist*, 33 (4): 344-358.

Beijaard, D., Verloop, N., and Vermunt, J. D. 2000. Teachers' Perceptions of Professional Identity: An Exploratory Study from a Personal Knowledge Perspective. *Teaching and Teacher Education*, 16 (7): 749-764.

Benson, H. 1997. The Relaxation Response: Therapeutic Effect. *Science*, 278(5344): 1694-1695.

Blanchard-Fields, F., Jahnke, H. C., and Cameron, C. 1995. Age Differences in Problem-Solving Style: The Role of Emotional Salience. *Psychology and Aging*, 10 (2): 173-180.

Briggs, J. L. 1970. *Never in Anger: Portrait of an Eskimo Family*. Cambridge, MA: Harvard University Press.

Calderhead, J. 2001. International Experiences of Teaching Reform // Richardson, V. (ed.) *Handbook of Research on Teaching*. 4th ed. Washington, D. C.: American Educational Research Association.

Caldwell, C. and Karri, R. 2005. Organizational Governance and Ethical Systems: A Covenantal Approach to Building Trust. *Journal of Business Ethics*, 58 (1): 249-259.

Chang, M. -L. 2009. Teacher Emotion Management in the Classroom:

Appraisal, Regulation, and Coping. Columbus, OH: The Ohio State University.

Chang, M.-L. and Davis, H. A. 2009. Understanding the Role of Teacher Appraisals in Shaping the Dynamics of Their Relationships with Students: Deconstructing Teachers' Judgments of Disruptive Behavior/Students // Schutz, P. A. and Zembylas, M. (eds.) *Advances in Teacher Emotion Research: The Impact on Teachers' Lives*. New York: Springer.

Chen, H.-J. and Wang, Y.-H. 2011. Emotional Geographies of Teacher-Parent Relations: Three Teachers' Perceptions in Taiwan. *Asia Pacific Education Review*, 12 (2): 185-195.

Ciani, K. D., Summers, J. J., and Easter, M. A. 2008. A "Top-Down" Analysis of High School Teacher Motivation. *Contemporary Educational Psychology*, 33 (4): 533-560.

Clandinin, D. J. (ed.) 2007. *Handbook of Narrative Inquiry: Mapping a Methodology*. Thousand Oaks, CA: Sage Publications.

Clandinin, D. J., Pushor, D., and Orr, A. M. 2007. Navigating Sites for Narrative Inquiry. *Journal of Teacher Education*, 58 (1): 21-35.

Cohen, R. M. 1991. *A Lifetime of Teaching: Portraits of Five Veteran High School Teachers*. New York: Teachers College Press.

Cohen, R. M. 2009. What It Takes to Stick It Out: Two Veteran Inner-City Teachers After 25 Years. *Teachers and Teaching: Theory and Practice*, 15 (4): 471-491.

Connelly, F. M. and Clandinin, D. J. 1990. Stories of Experience and Narrative Inquiry. *Educational Researcher*, 19 (5): 2-14.

Conway, P. F. and Clark, C. M. 2003. The Journey Inward and Outward: A Re-Examination of Fuller's Concerns-Based Model of Teacher Development. *Teaching and Teacher Education*, 19 (5): 465-482.

Cross, D. I. and Hong, J. Y. 2009. Beliefs and Professional Identity: Critical Constructs in Examining the Impact of Reform on the Emotional Experiences of Teachers // Schutz, P. A. and Zembylas, M. (eds.) *Advances in Teacher Emotion Research: The Impact on Teachers' Lives*. New York: Springer.

Cross, D. I. and Hong, J. Y. 2012. An Ecological Examination of Teachers' Emotions in the School Context. *Teaching and Teacher Education*, 28

(7): 957-967.

Darby, A. 2008. Teachers' Emotions in the Reconstruction of Professional Self-Understanding. *Teaching and Teacher Education*, 24 (5): 1160-1172.

Day, C. and Lee, J. C.-K. (eds.) 2011. *New Understandings of Teacher's Work: Emotions and Educational Change*. Dordrecht: Springer.

Day, C. and Leithwood, K. (eds.) 2007. *Successful Principal Leadership in Times of Change: An International Perspectives*. Dordrecht: Springer.

Deci, E. L. and Ryan, R. M. 2000. The "What" and "Why" of Goal Pursuits: Human Needs and the Self-Determination of Behavior. *Psychological Inquiry*, 11 (4): 227-268.

Denham, S. A. 1998. *Emotional Development in Young Children*. New York: Guilford.

Denzin, N. K. and Lincoln, Y. S. (eds.) 2011. *The Sage Handbook of Qualitative Research*. 4th ed. Thousand Oaks, CA: Sage Publications.

Dewey, J. 1910. *How We Think*. Boston: D. C. Heath.

Didonna, F. (ed.) 2009. *Clinical Handbook of Mindfulness*. New York: Springer.

Donaldson, M. L. 2005. On Barren Ground: How Urban High Schools Fail to Support and Retain Newly Tenured Teachers. Paper presented at the annual conference of the American Educational Research Association, Montreal, Quebec.

Ekman, P. 1984. Expression and the Nature of Emotion // Scherer, K. R. and Ekman, P. (eds.), *Approaches to Emotion*. Hillsdale, NJ: Lawrence Erlbaum Associates.

Ellett, C. D., Hill, F. H., Lium X. et al. 1997. Professional Learning Environment and Human Caring Correlates of Teacher Efficacy. Paper presented at the annual meeting of the American Educational Research Association, Chicago, IL.

Farouk, S. 2010. Primary School Teachers' Restricted and Elaborated Anger. *Cambridge Journal of Education*, 40 (4): 353-368.

Fessler, R. and Christensen, J. C. 1992. *The Teacher Career Cycle: Understanding and Guiding the Professional Development of Teachers*. Boston: Allyn and Bacon.

Fredrickson, B. L. 2001. The Role of Positive Emotion in Positive

Psychology: The Broaden-and-Build Theory of Positive Emotions. *American Psychologist*, 56 (3): 218-226.

Frenzel, A. C., Goetz, T., Stephens, E. J. et al. 2009. Antecedents and Effects of Teachers' Emotional Experiences: An Integrated Perspective and Empirical Test // Schutz, P. A. and Zembylas, M. (eds.) *Advances in Teacher Emotion Research: The Impact on Teachers' Lives*. New York: Springer.

Fullan, M. 1998. The Meaning of Educational Change: A Quarter of a Century of Learning // Hargreaves, A., Lieberman, A., Fullan, M. et al. (eds.) *International Handbook of Educational Change*. London: Kluwer Academic Publishers.

Fullan, M. 2009. Positive Pressure // Hargreaves, A., Lieberman, A., Fullan, M. et al. (eds.) *Second International Handbook of Educational Change*. Dordrecht: Springer.

Fuller, F. F. 1969. Concerns of Teachers: A Developmental Conceptualization. *American Educational Research Journal*, 6 (2): 207-226.

Galler, D. 2015. Emotional Intelligence and Positive Classroom Climate: An Exploration of How Outstanding Teachers Use Emotional Intelligence of Create Positive Classroom Climates. New Brunswick, NJ: The State University of New Jersey.

Glaser, B. G. and Strauss, A. L. 1967. *The Discovery of Grounded Theory: Strategies for Qualitative Research*. Chicago: Aldine.

Goleman, D. 1997. *Emotional Intelligence: Why It Can Matter More than IQ*. New York: Bantam.

Goodlad, J. I. 1984. *A Place Called School*. New York: McGraw-Hill.

Gross, J. J. 1998. Antecedent- and Response-Focused Emotion Regulation: Divergent Consequences for Experience, Expression, and Physiology. *Journal of Personality and Social Psychology*, 74(1): 224-237.

Gross, J. J., Pasupathi, M., Carstensen, L. L. et al. 1997. Emotion and Aging: Experience, Expression, and Control. *Psychology and Aging*, 12 (4): 590-599.

Hargreaves, A. 1998a. The Emotional Practice of Teaching. *Teaching and Teacher Education*, 14 (8): 835-854.

Hargreaves, A. 1998b. The Emotions of Teaching and Educational Change // Hargreaves, A. , Lieberman, A. , Fullan, M. et al. (eds.) *International Handbook of Educational Change*. London: Kluwer Academic Publishers.

Hargreaves, A. 2000. Mixed Emotions: Teachers' Perceptions of Their Interactions with Students. *Teaching and Teacher Education*, 16 (8): 811-826.

Hargreaves, A. 2001a. Emotional Geographies of Teaching. *Teachers College Record*, 103 (6): 1056-1080.

Hargreaves, A. 2001b. The Emotional Geographies of Teachers' Relations with Colleagues. *International Journal of Educational Research*, 35 (5): 503-527.

Hargreaves, A. 2005a. The Parent Gap: The Emotional Geographies of Teacher-Parent Relationships // Hernandez, F. and Goodson, I. F. (eds.) *Social Geographies of Educational Change*. New York: Kluwer Academic Publishers.

Hargreaves, A. 2005b. Educational Change Takes Ages: Life, Career and Generational Factors in Teachers' Emotional Responses to Educational Change. *Teaching and Teacher Education*, 21 (8): 967-983.

Hein, S. Emotional Awareness. [2015-03-04] http://eqi. org/aware. htm.

Hobson, A. J. 2002. Student Teachers' Perceptions of School-Based Mentoring in Initial Teacher Training (ITT). *Mentoring & Tutoring*, 10 (1): 5-20.

Hosotani, R. and Imai-Matsumura, K. 2011. Emotional Experience, Expression, and Regulation of High-Quality Japanese Elementary School Teachers. *Teaching and Teacher Education*, 27 (6): 1039-1048.

Huberman, M. 1971. *Adult Development and Learning from a Life-Cycle Perspective*. Paris: Royaumont.

Huberman, M. 1989. The Professional Life Cycle of Teachers. *Teachers College Record*, 91 (1): 31-57.

Intrator, S. M. 2006. Beginning Teachers and Emotional Dramma of the Classoom. *Journal of Teacher Education*, 57 (3): 232-239.

Kelchtermans, G. 2005. Teachers' Emotions in Educational Reforms: Self-Understanding, Vulnerable Commitment and Micropolitical Literacy. *Teaching and Teacher Education*, 21 (8): 995-1006.

Kelchtermans, G. , Ballet, K. , and Piot, L. 2009. Surviving Diversity in Times of Performativity: Understanding Teachers' Emotional Experience of Change// Schutz, P. A. and Zembylas, M. (eds.) *Advances in Teacher Emotion Research : The Impact on Teachers' Lives*. New York: Springer.

Labov, W. and Waletzky, J. 1967. Narrative Analysis // Helm, J. (ed.) *Essays on the Verbal and Visual Arts*. Seattle: University of Washington Press.

Lavigne, A. L. 2014. Exploring the Intended and Unintended Consequences of High-Stakes Teacher Evaluation on Schools, Teachers, and Students. *Teachers College Record* , 116 (1): 1-29.

Lazarus, R. S. and Folkman, S. 1984. *Stress, Appraisal, and Coping*. New York: Springer.

Lee, J. C. K. , Zhang, Z. H. , and Yin, H. B. 2011. A Multilevel Analysis of the Impact of a Professional Learning Community, Faculty Trust in Colleagues and Collective Efficacy on Teacher Commitment to Students. *Teaching and Teacher Education*, 27 (5): 820-830.

Leithwood, K. 1992. The Principal's Role in Teacher Development // Fullan, M. and Hargreaves, A. (eds.) *Teacher Development and Educational Change*. Bristol, PA: Falmer.

Maddi, S. R. , Khoshaba, D. M. , Persico, M. et al. 2006. The Personality Construct of Hardiness: II. Relationships with Comprehensive Tests of Personality and Psychopathology. *Journal of Research in Personality*, 36 (1): 72-85.

Markus, H. R. and Kitayama, S. 1991. Culture and the Self: Implications for Cognition, Emotion, and Motivation. *Psychological Review*, 98 (2): 224-253.

Meyer, D. K. 2009. Entering the Emotional Practices of Teaching // Schutz, P. A. and Zembylasm, M. (eds.) *Advances in Teacher Emotion Research : The Impact on Teachers' Lives*. New York: Springer.

Mayer, J. D. and Salovey, P. 1997. What Is Emotional Intelligence? // Salovey, P. and Sluyter, D. (eds.) *Emotional Development and Emotional Intelligence: Implications for Educators*. New York: Basic Books.

McCaughtry, N. , Martin, J. J. , Kulinna, P. H. et al. 2006. The Emotional Dimensions of Urban Teacher Change. *Journal of Teaching in Physical*

Education 25：99-119.

McDonnell, L. M. and Elmore, R. F. Getting the Job Done: Alternative Policy Instruments. *Educational Evaluation and Policy Analysis*, 9 (2)： 133-152.

Miles, M. B. and Huberman, A. M. 1994. *Qualitative Data Analysis：An Expanded Sourcebook*. Thousand Oaks, CA：Sage Publications.

Miller, J. J., Fletcher K., and Kabat, J. 1995. Three-Year Follow-Up and Clinical Implications of a Mindfulness Meditation-Based Stress and Reduction Intervention in the Treatment of Anxiety Disorders. *General Hospital Psychiatry*, 17(3)：192-200.

Nias, J. 1989. *Primary Teachers Talking*. London：Routledge and Kegan Paul.

Nias, J. 1996. Thinking about Feeling：The Emotions in Teaching. *Cambridge Journal of Education*, 26 (3)：293-306.

Oplatka, I. 2007. Managing Emotions in Teaching：Toward an Understanding of Emotion Displays and Caring as Nonprescribed Role Elements. *Teachers College Record*, 109 (6)：1374-1400.

Pillen, M., Beijaar, D., and Den Brok, P. 2013. Tension in Beginning Teacher's Professional Identity Development, Accompanying Feelings and Coping Strategies. *European Journal of Teacher Education*, 36 (3)： 240-260.

Reynolds, A. 1992. What Is Competent Beginning Teaching? A Review of the Literature. *Review of Educational Research*, 62 (1)：1-35.

Richards, L. and Morse, J. 2002. *Readme First for a User's Guide to Qualitative Methods*. Thousand Oasks, CA：Sage Publications.

Richardson, V. and Placier, A. 2001. Teacher Change // Richardson, V. (ed.) *Handbook of Research on Teaching*. 4th ed. Washington, D. C.： American Educational Research Association.

Roseman, I. J. and Smith, C. A. 2001. Appraisals Theory：Overview, Assumptions, Varieties, Controversies // Scherer, K. R., Schorr, A., and Johnson, T. (eds.) *Appraisal Process in Emotion：Theory, Methods, Research*. New York：Oxford University Press.

Sabar, N. 2004. From Heaven to Reality Through Crisis：Novice Teachers as Migrants. *Teaching and Teacher Education*, 20 (2)：120-129.

Salovey, P. and Sluyter, D. (eds.) 1997. *Emotional Development and Emotional Intelligence: Implications for Educators*. New York: Basic Books.

Sawyer, R. K. 2006. *The Cambridge Handbook of the Learning Sciences*. New York: Cambridge University Press.

Scherer, K. R. 2001. Appraisal Considered as a Process of Multilevel Sequential Checking // Scherr, K. R., Schorr, A., and Johnson, T. (eds.) *Appraisal Process in Emotion: Theory, Methods, Research*. New York: Oxford University Press.

Schmidt, M. 2000. Role Theory, Emotions and Identity in the Department Headship of Secondary Schooling. *Teaching and Teacher Education*, 16 (8): 827-842.

Schneider, A. and Ingram, H. 1990. Behavioral Assumptions of Policy Tools. *The Journal of Politics*, 52 (2): 510-529.

Schutz, P. A. and Zembylas, M. (eds.) 2009. *Advances in Teacher Emotion Research: The Impact on Teachers' Lives*. New York: Springer.

Scribner, J. P. 1998. Teacher Efficacy and Teacher Professional Learning: What School Leaders Should Know. Paper presented at the annual convention of the University Council for Educational Administration, St. Louis, MO.

Seal, C. R., Naumann, S. E., and Scott, A. N. 2010. Social Emotional Development: A New Model of Student Learning in Higher Education. *Research in Higher Education Journal*. [2015-07-10] http://www.aabri. com/manuscripts/10672. pdf.

Segal, Z. V., Williams, J. M. G., and Teasdale, J. D. 2002. *Mindfulness-Based Cognitive Therapy for Depression: A New Approach to Preventing Relapse*. New York: Guilford Press.

Sergiovanni, T. J. 2006. *The Principalship: A Reflective Practice Perspective*. Boston: Pearson/Allyn and Bacon.

Spillane, J. P., Reiser, B. J., and Reimer, T. 2002. Policy Implementation and Cognition: Reframing and Refocusing Implementation Research. *Review of Educational Research*, 72 (3): 387-431.

Sporte, S. E., Stevens, W. D., Healey, K. et al. 2013. Teacher Evaluation in Practice: Implementing Chicago's REACH Students. *UCHICAGO CCSR*

Research Report. [2015-07-20] https://consortium.uchicago.edu/publications/teacher-evaluation-practice-implementing-chicagos-reach-students.

Steffy, B. E., Wolfe, M. P., Pasch, S. H. et al. 2000. *Life Cycle of the Career Teacher*. Thousand Oaks, CA: Corwin Press.

Strauss, A. and Corbin, J. 1990. *Basic of Qualitative Research: Ground Theory Procedures and Techniques*. Newbury Park, CA: Sage Publications.

Sutton, R. E. 2007. Teachers' Anger, Frustration and Self-Regulation // Schutz, P. A. and Reinhard, P. (eds.) *Emotion in Education*. London: Elsevier.

Troman, G. and Woods, P. 2001. *Primary Teachers' Stress*. New York: Routledge.

Tsang, K. K. 2013. A Review of Current Sociological Research on Teachers' Emotions: The Way Forward. *British Journal of Education, Society & Behavioural Science*, 4 (2): 241-256.

Van den Berg, R. 2002. Teachers' Meanings Regarding Educational Practice. *Review of Educational Research*, 72 (4): 577-625.

Van Veen, K. and Lasky, S. 2005. Emotions as a Lens to Explore Teacher Identity and Change: Different Theoretical Approaches. *Teaching and Teacher Education*, 21 (8): 895-898.

Van Veen, K. and Sleegers, P. 2006. How Does It Feel? Teachers' Emotions in a Context of Change. *Journal of Curriculum Studies*, 38 (1): 85-111.

Van Veen, K. and Sleegers, P. 2009. Teachers' Emotions in a Context of Reforms: To a Deeper Understanding of Teachers and Reforms // Schutz, P. A. and Zembylas, M. (eds.) *Advances in Teacher Emotion Research: The Impact on Teachers' Lives*. New York: Springer.

Waller, W. 1976. *The Sociology of Teaching*. New York: John Wiley & Sons.

Wubbels, T., Levy, J., and Brekelmans, M. 1997. Paying Attention to Relationships. *Educational Leadership*, 54 (7): 82-86.

Zembylas, M. 2005a. Emotions and Teacher Identity: A Poststructural Perspective. *Teacher and Teaching: Theory and Practice*, 9 (3): 213-238.

Zembylas, M. 2005b. *Teaching with Emotion: A Postmodern Enactment*. Greenwich, CT: Information Age Publishing.

Zembylas, M. 2009. Teacher Emotions in the Context of Educational Reforms

// Hargreaves, A., Lieberman, A., Fullan, M. et al. (eds.) *Second International Handbook of Educational Change*. Dordrecht: Springer.

安迪·哈格里夫斯.2007.知识社会中的教学.熊建辉,陈德云,赵立芹,译.上海:华东师范大学出版社.

贝蒂·E.斯黛菲,迈克尔·P.沃尔夫,苏珊娜·H.帕施,等.2012.教师的职业生涯周期.杨秀玉,赵明玉,译.北京:人民教育出版社.

陈向明.2006.质的研究方法与社会科学研究.北京:教育科学出版社.

陈语,赵鑫,黄俊红,等.2011.正念冥想对情绪的调节作用:理论与神经机制.心理科学进展19(10):1502-1510.

陈玉枚.2010.亲师互动之教师情绪地理探究.屏东教育大学学报:教育类(9):231-262.

程利,袁加锦,何媛媛,等.2009.情绪调节策略:认知重评优于表达抑制.心理科学进展17(4):730-735.

丹尼尔·沙博,米歇尔·沙博.2009.情绪教学法——将情商应用于学习.韦纳,宝家义,译.北京:教育科学出版社.

高占祥,王青青.2012.信仰力.北京:北京大学出版社.

顾明远.2016.新时期教育家的成长之路.河北师范大学学报(教育科学版)18(6):5-8.

黄成林.2006.国外教师教育质量评价发展的研究及启示.清华大学教育研究(6):1-5.

话语分析——现代汉语.(2014-10-18)[2015-07-12].http://www.yyxx.sdu.edu.cn/chinese/new/content/fulu/05/main05-03.htm.

江文慈.2005.实习教师的情绪地图:社会建构的观点.教育心理学报36(1):59-83.

杰克·帕特拉什.2011.稻草人的头,铁皮人的心,狮子的勇气.卢泰之,译.深圳:深圳报业集团出版社.

靳玉乐.2012.新课程下的教学方式转变.重庆:西南大学出版社.

靳玉乐,于泽元.2014.课程实施研究:理论转向与研究焦点 // 靳玉乐.探寻课程世界的意义——课程理论的建构与课程实践的慎思.北京:北京师范大学出版社.

肯尼斯·赫文,托德·多纳.2008.社会科学研究的思维要素.李涤非,潘磊,译.重庆:重庆大学出版社.

赖特·米尔斯.2005.社会学的想象力.陈强,张永强,译.北京:生活·读书·新知三联书店.

梁东荣,张艳敏. 2007. 英美澳分布式领导研究透视及其启示. 比较教育研究 (7):22-26.

梁金都. 2010. 台湾小学校长情绪地图:以校长和主任的互动为例. 教育理论与实践学刊(20):39-71.

李安明,黄芳铭,吕晶晶. 2012. 台湾小学教育人员情绪劳务量表之发展与编制. 测验学刊(9):451-486.

李茂森. 2008. 教师专业自主:何以可能与如何可能. 教育发展研究(2):48-51.

李子建.2017.21世纪技能教学与学生核心素养:趋势与展望.河北师范大学学报(教育科学版)19(3):72-76.

李子建,孙彩霞. 2013. 重新审视课程资源及其开发与利用:社会资本的观点. 全球教育展望(9):11-17.

林惠蓉. 2012. 情绪地理探究教师专业发展文化之建构. 台中教育大学学报:教育类26(2):87-105.

刘力,黄小莲. 2007. 新课程实施中教师的改革与抗拒. 教育发展研究(4B):14-20.

卢家楣. 2000. 情感教学心理学. 上海:上海教育出版社.

罗伯特·戴维·萨克. 2010. 社会思想中的空间观:一种地理学的视角. 黄春芳,译. 北京:北京师范大学出版社.

罗伯特·所罗门. 2011. 幸福的情绪. 聂晶,杨壹茜,左祖晶,译. 北京:中国人民大学出版社.

陆有铨. 2007. 骚动的百年——20世纪的教育历程. 济南:山东教育出版社.

欧文·戈夫曼. 2008. 日常生活中的自我呈现. 冯钢,译. 北京:北京大学出版社.

帕克·帕尔默. 2005. 教学勇气. 沈桂芳,金洪芹,译. 上海:华东师范大学出版社.

乔纳森·H.特纳. 2009. 人类情感——社会学的理论. 孙俊才,文军,译. 北京:东方出版社.

任俊,黄璐,张振新. 2012. 冥想使人变得平和——人们对正、负情绪图片的情绪反应可因冥想训练而降低. 心理学报(10):1339-1348.

孙彩霞. 2012. 课堂师生信息交互的会话结构研究. 金华:浙江师范大学.

孙彩霞. 2014. 区域间高中综合素质评价标准的比较研究. 基础教育(1):52-57.

孙彩霞,李子建. 2014. 教师情绪的形成:生态学的视角. 全球教育展望43(7):69-77.

孙彩霞,钱旭升. 2011. 概念卡通:消减儿童科学概念的理解偏差. 基础教育 (4):56-61.

孙锦明. 2009. 中学校长领导力研究. 上海:华东师范大学.

孙俊才. 2008. 情绪的文化塑造与社会建构:情绪社会分享视角. 上海:上海师范大学.

王弼,韩康伯. 1980. 周易正义(卷七) // 十三经注疏. 北京:中华书局.

王娟,王嘉毅. 2008. 教师专业发展中校长的影响作用——以三个农村小学校长为个案. 西北师大学报(社会科学版)45(5):105-109.

王琴. 2007. 学校教育中师生冲突的研究. 上海:华东师范大学.

王振宏,郭德俊. 2003. Gross 情绪调节过程与策略研究述评. 心理科学进展 11(6):629-634.

吴宗祐. 1995. 组织中的情绪规则及期社会化. 台北:台湾大学.

习近平. (2018-09-10)[2020-05-01]. 坚持中国特色社会主义教育发展道路 培养德智体美劳全面发展的社会主义建设者和接班人. http://www. moe. gov. cn/jyb_xwfb/s6052/moe_838/201809/t20180910_348145. html.

邢采,杨苗苗. 2013. 通过注意训练调节情绪:方法及证据. 心理科学进展 21(10):1780-1793.

徐继存. 2005. 教学理想与现实的冲突:理解与超越. 教育科学研究(12):16-18.

徐舒靖,尹慧芳,吴大兴. 2008. 情绪障碍研究用汉语情绪词分类系统的初步建立. 中国健康心理学杂志(10):770-774.

杨义. 2013. 文学地理学会通. 北京:中国社会科学出版社.

衣俊卿. 2003. 20 世纪的文化批判. 北京:中央编译出版社.

尹弘飚. 2006. 课程实施中的教师情绪:中国大陆高中课程改革个案研究. 香港:香港中文大学.

尹弘飚. 2007. 教师情绪:课程改革中亟待正视的一个议题. 教育发展研究(3B):44-48.

尹弘飚. 2013. 情绪的社会学解读. 当代教育与文化(4):108-114.

于泽元. 2014. 课程变革中学校课程领导. 北京:人民出版社.

曾文婕. 2009. "正视"教师情绪——教学公平研究的应有取向. 中国教育学刊(7):79-85.

张新海. 2011. 反对的力量:新课程实施中的教师阻抗. 北京:科学出版社.

赵明仁. 2009. 论校长领导力. 教育科学研究(1):40-43.

赵鑫. 2010. 教师感情修养研究. 上海:华东师范大学.

赵英,吴大兴,尹慧芳,等. 2011. 成语情感词分类系统的初步建立. 中国健康心
　　理学杂志 19(4):487-490.

郑燕祥. 2005. 教育领导与改革新范式. 上海:上海教育出版社.

图书在版编目(CIP)数据

课程变革下教师的情绪地图与支持路径 / 孙彩霞著.
—杭州：浙江大学出版社，2020.7
ISBN 978-7-308-20328-9

Ⅰ.①课… Ⅱ.①孙… Ⅲ.①教师－情绪－自我控制
Ⅳ.①G443

中国版本图书馆 CIP 数据核字(2020)第 109002 号

课程变革下教师的情绪地图与支持路径
孙彩霞 著

丛书策划	朱 玲	
责任编辑	陈丽勋	
责任校对	诸寅啸 许晓蝶	
封面设计	春天书装	
出版发行	浙江大学出版社	
	(杭州市天目山路 148 号 邮政编码 310007)	
	(网址：http://www.zjupress.com)	
排 版	浙江时代出版服务有限公司	
印 刷	浙江新华数码印务有限公司	
开 本	710mm×1000mm 1/16	
印 张	11.25	
字 数	230 千	
版 印 次	2020 年 7 月第 1 版 2020 年 7 月第 1 次印刷	
书 号	ISBN 978-7-308-20328-9	
定 价	38.00 元	